国家教育行政学院学术文库

国家社会科学基金"十三五"规划教育学青年课题
"非营利性民办高校监管机制研究"（CIA170268）

规范与发展：
非营利性民办高校监管机制研究

李　虔　著

厦门大学出版社　国家一级出版社
XIAMEN UNIVERSITY PRESS　全国百佳图书出版单位

图书在版编目（CIP）数据

规范与发展：非营利性民办高校监管机制研究 / 李
虔著. -- 厦门：厦门大学出版社，2023.8
　　ISBN 978-7-5615-9076-8

　　Ⅰ.①规… Ⅱ.①李… Ⅲ.①民办高校-学校管理-
研究-中国 Ⅳ.①G648.7

中国版本图书馆CIP数据核字(2023)第151091号

出 版 人	郑文礼
责任编辑	曾妍妍
美术编辑	张雨秋
技术编辑	朱　楷

出版发行	厦门大学出版社
社　　　址	厦门市软件园二期望海路 39 号
邮政编码	361008
总　　　机	0592-2181111　0592-2181406(传真)
营销中心	0592-2184458　0592-2181365
网　　　址	http://www.xmupress.com
邮　　　箱	xmup@xmupress.com
印　　　刷	厦门市金凯龙包装科技有限公司

开本	720 mm×1 000 mm　1/16
印张	18.25
插页	1
字数	300 千字
版次	2023 年 8 月第 1 版
印次	2023 年 8 月第 1 次印刷
定价	70.00 元

本书如有印装质量问题请直接寄承印厂调换

厦门大学出版社
微信二维码

厦门大学出版社
微博二维码

序　言

推进教育治理体系和治理能力现代化,既是整体实现中国式现代化的关键环节,也是加快构建我国高质量教育体系、办人民满意的教育的基本要求。这其中,支持和规范民办高等教育发展、稳步推进民办高等教育分类管理改革至为重要。一方面,民办高等教育经过几十年发展,已经是我国高等教育事业的重要组成部分。《2021年全国教育事业发展统计公报》显示,我国有民办高校764所,占全国高校总数的25.37%;民办普通、职业本专科在校生845.74万人,比上年增加54.40万人,占全国普通、职业本专科在校生的24.19%。这也就意味着,民办高等教育的治理水平和规范发展程度,在很大程度上影响甚至决定了我国高等教育整体的治理水平和发展质量。另一方面,我国民办高等教育自身也正处于转型的关键阶段。由于特殊的背景条件,我国民办高等教育长期走的是一条以投资办学为主的道路,举办者事实上的营利动机与"举办教育不得以营利为目的"的理念和要求存在矛盾。在此背景下,通过必要的制度设计,对营利性和非营利性民办高等教育进行分类管理、分而治之,赋予营利性民办高等教育以合法地位,更大力度鼓励非营利性民办高等教育发展,使营利性和非营利性两类民办高校各安其位,按照各自的应然逻辑运行,是民办高等教育走向高质量发展的基本前提。

分类管理新政背景下的非营利性民办高校,与分类管理前的非营利性民办高校具有本质上的不同。分类管理前,按照当时的法律规定,所有的民办高校都是在"教育不得以营利为目的"但举办者又可以获得"合理回报"的法定条件下举办的,尽管从逻辑上不能排除当时确有捐资办学,但更多情况下,多数民办高校事实上具有某种程度的营利性质。相比之下,分类管理后，由于营利性民办高校获得了合法身份，并与非营利性民办高校进行了类别区分，此时的非营利性民办高校才是真正的"非营利组织"。作为真正的非营利组织，非营利性民办高校不能继续处于过去的生存状态中，而是必须严格按照"非营利"的基本要求运转。从实际情况看，尽管分类管理的基本政策框架已经搭建完成，但在我国民办高等教育长期以来以投资办学为主的这一基本事实前提下，真正让非营利性民办高校严格遵循非营利性逻辑，或许还需要一个较长的转型过程。这也就意味着，建立非营利性民办高校的系统性监管措施至关重要。早在实施分类管理之初的 2016 年，教育部就会同有关部门制定了营利性民办学校监管的规范性文件，但对于非营利性民办学校，包括非营利性民办高校的监管，专门的规范性文件迄今仍未出台。在我国民办高校大多选择定位于非营利性的条件下，对非营利性民办高校监管进行政策研究与政策设计，显然已迫在眉睫。

积极回应实践问题与决策需求，历来是社会科学研究者的重要责任。国家教育行政学院李虔博士长期从事民办教育研究，围绕我国民办教育、民办高等教育改革与发展的若干重大问题，发表了一系列具有学术和实践影响力的科研成果，有很好的学术积累。2017 年，正值民办教育分类管理刚刚启动之际，她即主持了国家社会科学基金（教育学）青年课题"非营利性民办高校监管机制研究"，在深入细致的调研基础上，提出了一系列具有前瞻性的学术主张和政策建议，有的还产生了较大的反响。现在摆在读者面前的《以规范促发展：非营利性民办高校监管机制研究》一书，则正是该课题研究的最终成果。

作为该书最早的读者之一，我非常欣慰地向读者郑重推荐这本专著。我认为，无论对于专业研究者深化相关研究，还是对于政府决策者推动相关工作，抑或是对于民办教育从业者谋划办学思路，这本书都是值得一读的。首先，本书研究意义重大。支持和规范民办教育发展一直是我国民办高等教育领域的重要政策导向，这两者并不是矛盾的，而是辩证统一的。只有规范发展，民办高等教育和高等学校才能沿着正确的道路一路前行，持续发展。民办高等教育虽然姓"民"，但仍然以公益性为第一位，特别是对于非营利性民办高等教育而言更是如此，资本化不是我国民办高等教育的发展方向。符合法治精神并且手段方式适当的监管，是保证我国民办高等教育健康有序发展的长远之计。其次,本书研究具有开拓性。从不同角度、不同方面探讨非营利性民办高等教育监管的研究早已有之,但在分类管理的新形势下,系统性研究和探讨非营利性民办高校监管问题的研究不多,本书选题方向新颖,所做的工作具有开拓性。最后,本书内容丰富分析深入。给我印象很深刻的是,本书内容充实、丰满,书中运用了大量的理论和经验材料,具体探讨了举办者变更、直接融资、关联交易、运营监管等多个重要议题,有的还借助典型案例展开细致的剖析,以求见微知著。在此基础上,本书构建了相对较为完整的非营利性民办高校监管的政策体系。这些探究,不仅具有较高的学术价值,还将对政策实践起到有益的推动作用。

应该指出,虽然民办教育分类管理改革已经推行了若干年,但仍然是一个新生事物。非营利性民办高校监管既是一个亟待回应现实问题的探究领域,也是一个有待继续深入研究的学术课题。《以规范促发展:非营利性民办高校监管机制研究》一书的正式出版值得祝贺。同时,我也热切期待学术界围绕新时代我国民办教育转型和发展,涌现出更多、更优秀的学术研究和实践探索成果。

是为序。

钟秉林

2023 年 8 月 26 日

目　录

导言　非营利性民办高校监管制度的时代挑战

改革开放四十余年来,我国民办高等教育蓬勃发展。这既与经济和社会发展进程有着紧密关系,也与政府持续的政策支持有关。在全球范围内,私立高等教育的发展规模和强度同样令人瞩目,但绝大多数国家对私立教育的角色定位和发展态势缺乏预见、远见和系统规划,相关的公共政策进展缓慢。① 颇为不同的是,新时代我国民办高等教育发展注重顶层设计,呈现较强的规划特征。尤其引人关注的是,加强监管而非放松监管的基调十分明确,监管话语和监管政策工具的频繁使用让业界产生疑虑甚至迷茫。监管是不是政府行为的最佳形式? 政府监管在非营利性教育领域的普遍与特殊是什么? 中国非营利性民办高校发展需要什么样的监管改革? 这些问题实则是对监管的治理维度的思考,也决定了我们对行业发展形势的研判。

第一节　研究缘起与背景

今天我们旗帜鲜明地提出非营利性民办高校监管,与一场"先立后破"的改革有关。一直以来,我国法律法规明确规定"任何组织和个人不得以营利为目的举办学校及其他教育机构",即便有政策宽松的时期、教育逐利的现象,国家对所有学校坚持非营利属性的要求也没有动摇。为何要改变这种坚持,有说是与顶层设计的决心有关,有说是与一些办学集团的游说有

---

① LEVY D C. The unanticipated explosion: private higher education's global surge [J]. Comparative education review, 2006, 50(2): 217-240.

关,总之是政策之窗打开了。

2012 年教育部启动了《中华人民共和国民办教育促进法》修改的征求意见工作,为"民办学校的举办者可以自主选择设立非营利性或者营利性民办学校"做基础性准备。① 2015 年 12 月至 2016 年 11 月,《民办教育促进法》修改草案经过三次审议后经由全国人大常委会通过,并于 2017 年 9 月 1 日正式施行。修改后的《民办教育促进法》(以下称"2016 年《民办教育促进法》"②)对原《民办教育促进法》(以下称"2002 年《民办教育促进法》")进行了必要的调整和补充,明确了对民办学校(义务教育除外)进行营利性和非营利性分类管理的基本方向。民办高校是参与分类管理改革的重要力量。在 2016 年《民办教育促进法》基础上,教育部联合相关部门制定印发了《民办学校分类登记实施细则》(教发〔2016〕19 号)、《营利性民办学校监督管理实施细则》(教发〔2016〕20 号)等配套规定,进一步对非营利性和营利性民办学校办学准入、登记要求、定价收费、政府财政扶持、税收优惠、土地政策、办学收益等方面进行了差别化设计。业界有将 2017 年定义为我国民办教育分类管理时代元年的说法,因为随着新法在 2017 年 9 月 1 日正式实施,讨论已久的"分类管理",正式以法律形式将民办教育带进了新时代。③

目前,分类管理改革在国家和地方两个层面同时展开,《民办教育促进法实施条例》经过多轮征求意见后正式出台并于 2021 年 9 月 1 日起生效施行,全国所有省(区、市)先后公布了地方改革方案,一些地市级改革方案也

① 教育部有关负责人就《民办教育促进法》修改情况答记者问[EB/OL].(2016-11-07)[2019-03-03]. http://www.moe.gov.cn/jyb_xwfb/s271/201611/t20161107_287961.html.
② 民办教育专门法经过了多次修改。该法于 2002 年 12 月 28 日第九届全国人民代表大会常务委员会第三十一次会议通过后,根据 2013 年 6 月 29 日第十二届全国人民代表大会常务委员会第三次会议《关于修改〈中华人民共和国文物保护法〉等十二部法律的决定》作第一次修改;根据 2016 年 11 月 7 日第十二届全国人民代表大会常务委员会第二十四次会议《关于修改〈中华人民共和国民办教育促进法〉的决定》作第二次修改;根据 2018 年 12 月 29 日第十三届全国人民代表大会常务委员会第七次会议《关于修改〈中华人民共和国劳动法〉等七部法律的决定》作第三次修改。目前最新版本为 2018 年版本,但因为涉及新法和旧法对比的主要是 2016 年版本相对于 2002 年版本的修改,所以本书仍主要聚焦该法的 2016 年版本。
③ 柴葳.民办教育辟出分类管理新路径[N].中国教育报,2018-01-01(2).

在讨论酝酿中,社会各界对下一步改革举措高度关注,充满期待。但是,民办高等教育在几十年的发展中形成一定的历史记忆和路径依赖。分类管理政策以制度性的突破,再次明确了公平性价值取向和发展优先的理念。鼓励基于自愿原则选择营利或非营利,在制度上对"以非营利之名行营利之实"的"骑墙式"办学作出约束,宁用一时阵痛换长远发展动力。在此背景下,一如既往坚持纯公益性办学的民办高校、从办校初期以投资获利为主向公益性转变的民办高校,以及不得已选择非营利但实则营利的民办高校,面临着各不相同的政策境遇和发展空间。经过十余年的立观点、立法律、立政策,当前各方仍在不断适应和缓慢推进转型。

改革争在朝夕,落实难在方寸。分类管理改革探索的"方寸"在于保障分类的真实性和非营利性民办高校的真实性。从国际趋势看,高等教育"公"与"私"的划分,正逐渐让位于"非营利性"与"营利性"的划分,越来越多的非营利性高校淡化了其公立或私立的属性,理论上,发展中国家的高等教育也会朝向这一趋势发展。[①] 国内对"公办"或"民办"性质的关注短期内不会淡化,但是对"非营利"的审视和建构仍将成为民办高等教育治理的重要方向。我们在此阶段推进分类管理改革,或许本身就有着对接国际、对接未来的考量。较为特殊的是,这次分类管理改革以政策法律化为起点,以渐进性探索为过程。有理由认为,法律之规范与稳定,与实践之多变与不平衡之间,需要一个有效的监管机制作为中介,以确保改革实践始终强调非营利的彻底性,确保改革进程始终与改革初衷一致。同时,监管是治理中的重要内容,我国民办高等教育发展长期忽视监管机制建设。推进改革必然触及多方面的深层次矛盾和问题,也将面临多形式的实践回应乃至"权宜之计"。只有建立起良好的监管制度,形成与营利性民办高校相呼应的非营利性民办高校监管机制,才能在"共同但有区别"的总体监管框架下,明确两类民办高校的权责定位,继而更加明确非营利性办学的原则性要求。因此,本书试图立足分类管理配套制度建设与改革举措落地的需求,对非营利性民办高校监管的理论与实践作出探讨。

---

① Task Force on Higher Education and Society. Higher education in developing countries: peril and promise[M]. Washington, D.C.: World Bank Group, 2000:29.

第二节　相关研究的学术史考察

一般认为，"监管"最初为经济概念，即为满足产业对监管的需求而产生的政府监管，经济学讨论的监管及相关立法机关仅代表某一特殊利益群体而非一般公众利益。[①]"监管"后被引入法学领域，指"行政机关依据法律的明确规定，利用公权力直接限制市场主体的权利或增加其义务的行为"[②]。公共部门改革的一个关键课题就是监管的产生，以及监管与市场二者间的动态平衡。在过去的改革中，监管的性质正发生深刻的变化，从理想地以一次性干预解决一切问题，到呼吁放开市场减除监管，再到重新加强监管和改善监管效力，公共事业领域正进行着更加系统的监管改革。

民办高校监管研究由来已久，但是一般对"监督"和"监管"没有做严格区分，真正以"监管"为主题的文献不多。相当数量的约束与监督机制研究被包含于民办高校治理结构研究中。[③]监督和监管实则需要区分：监督是对行为主体行为的审查和评估，而监管是对行为主体行为的管理和控制。相关主体依照国家有关的教育规范对民办高校办学行为的规范化、合法性进行监督，主要涉及对学校成员或组织机构权力的监督与制约，以及对学校经营行为、办学行为合法性的检查与督促。前者依靠学校治理结构中的监事会和教职工代表大会，后者依赖政府、社会等外部力量。[④]其中，监管主要指行政机关或其他有权机构基于法律赋予的行政权和社会治理权，明确学校权利与义务，以确保其遵守法律、法规和政策的管理活动。由于我国政府部门与民办高校之间的上下级属性关系，已有研究着重从政府职责角度提出监管思路。政府与非营利性民办高校的应然关系有体现双方责权的规

---

① STIGLER G J. The theory of economic regulation[J]. The bell journal of economics and management science，1971，2(1)：3-21.

② 江必新.论行政规制基本理论问题[J].法学，2012(12):17-29.

③ 金保华，顾沛卿.民办高校规范化办学内部监督机制：问题与对策[J].黄河科技大学学报，2014，16(5):31-35.

④ 王晓松，陈恩伦.浅析我国民办高校的监督机制[J].民办教育研究，2009(2):116-117.

范和协调的"契约关系"、体现共生和互荣的"合作关系",以及体现政府干预与行业自律的"监督关系"。① 分类管理改革是重构政府与非营利性民办高校间关系的一个契机,需要树立新的监管理念,实现监管职能由"全能"走向"有限"、由"权力"走向"责任"、由"利益"走向"中立"、由"划桨"走向"掌舵"的转变。② 具体监管内容可以分为四大方面。

第一,资产管理与财务制度监管。与欧美高校相比,我国民办高校存在财务专业委员会缺失或决策效率不高、业绩评价体系不完善、财务信息披露不全面等方面的问题。③ 在收费制度改革的大背景下,普遍存在着学校财务监管意识薄弱、政府财务监督不到位的问题。④ 学术界长期呼吁统一非营利性民办高校会计制度,规范学校内部财务管理制度和收费行为,建立财务核算和统计报表制度,以加强财务监管,防控财务风险。⑤ 主要涉及提高财务管理意识,完善财务管理体制,提高财务人员素质,强化高校内部控制,深化内部监督力度等方面。⑥ 此外,政府须规范民办高校收费行为,建立公示制度,加强收费资金管理,加强监督检查。

第二,权力均衡与利益协调关系监管。大多数学者认为民办高校缺乏有效的制衡关系,极易造成权力集中现象。在利益协调与权力制约机制方面,政府应从健全民办高等教育法规政策体系、转变政府职能、完善宏观监管体制等方面来优化公共治理制度环境;⑦高校自身则应重视党组织和监事会这一新的治理主体,使之与董(理)事会和校长团队共同构建"领导—决策—执行—监督"的四维内部治理结构。⑧ 市场经济条件下,国家权力、市场权力以及社会权力出现了重新分化与改组。在宏观层面上加强国家权力

---

① 李爱良.政府与民办高等教育应然关系的建构[J].黑龙江高教研究,2007(3):39-42.

② 凌晓凤.民办学校与政府关系重构初探[J].教育发展研究,2005(8):42-47.

③ 李广凯.民办高校财务治理机制优化研究[J].会计之友,2021(23):119-125.

④ 谭曙光.民办学校财务管理问题探讨[J].当代教育论坛(上半月刊),2009(9):42-44.

⑤ 孙梦阳.民办学校财务管理中存在的问题及对策[J].辽宁教育研究,2008(8):76-77.

⑥ 郭新,邓盼盼.民办高校财务管理与控制研究[J].北京城市学院学报,2014(6):79-83.

⑦ 刘颂.中国民办高校治理结构的转型困境分析[J].复旦教育论坛,2008(2):61-65.

⑧ 王华,王一涛,樊子牛.非营利性民办高校的四维内部治理结构研究[J].宁波大学学报(教育科学版),2020,42(2):53-60.

对非营利性民办高校发展的调控与监管。此外,在市场权力与社会权力运作的过程中,由于二者寻租动机与行为的存在,也需要国家权力在伦理与道德的层面上对其作出必要的调整与适当的价值澄清。[①]

第三,注册与属性变更监管。分类管理改革前,大量研究指出民办高校注册制度存在法人属性界定不清、与公办高校法律地位不平等、难以保障其公益性、执行中存在法律冲突等问题。这一问题也造成非营利性民办高校在人事制度安排、停办财产清算等方面存在法律法规冲突。[②] 分类管理改革启动后,国内学者对学校组织属性变更主要有两种主流看法。一种意见对转制持反对态度,认为"非营利性"与"营利性"的组织性质一旦确定,就不得重新更换。互转实质是办学机制的一种转换,前期办学所享受的政策优待或市场利好无法准确核算。第二种意见认为非营利性民办高校一经成立,原则上不可更改为营利性,而营利性民办高校可申请更改为非营利性。无论是何种路径,学校转制和属性变更过程中的监管细则尚待研究。

第四,产权与资产清算监管。2016 年《民办教育促进法》取消了"合理回报"条款,对非营利性民办高校理顺产权关系提出了新的要求。适应新法的主流观点主要分为三种。第一种观点认为,非营利性民办高校的财产属公益性财产,在其存续期间,学校享有完整的财产权。若学校终止解散,清算后的剩余财产也应该归国家和社会所有,将仍用于公益事业。第二种观点认为,国家的财产归国家所有,出资者的财产归出资者所有。政府应该将非营利性民办高校产权进行具体划分,出资者的投入所形成的那部分产权归属投资者,社会捐赠和政府投入的部分归国有,办学积累所形成的资产,由投资者、管理者和教职工按比例进行明确的划分。第三种观点认为,对不同来源的财产及不同类型的非营利性民办高校要进行区分,不同类型的学校产权归属不同,总体遵循学校优先发展、所有权与使用权分离的原则。以上三种观点基本涵盖了非营利性民办高校产权主体的各种可能性,也反映了产权主体争论的激烈程度。针对难解的产权和资产问题,监管改革需要

---

① 苏君阳.私立学校治理政策的演变及其权力格局的合理重构[J].民办教育研究,2004(5):70-74,108.

② 陈暲,刘宝英.关于民办高校法人性质及相关问题的思考[J].教育发展研究,2005(18):42-46.

清晰界定非营利性民办高校不同性质资产的所有权,明确界定其终止办学时清偿债务后剩余财产的分配办法,以及明确负债非营利性民办高校资产监管的主体及其责任。[①]

国外非营利性私立高校的历史文化和市场依赖程度不同,取精用宏也能发现一些相同之处。以英文语境为例,监管(regulation)是一个广义术语,用于定义政府直接干预市场运作以影响资源分配的行为,其形式取决于监管的目标和被监管行业的特征。[②] 从长的时期看,监管和放松监管之间存在一个动态平衡。当然,放松监管是一个更广义的概念,它包括私营化、权力下放、取消部分条件要求等。具体到非营利性私立高校的监管,可以从两个方面进行考察。

第一,办学行为监管。政府对非营利性私立高校办学行为的监管,主要集中在对其非营利性质和教育质量的监管上。从全球主要国家经验看,政府监管往往滞后于非营利性私立高校的发展,[③]私立高等教育发展更多基于供求力量的相互作用。比如,韩国政府虽然在1984年就建立了针对所有四年制高校和两年制院校的质量保障机制,即韩国大学教育委员会(KCUE)负责对四年制高等教育机构及其学科领域进行综合评估,韩国学院教育委员会(KCCE)则负责两年制院校,但直到近年来,才逐渐成立了专门针对非营利性私立高校的认证机构,负责私立高校教学质量评估,推动其教学质量不断提高以达到国际标准。但在政府逐渐加强对非营利性私立高校监管过程中,要求放松管制的呼声随之响起。韩国政府以管理公立高校的方式管理非营利性私立高校,导致私立教育领域迫切要求政府落实办学自主权。[④]

在允许举办营利性私立高校的国家,非营利性私立高校监管与营利性私立高校监管配套而行、相互支撑,共同构成私立高校政府监管框架。以美

---

① 方铭琳.民办高校产权明晰的法律保护[J].高等教育研究,2005(8):57-61.

② PERA A.Deregulation and privatization in an economy-wide context[J].OECD economic studies,1989,12(2):159-204.

③ LEVY D C. Public policy for private higher education:a global analysis[J].Journal of comparative policy analysis:research and practice,2011,13(4):383-396.

④ CHAE J-E,HONG H K. The expansion of higher education led by private universities in Korea[J]. Asia Pacific journal of education,2009,29(3):341-355.

国为例，州政府层面对营利性私立高校与非营利性私立高校的监管往往被区分开来，而在联邦政府层面，营利性高等教育在《高等教育法案》管制范围之外，并且必须符合一些不适用于非营利性高校的要求。与对营利性私立高校的监管不同，政府对非营利性私立高校的监管更加侧重于公共资金的使用、机构运行和教育质量。比如，政府一般不直接干预非营利性私立高校的发展，联邦政府和州政府对其的监管主要集中在机构设置与退出、办学质量、安全卫生、财务等方面。各州根据地方实际，行政主管部门对非营利性和营利性私立高校采用审批或核准的模式。两类学校依据规定在工商部门或教育部门注册，设立标准的严格程度依据各州情况而定，一般情况下针对非营利性学校的设立标准严于营利性高校，但二者所覆盖的范围没有太大差别，主要是校舍、硬件设施、教师资格、卫生安全、课程设置等。学校停办时，财产进行拍卖和清算，学生档案处理、学费退还根据各州法规而异。营利性私立高校和非营利性私立高校一般都由法院执行拍卖，拍卖后的资产收益，前者由校董事会分配，后者由法院分配并用于其他公益性事业。但教会大学停办后，清算资产一般仍归还教会。近年来，美国一些州逐步对非营利性私立高校和营利性私立高校采用相同的监管框架，但对非营利性私立高校的审查应继续加强还是逐步放松仍存有争议。基本可以确定的是，对没有接受认证又没有参与联邦政府资助项目的营利性私立高校监管，是完全与非营利性私立高校监管区分开来的。

新世纪以来的高等教育监管改革中，一个突出的特点是以强有力的问责制代替了直接的政府管控。对非营利性私立高校办学质量的监管主要是通过评估办学质量的第三方机构认证来实现，即只有经过政府批准的第三方认证机构认证的学校才可以获得政府资助。[①] 例如，澳大利亚非营利性私立高校管理与质量保障机制相互配套，由半官方组织负责的质量评估体系几乎不分公立或私立，也不分营利性与非营利性。受到政府资助的私立高校必须接受国家质量保障框架的审核，而获得认可的营利性和非营利性私立高校都可通过学生贷款计划而间接获益。联邦政府对私立高等教育采

① BENNETT D L，LUCHESI A R，VEDDER R K. For-profit higher education：growth，innovation and regulation[R].Washington，D. C.：Center for College Afford-ability and Productivity，2010.49-50.

取自由放任的态度,各州态度不一,有些州将私立高等教育纳入企业自由体系予以最大限度的独立性,有些州则将之纳入国民教育体系予以严格监管。总体而言,政府主要通过中介组织对私立高校办学质量和学术水平进行监督。[①] 1999 年颁布的《高等教育质量保障框架》把高等教育中应有的教学质量、研究质量、培训质量、评价与监督全部纳入进来。这种全方位的质量保证机制不仅适用于公立高等教育机构,同时也是私立高等教育机构办学过程中要遵循的程序。同时,州、领地政府负责当地高校的资格认定,高校负责自身的内部管理和质量保证,大学质量保证署(AUQA)负责开展外部质量检查,与联邦政府共同构筑私立高等教育质量的防护网。"学历资格评定框架署"则负责对私立高校开设课程、授予学位的资格进行评定和登记,再经由政府授权当局认可相关资格。在学生学习和就业层面,私立高校的学术委员会和管理委员会定期对新设专业课程及其课题项目进行审查与评价,学生参与对教学效果的评定,校外学术评价员参与对各类学生学术论文的审查并通过用人单位和学生调查了解双方的满意度。[②] 再例如,美国法律规定只有在经过合法机构认证的高等院校就读的学生才能获得联邦资助。在联邦政府参与为私立高校提供经济援助之前,大学认证是一个自愿性过程。根据 1952 年《退伍军人法案》以及 1965 年《高等教育法案》,获得认证是获得联邦资助的前提条件。为成为联邦资助的合规学校,非营利性私立高校开始主动参与评估,接受政府的质量监管。近年来申请地区认证的营利性私立高校逐渐增多,但非营利性私立高校仍然是传统认证的主要目标群体。第三方质量认证是欧美发达国家私立高校获得合法地位和政府资助的必要条件,也是学校应对外部问责压力和获得劳动力市场认可的重要途径,这是梳理英文监管文献需要特别指出的一点。

　　学校财务公开和校园安全也是办学行为监管的重要内容。根据相关研

---

① SHAH M, NAIR S, WILSON M.Quality assurance in Australian higher education: historical and future development[J]. Asia Pacific education review, 2011,12(3): 475-483.

② SHAH M, BROWN G. The rise of private higher education in Australia: maintaining quality outcomes and future challenges[C]// Proceedings of the Australian Universities Quality Forum . Alice Springs, N. T.: Australian Universities Quality Agency, 2009: 143-150.

究，美国私立高校财务公开制度就是为了防止不法牟利。私立高校按照财务会计标准委员会（The Financial Accounting Standards Board，FASB）的会计准则，每年要向政府税务部门和教育部门报送经费收支详细报告，州政府立法审计员一年或两年要对私立高校财务状况进行详细、严格的最终审计。非营利性私立高校需要遵守联邦或州法律对氡气、石棉隔离、室内空气质量、安全饮用水、疾病预防、消防等方面的规定。如果在安全和消防等方面严重违反规定，州建设和消防部门有权对之进行关闭处理。

第二，权力约束监管。就全球经验看，非营利性私立高校内部权力监管主要依赖两个层面的组织。一是最高决策机构董（理）事会的监督。按照惯例，非营利组织的董事会主要是作为代理机构对公司的利益进行监督管理。[①] 在高等教育领域，私立高校董事会及其董事不仅能够左右学校的大政方针，还要监督校长、管理部门和教师的工作效率和行为，创建学校董事会制度也被称为美国高等教育领域最为瞩目的运动之一。非营利性私立高校董事会一般称为 Board of Trustees，而营利性高校则称为 Board of Directors，具体承担的功能和角色有相似之处。其中一项就是对校长的监督。非营利性私立高校董事会成员主要由州长任命（某些情况下由州立法机构或其他公选方式产生），并根据法律进行决策、批准学术课程、确定学杂费价格、批准预算、任命校长。董事会的典型功能是对外的，但是对内则主要发挥监管和咨询功能，也就是为校长或其他领导者提供建议。[②]

赋予董（理）事会权力也可能导致董（理）事会成员的权力滥用，这就需要媒体、质量认证机构以及州立法机关再对董事会进行监督。[③] 一般认为，监事会是非营利组织的内部监督机构。但不同国家对非营利法人监督机制的要求有所差异。在英美法系国家，非营利组织一般只设董（理）事会，在治理架构上与营利性组织类似；大陆法系国家，监事会并不是成为非营利法人

① BAINBRIDGE S M. In defense of the shareholder wealth maximization norm：a reply to Professor Green[J]. Washington and lee law review，1993，50(4)：1423.

② SCHAEFFER D M，ROUSE D. Effective academic advisory committee relationships [J]. Contemporary issues in education research，2013，7(1)：23.

③ CURRIS C W. Higher education：the experience of the united states[J]. Higher education in Europe，2003，28(1)：97-98.

治理结构的必设机构,但日本、法国、德国等国注重权力的制约和机构的对称,要求非营利法人须按照法律规定设置监事职位。^① 非营利法人没有监事会的,可以聘请审计事务所承担审计监督工作,对管理层的约束和监督主要借助于严格的会计制度、全面的强制披露制度、禁止内幕交易制度、鼓励派生诉讼的程序规则以及新闻监督制度。

二是学术权力机构教授会、评议会的监督。一些高校通过学术权力机构发挥咨询审议、参与部分决策,以及监督反馈的作用。这类机构与行政权力的平行关系,保障了其与校长、董事会之间形成监督与被监督关系。针对现有监管机制中的结构性问题,如以监督者为导向的监督体系、师生消极参与监管等,一些非营利性私立高校还探索在监督机构中引入社会人员,在无利益干扰的情况下保证对高校内部权力的有效监督与反馈。^②

总体来看,非营利性民办高校监管已经有一定的研究成果,但针对分类管理语境下的非营利性民办高校监管机制研究刚刚起步。分类管理时代的非营利内涵发生了较大变化,尤其是需要将这一研究主题作为重要学术问题和现实问题加以更新,这为本书的探讨留下了余地和空间。

第三节　本书的研究问题、方法与框架

任何研究都始于研究问题。确定研究问题的重要性在于,它从宽泛的议题进入到具体的领域,有助于明确一项研究的边界。^③ 研究问题还可以分为多种类型,例如旨在描述一种现象的"描述性研究问题"、旨在阐述一种

---

① LEWIS L S. When power corrupts: academic governing boards in the shadow of the Adelphi case[M]. New Brunswick, New Jersey: Transaction Publishers, 2000: 117.

② EKINCI A, KARAKUS M. The functionality of guidance and supervision visits made by supervisors in primary schools[J]. Educational sciences: theory & practice, 2011, 11 (4):1862-1867.

③ CRESWELL J W. Educational research: planning, conducting, and evaluating quantitative and qualitative research[M]. 4th ed. Boston: Pearson Education, 2012:59-60.

现象并分析其原因的"解释性研究问题"、旨在调查特定主题鲜为人知内容的"探索性研究问题"、旨在评估某种方法或模式有效性的"评估性研究问题"、旨在为行动和理论提供新思路的"生成性研究问题"等等。[①] 本书旨在"生成"对新改革背景下非营利性民办高校监管的更深入理解，主要研究问题是：非营利性民办高校监管范围和必要限度是什么？非营利性民办高校的监管框架是什么？

　　研究问题支配着研究的方法论。对研究者而言，非营利性民办高校既是多样的具体，也是统一的抽象，监管本身也是具体性与抽象性的统一。本书对非营利性民办高校监管问题的分析倾向于宏观取向，希望从非营利性民办高校的共性特征出发，在整体性背景中对研究问题做出解答。因此，本书采用整体主义的方法论，意在超越个体学校的经验性认知，建立抽象、可概括的知识轮廓。由于整体主义方法论主张综合不同学科和多种方法进行研究，本书也试图超越教育学科的视野进行研究，试图为非营利性民办高校监管议题构建更为实用的内容。因此，在具体研究手段上，主要使用了文献分析法、比较研究法、调查研究法、案例研究法和专家咨询法。一是在对基础理论和政策法规的探究中，使用文献分析法搜集国内外相关研究文献，获得与本书相关的文本信息并加以分析、归类、总结和述评，把握本书领域的基本现状、发展趋势，梳理总结我国民办高校监管的相关法律法规和规范性文件，分析现有政策法规总体特征。二是在对现实热点问题的分析诊断中，本书通过对专家学者、行政部门负责人、非营利性民办高校核心利益相关者的访谈，对其偏好、想法和行为进行系统化数据收集。同时，也通过访谈、观测以及二手数据等多种方式，在自然情景下收集案例学校的资料，尽可能描述和分析案例所处的具体处境、采取反应和应对策略。三是为尽可能深入地理解当前改革面临的困惑和问题，从比较的视角加以观察和对照。比较研究法就被用于总结国内外及国内不同区域、不同历史阶段的非营利性民办（私立）高校监管政策变迁，通过多种方法比较对照其历史特点和发展趋势，判明其成效异同，分析其缘由，从中寻求有效监管的共同规律和特殊规律。

---

① RITCHIE J, LEWIS J, NICHOLLS C M, ORMSTON R. Qualitative research practice: a guide for social science students and researchers [M]. 2nd ed. Thousand Oaks, CA: Sage, 2013: 31.

根据研究任务并依循研究方法,本书依下述结构框架展开。

第一章致力于呈现非营利性民办高校的监管缘起。立足于历史与现实的统一,分析非营利性民办高校的历史范畴、发展逻辑、发展数据,铺陈非营利性民办高校监管的现实基础。从学生权利的实现、教育产品的属性、社会组织的独立自治诉求、高等教育的知识基础和高等学校的组织原则等方面,梳理非营利性民办高校监管的理论依据和政策依据,确定监管原则,划分监管主体,明确监管范围和必要限度。

第二章致力于将非营利性民办高校发展置于国际比较研究视野中。从我国私立高校期盼迈向一流行列的愿景出发,提出一流私立大学均为非营利性的基本事实,识别、分析和解释不同国家私立高校分类管理框架的制度差异,对典型国家非营利性私立高校发展的政府角色和监管动态进行简略考察。发现不同教育系统下的共性与差异,促进明确我国非营利性民办高校的监管改革方向。

第三章到第六章聚焦非营利性民办高校监管的新兴实践问题。从推进民办教育新法新政落地实施的问题意识出发,重点讨论举办者变更监管、上市高教控股公司、资产证券化、关联交易、集团化办学以及学校运营管理的若干问题,分析相关实践进展,剖析潜在的风险及防范要点,围绕"非营利性民间组织"和"教育机构"两重特性,提出有利于增进教育性、提升公共性、保障自主性的具体监管思路。

第七章在前文理论研究、比较研究、现状研究基础上,探索非营利性私立高校监管总体框架的构建。从政府与市场关系的理论演变及启示出发,以医疗领域相关改革为比较借鉴对象,研究提出新政后非营利性民办高校监管体制、监管内容与可行方案。

结语部分致力于总结本项研究所做的工作,概述主要结论,指出非营利性民办高校监管重在疏堵结合和风险防范,监管的最终目的不在"管"而在"帮"。

第一章　我国非营利性民办高校监管的改革动因

改革开放以来,中国民办高等教育从无到有,在鼓励、约束、防范、支持的交替过程中逐步发展壮大起来。过去几十年里,政府对民办高校的监管政策及影响,是民办高等教育领域研究者熟悉的一个话题。非营利性与营利性民办高校分类管理改革,赋予了非营利性民办高校新的内涵和新的意义,也对政府监管理念和相关政策提出了新的要求甚至是挑战。

第一节　内涵更新：我国非营利性民办高校的历史范畴

传统民法中没有"非营利法人"概念,[①]非营利概念先由具体领域发展起来。"非营利性民办高校"是一个历史范畴,在历史的概念框架中发展变化着。

一、教育传统:"不以营利为目的"的办教兴学

教育"非营利"的概念在不同历史时期有着不同含义和存在形态。1982年《中华人民共和国宪法》第十九条对"社会力量办学"做出规定。1995年《中华人民共和国教育法》第二十五条明确规定,任何组织和个人不得以营利为目的举办学校及其他教育机构。1997年颁布的《社会力量办学条例》第三条明确把社会力量办学事业当作社会主义教育事业的组成部分;第四

---

① 税兵.非营利法人解释[J].法学研究,2007(5):66-74.

条提出"国家对社会力量办学实行积极鼓励、大力支持、正确引导、加强管理的方针"。1998年《中华人民共和国高等教育法》第二十四条规定,设立高等学校,应当符合国家高等教育发展规划,符合国家利益和社会公共利益,不得以营利为目的。2002年《民办教育促进法》也采取了同样的方针。依据以上条款,在法律意义上,我国民办高校从一开始就不得以营利为目的,均为非营利性。

受多种因素影响,我国民办高等教育乃至整个民办教育仍以投资或出资办学为主,真正的捐资办学不多。实践中普遍存在以非营利之名行营利之实,由此形成了很多灰色地带。针对实践中反映出的问题,小范围政策调整不断,却始终难以触动传统利益格局。《教育部关于组织申报国家教育体制改革试点的通知》(教改函〔2010〕1号)将"改善民办教育发展环境,清理并纠正歧视民办教育的政策和做法,开展营利性和非营利性民办学校分类管理试点"作为办学体制改革的重要方面,纳入中央全面深化改革的总体部署。《国家中长期教育改革和发展规划纲要(2010—2020年)》提出"探索营利性与非营利性民办学校分类管理"后,国家启动了《中华人民共和国教育法》《中华人民共和国高等教育法》《中华人民共和国民办教育促进法》等教育法律一揽子修订工作。从2016年开始,国家层面推动民办教育规范化发展的决心和力度加大,标志性事件是《中华人民共和国民办教育促进法》修正案历经三审后最终于2016年11月7日第十二届全国人大常委会第二十四次会议上获审议通过。

2017年9月1日,修改后的《中华人民共和国民办教育促进法》(以下称"2016年《民办教育促进法》")正式生效。该法第十九条明确提出,"民办学校的举办者可以自主选择设立非营利性或者营利性民办学校。但是,不得设立实施义务教育的营利性民办学校",正式提出"非营利性民办学校"的概念。按照该法,高等教育学段可以举办非营利性和营利性学校,这意味着民办高等教育发展正式迈入分类管理时代,新时期民办高等教育发展的价值选择被重新定义。

二、民法系统:从发展非营利事业到创设非营利法人

我国非营利事业由来已久,但一直没有针对非营利法人统一立法。

1986 年《中华人民共和国民法通则》①（以下简称《民法通则》）将我国法人类型分为企业法人、事业单位法人、机关法人、社会团体法人等四类。按照朴素的理解，除企业法人以外的三类法人，都具有非营利性。1988 年《基金会管理办法》和《民办非企业单位登记管理暂行条例》分别增加了基金会、民办非企业单位这两种组织类型，并赋予其法人地位。虽然当时法律上并未使用"非营利法人"这一术语，但《社会团体登记管理条例》、《基金会管理条例》和《民办非企业单位登记管理暂行条例》这三部行政法规，②已经使用了"非营利性社会组织"或"非营利性法人"作为社会团体、基金会、和民办非企业单位的上位概念。③ 按照当时的法律法规语境，非营利组织至少可以分为四类，即机关事业单位、社会团体、基金会和民办非企业单位。

2017 年《中华人民共和国民法总则》④（以下简称《民法总则》）正式提出"非营利法人"概念，将法人类型分为营利法人、非营利法人和特别法人三类。其中，第三节第八十七条规定，"为公益目的或者其他非营利目的成立，不向出资人、设立人或者会员分配所取得利润的法人，为非营利法人"。《民法总则》未沿袭《民法通则》中企业法人与非企业法人之区分，而是创造性地采用营利法人与非营利法人之区分，主要原因是"改革开放以来我国社会组织形态的结构已发生巨大变化，三十年前确立的此种法人基本类型模式早已不能涵盖我国现实中的所有法人类型"。⑤ 但是，《民法总则》的实施并不意味着《民法通则》自动失效。⑥ 在一段时间内，《民法通则》与《民法总则》

---

① 《中华人民共和国民法通则》由第六届全国人民代表大会第四次会议于 1986 年 4 月 12 日通过，现已失效。

② 三部行政法规分别是社会团体、基金会、民办非企业单位登记管理的主要依据。

③ 目前，这三类社会组织登记管理条例正一并修订，旨在形成《社会组织登记管理条例》。但根据《民政部对"关于进一步促进我国非营利组织发展的建议"的答复》（民函〔2018〕629 号），目前制定社会组织基本法的时机尚不成熟。

④ 《中华人民共和国民法总则》于 2017 年 3 月 15 日第十二届全国人民代表大会第五次会议上通过，于 2017 年 10 月 1 日正式施行。

⑤ 罗昆.我国民法典法人基本类型模式选择[J].法学研究,2016,38(4):119-136.

⑥ 全国人大常委会副委员长李建国 2017 年 3 月 8 日在第十二届全国人民代表大会第五次会议上所作的《关于〈中华人民共和国民法总则（草案）〉的说明》指出："关于民法总则与民法通则的关系。1986 年制定的民法通则在我国民事立法史上具有里程碑意义，发挥了重要作用。……据此，民法总则草案通过后暂不废止民法通则。"

共同存在并有效。

2020年5月28日,《中华人民共和国民法典》(以下简称《民法典》)获十三届全国人大会议表决通过,自2021年1月1日起施行,标志着我国进入民法典时代。作为新中国成立以来第一部以法典命名的法律,《民法典》沿用《民法总则》的法人分类标准,总则编第三章专设非营利法人一节,规定了非营利法人的基本概念,也使民办高校的法律主体分类得到进一步明确。按照《民法典》第八十七条规定:"为公益目的或者其他非营利目的成立,不向出资人、设立人或者会员分配所取得利润的法人,为非营利法人。"从这一定义来看,"非营利目的"和"不分配利润原则"成为判断是否非营利性法人的核心标准。此外,《民法典》第三节还规定,"非营利性法人包括事业单位、社会团体、基金会、社会服务机构等",并将捐助法人归类于非营利法人。

三、新法新政:非营利性民办高校法律地位的确立

根据2016年《民办教育促进法》,营利性办学领域向高等教育学段放开,新法框架下的非营利性民办高校应属于《民法典》中的非营利法人。表1-1结合《民法典》法人分类做简单梳理,高等教育中非营利法人和营利法人的概念,在表层意义上的区别较为清晰。

表1-1　《民法典》的法人分类

项目	营利法人	非营利法人	特别法人
民法典定义	以取得利润并分配给股东等出资人为目的成立的法人,为营利法人。(第76条)	为公益目的或者其他非营利目的成立,不向出资人、设立人或者会员分配所取得利润的法人,为非营利法人(第87条)。具备法人条件,为公益目的以捐助财产设立的基金会、社会服务机构等,经依法登记成立,取得捐助法人资格。(第92条)	机关法人、农村集体经济组织法人、城镇农村的合作经济组织法人、基层群众性自治组织法人,为特别法人。(第96条)

续表

项目	营利法人	非营利法人	特别法人
民法典规定的法律主体类型	有限责任公司、股份有限公司和其他企业法人	事业单位、社会团体、基金会、社会服务机构（原民办非企业单位）	机关法人、农村集体经济组织法人、城镇农村的合作经济组织法人、基层群众性自治组织法人
高等教育机构类型	以上述有限责任公司、其他企业法人形式在市场监管部门登记的营利性民办高校	以上述事业单位法人、民办非企业法人类型在有关登记部门（事业单位登记部门、民政部门）登记的非营利性高校	无

进一步对照 2020 年《民法典》和 2016 年《民办教育促进法》关于非营利法人和非营利性民办学校的规定如表 1-2 所示，关于非营利性民办高校，目前法定并达成共识的要点主要涉及以下两条原则。

一是不分配利润。这一原则主要是由非营利法人的设立目的——"为公益目的或者其他非营利目的成立"所决定的。在 2016 年《民办教育促进法》之前，我国未放开任何学段的营利性办学。为了激励民间办学，2002 年《民办教育促进法》创造性提出合理回报制度，使民办高校在实践层面分为捐资办学、出资要求合理回报、出资不要求合理回报三类。2016 年《民办教育促进法》取消了合理回报，并明确提出举办者不得取得办学收益，与《民法典》中的不分配利润原则相一致。

二是不通过分配剩余资产变相分配利润。2016 年《民办教育促进法》明确了非营利性和营利性民办高校退出办学的路径和法律依据，明确规定了非营利性学校剩余资产的公共性。主要原因是，非营利性民办高校在理论上享有倾斜性政策优惠，更容易因非营利身份获得社会捐资和公共财政资助，且其破产退出多是政策性而非市场性因素使然。虽然《民法典》只规定为公益目的成立的非营利法人不得分配剩余财产，而未明确为其他目的成立的非营利法人能否分配剩余财产，但是，教育作为各界公认的公益性事业，非营利性民办高校不得分配剩余财产、不得通过分配剩余财产变相分配利润的原则也较为明确。

表 1-2 《民法典》与《民办教育促进法》中的非营利原则

项目	2020 年《民法典》	2016 年《民办教育促进法》
利润分配	为公益目的或者其他非营利目的成立,不向出资人、设立人或者会员分配所取得利润的法人,为非营利法人。(第 87 条)	非营利性民办学校的举办者不得取得办学收益,学校的办学结余全部用于办学。(第 19 条)民办学校存续期间,所有资产由民办学校依法管理和使用,任何组织和个人不得侵占。(第 37 条)
剩余财产处置	为公益目的成立的非营利法人终止时,不得向出资人、设立人或者会员分配剩余财产。剩余财产应当按照法人章程的规定或者权力机构的决议用于公益目的;无法按照法人章程的规定或者权力机构的决议处理的,由主管机关主持转给宗旨相同或者相近的法人,并向社会公告。(第 95 条)	对民办学校的财产按照下列顺序清偿:(一)应退受教育者学费、杂费和其他费用;(二)应发教职工的工资及应缴纳的社会保险费用;(三)偿还其他债务。非营利性民办学校清偿上述债务后的剩余财产继续用于其他非营利性学校办学;营利性民办学校清偿上述债务后的剩余财产,依照公司法的有关规定处理。(第 59 条)

但是,关于非营利性民办高校是何种形态的非营利法人仍有较大争议。《民法典》规定:"非营利法人包括事业单位、社会团体、基金会、社会服务机构等。"《民办学校分类登记实施细则》第七条规定:"正式批准设立的非营利性民办学校,符合《民办非企业单位登记管理暂行条例》等民办非企业单位登记管理有关规定的到民政部门登记为民办非企业单位,符合《事业单位登记管理暂行条例》等事业单位登记管理有关规定的到事业单位登记管理机关登记为事业单位。"也就是说,非营利性民办高校可以登记为事业单位,也可以登记为民办非企业单位。

其一,登记为事业单位。在非营利性和营利性民办高校分类管理之前,地方不乏将民办高校登记为事业单位的案例。这些民办高校多具有国有资产成分。浙江、海南等地开展事业单位登记试点,提出"民办事业单位"概念。一方面,利用部分国有资产举办的非营利性民办高校获得了独特的法人身份,政府也可为之提供更多名正言顺的政策优惠;另一方面,由于事业单位法人资格的认定标准不统一,现实中事业单位类型较多,这一状况也引发了一定的实践困惑。

其二,登记为民办非企业单位(社会服务机构)。2016 年 9 月 1 日正式实施的《中华人民共和国慈善法》将民办非企业单位调整为社会服务机构,这里的"社会服务机构"即民办非企业单位的翻版。① 《民法典》和《民法总则》就非营利法人做出进一步规定:"具备法人条件,为公益目的以捐助财产设立的基金会、社会服务机构等,经依法登记成立,取得捐助法人资格。"时任全国人大常委会法制工作委员会主任李适时主编的《中华人民共和国民法总则释义》也强调了这一点:"今后设立民办学校、民办医院等非企业法人组织,设立人可以依据设立的目的,选择登记为营利法人,或者登记为社会服务机构。选择登记为营利法人的,法人存续期间可以分配利润,法人终止时,可以分配剩余财产。选择登记为社会服务机构的,取得捐助法人资格,享受国家财政、税收等各方面扶持,但法人存续期间不得分配利润,法人终止时,不可以分配剩余财产,剩余财产将继续用于公益目的。"② 从这一逻辑出发,在理想层面上,分类管理后的非营利性民办高校,应当是那种没有所有者,更不可能向所有者分配利润的真正的非营利组织。有观点认为,非营利性民办高校的财产,无论是举办者在设立时投入的财产、社会各界捐赠的财产、学校发展过程中滚动积累形成的财产,还是国家直接或间接资助的财产,均应为对私立高校的一种"捐助"。③ 不论举办者是否真的愿意将自己的办学投入作为捐助财产,在法人分类意义上,未来的非营利性民办高校都

---

① 《中华人民共和国慈善法》对慈善组织、慈善募捐、慈善捐赠、慈善信托、慈善财产、慈善服务、信息公开、促进措施、监督管理等事项做了较为系统的规定。有学者提出该法为"非营利"提供了操作性标准,并规定了包括"禁止财产分配"规则、"清算后剩余财产处理"规则和"投资收益全部用于慈善目的"规则在内的诸多制度保障措施,填补了我国非营利组织领域的立法空白,该法的出台为非营利性民办学校法律定位提供了参照。详见:魏建国.《慈善法》的出台与我国民办非营利教育发展[C]//王蓉,魏建国.中国教育财政政策咨询报告:2015—2019.北京:社会科学文献出版社,2019:166-170;魏建国."非营利"内涵的立法界定及其对民办教育发展的意义:从《慈善法》的出台到《民办教育促进法》的修改[C]//王蓉,魏建国.中国教育财政政策咨询报告:2015—2019.北京:社会科学文献出版社,2019:171-181.
② 李适时.中华人民共和国民法总则释义[M].北京:法律出版社,2017:280.
③ 张利国.民办学校产权制度研究:以分类管理为视角[M].北京:中国民主法制出版社,2016:93-95.

应重新定位于捐助法人中的社会服务机构,是一种社会所有而非举办者私有的组织。[①] 但是,也有观点提出,非营利性民办高校不能直接等同于捐助法人,因为"中国目前大多数的非营利性学校并没有捐助财产,设立时所有开办资金都来自举办者的投入,显然不符合法律关于捐助法人资格取得的前提条件。当举办者没意愿将自己投入非营利性学校的资产作为捐赠时,这个非营利性学校就不能认定为取得捐助法人资格"。[②] 无论按照哪一种观点,存量民办高校真正过渡到新法框架下的非营利性民办高校,都存在较大的现实障碍。

关于非营利性民办高校的尚存争议的方面,有待在未来的理论和实践探索中予以明确,同时也证明了本章开篇提出的观点,即非营利性民办高校是一个发展变化着的概念,在不同的历史时期有着不同的含义和存在形态。

第二节　数据事实:我国非营利性民办高校的发展变化

2002 年《民办教育促进法》对"非营利"进行了模糊处理,存量民办高校在法律上均为非营利性。2016 年《民办教育促进法》对"非营利"提出新的规定,但该法未设置统一的过渡期。从各地推进分类管理改革的具体方法看,[③]一些省(区、市)未设定分类管理过渡期限,其他省(区、市)对过渡期限的设置不同,最早的是上海,要求主要实施高等学历教育的学校,应当在2021 年 12 月 31 日前完成分类选择。

---

① 卢威,李廷洲.走出体制吸纳的误区:增强非营利性民办高校教师职业吸引力的路径转换[J].中国高教研究,2020(10):62-68.

② 余苏.改制:民办学校运营 25 问及政策导读[M].北京:中国经济出版社,2012:151-152.

③ 31 个省(区、市)先后根据《全国人民代表大会常务委员会关于修改〈中华人民共和国民办教育促进法〉的决定》和《国务院关于鼓励社会力量兴办教育促进民办教育健康发展的若干意见》要求,以政府文件形式印发了本省(区、市)的配套文件。其中,山西省由省政府办公厅发布,吉林省由省委省政府联合发文,其他各省(区、市)均由省、自治区、直辖市政府发文。

上海规定："现有学校的举办者应当在2018年12月31日前，向主管部门提交关于学校办学属性选择的书面材料，未按期提交材料的学校不得转设为营利性民办学校。"根据摸底情况，上海市共有6所高校选择营利性，分别是上海工商外国语职业学院、上海思博职业技术学院、上海震旦职业学院有限公司、上海建桥学院、上海民远职业技术学院、上海立达学院。2019年6月26日，上海工商外国语职业学院重新登记为"上海工商外国语职业学院有限公司"，成为我国第一所营利性民办高校。此后，上海思博职业技术学院有限公司（2020年1月10日成立）、上海震旦职业学院有限公司（2020年2月17日成立）、上海建桥学院有限责任公司（2020年9月28日成立）、上海立达学院有限公司（2021年6月24日成立）、上海民远职业技术学院有限公司（2021年8月12日成立）先后在上海市市场监管局登记为企业法人。

目前，各地民办高校仍在重新选择为营利性或非营利性的过程中。以下根据《中国统计年鉴》梳理我国非营利性民办高等教育的发展数据（部分年份数据缺失）。由于法律意义上的营利性民办高校出现在2019年，所以2018年以前的数据均体现了我国非营利性民办高校的发展情况。

一、机构数量：平稳增长，占比略有下降（2009—2018年）

如表1-3所示，2009—2018年，全国各级各类民办学校（机构）数从106795所增加到184399所，其中，民办高等教育学校（机构）数从1792所增加到1798所，数量增幅较小，发展非常稳定。与此同时，全国高等教育学校（机构）数实现了一定的增长，民办高等教育学校（机构）占全国高等教育学校（机构）数的比重从52.11%下降到48.41%。

表1-3　2009—2018年全国民办高等教育学校（机构）数

年份	民办学校（机构）数总计/所	民办高等教育学校（机构）数/所				全国高等教育学校（机构）数/所	民办占全国高等教育学校（机构）数比重/%
		总计	普通高校	独立学院	其他高等教育机构		
2009	106795	1792	658	322	812	3439	52.11
2010	119356	1835	676	323	836	3517	52.18
2011	131959	1837	698	309	830	3548	51.78

续表

年份	民办学校（机构）数总计/所	民办高等教育学校（机构）数/所				全国高等教育学校（机构）数/所	民办占全国高等教育学校（机构）数比重/%
		总计	普通高校	独立学院	其他高等教育机构		
2012	141037	1833	707	303	823	3568	51.37
2013	150062	1812	718	292	802	3585	50.54
2014	156302	1810	728	283	799	3611	50.12
2015	163743	1822	734	275	813	3648	49.95
2016	171939	1820	741	266	813	3675	49.52
2017	178374	1547	747		800	3696	41.86
2018	184399	1798	749	265	784	3714	48.41

从图 1-1 中可以看出,过去这十余年间,民办高等教育学校(机构)数占全国高等教育学校(机构)数的比重整体呈逐年略微下降的趋势。2017 年的民办高等教育学校机构数占比明显下降可能是由于缺乏独立学院的数据导致的。

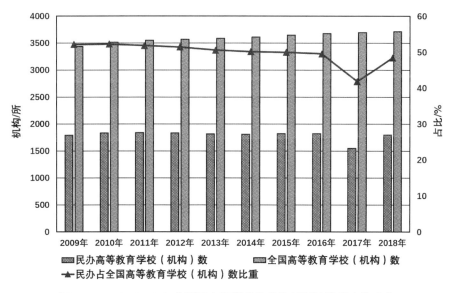

图 1-1　2009—2018 年全国民办高等教育学校(机构)数及占比变化

二、学生数量：均衡增长，占比略有下降（2009—2018 年）

（一）毕业生数及占比变化

如表 1-4 所示，2009—2018 年，全国各级各类民办学校毕业生从 8591612 人增加到 15736684 人，其中，民办高等教育毕业生从 1382340 人增加到 1742734 人，呈现出较为平稳的增幅。与此同时，全国高等教育毕业生数实现了一定的增长，民办高等教育毕业生数占全国高等教育毕业生数的比重从 26.03％下降到 23.13％。

表 1-4   2009—2018 年民办高等教育毕业生人数及占比变化

年份	民办学校毕业生数总计/人	民办高等教育毕业生数/人				全国高等教育毕业生数/人	民办占全国高等教育毕业生比重/%
		总计	普通高校	独立学院	其他高等教育机构		
2009	8591612	1382340	932878	449462		5311000	26.03
2010	9375315	1613091	1096923	516168		5754000	28.03
2011	10282975	1772215	1229577	542638		6082000	29.14
2012	15297271	2359755	1602828	756927		6247000	37.77
2013	12204675	1926117	1332720	593397		6387000	30.16
2014	12734295	2045348	1419645	625703		6594000	31.02
2015	13556602	2155677	1512964	642713		6809000	31.66
2016	13592902	1583195	1583195			7042000	22.48
2017	14936965	2306956	1697362	609594		7358000	31.35
2018	15736684	1742734	1742734			7533000	23.13

从图 1-2 中可以看出，2012 年民办高等教育毕业生人数占全国高等教育毕业生人数的比重有明显提高，并在 2013 年有所回落。2016 年和 2018 年的民办高等教育毕业生人数占比下降可能是由于缺乏独立学院的数据导致的。

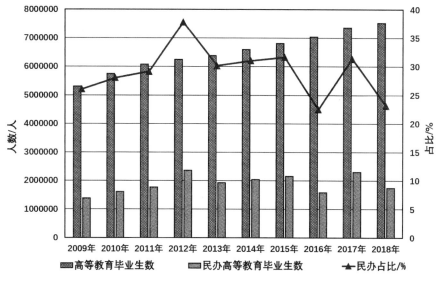

图 1-2 2009—2018 年民办高等教育毕业生人数及占比变化(全国)

(二)招生人数及占比变化

如表 1-5 所示,2009—2018 年,全国各级各类民办学校招生人数从 12258846 人增加到 17308598 人,其中,民办高等教育招生人数从 2092708 人增加到 1818267 人,增幅较小。与此同时,全国高等教育招生人数实现了一定的增长,民办高等教育招生人数占全国高等教育招生人数的比重从 32.72% 下降到 22.99%。

表 1-5 2009—2018 年民办高等教育招生人数及占比变化

年份	民办学校招生数总计/人	民办高等教育招生数/人				全国高等教育招生数/人	民办占全国高等教育招生数比重/%
		总计	普通高校	独立学院	其他高等教育机构		
2009	12258846	2092708	1401477	691231		6395000	32.72
2010	13759115	2222088	1467431	754657		6618000	33.58
2011	14754786	2283320	1537292	746028		6815000	33.50
2012	15297271	2359755	1602828	756927		6888000	34.26

续表

年份	民办学校招生数总计/人	民办高等教育招生数/人				全国高等教育招生数/人	民办占全国高等教育招生数比重/%
		总计	普通高校	独立学院	其他高等教育机构		
2013	15634115	2290796	1601879	688917		6998000	32.74
2014	16289676	2380854	1729617	651237		7214000	33.00
2015	16999717	2412611	1779676	632935		7378000	32.70
2016	16884514	1981602	1818267			7486000	26.47
2017	17833958	2471961	1853485	618476		7615000	32.46
2018	17308598	1818267	1981602			7910000	22.99

　　从图 1-3 中可以看出，民办高等教育招生人数占全国高等教育招生人数的比重基本保持稳定，略有下降趋势。2016 年和 2018 年的民办高等教育招生人数占比明显下降可能是由于缺乏独立学院的数据导致的。

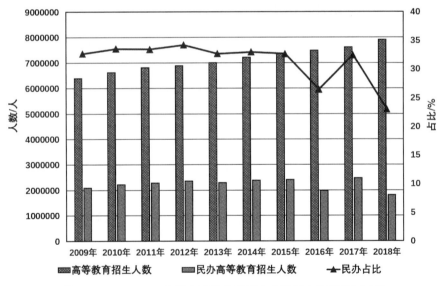

图 1-3　2009—2018 年民办高等教育招生人数及占比变化(全国)

三、教师数量:不断增长,占比略有上升(2009—2018 年)

(一)教职工数及占比变化

如表 1-6 所示,2009—2018 年,全国各级各类民办学校教职工人数从 2615285 人增加到 5353030 人,其中,民办高等教育教职工人数从 531023 人增加到 628746 人,与其他学段相比增幅平稳。从全国高等教育教职工人数变化看,民办高等教育教职工人数占比从 22.97％增长到 23.54％。

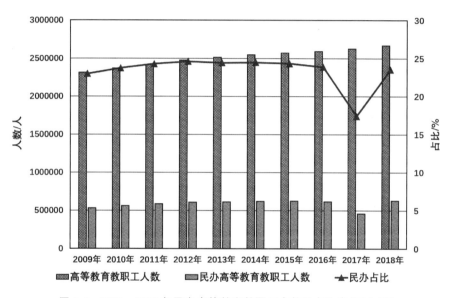

图 1-4 2009—2018 年民办高等教育教职工人数及占比变化(全国)

表 1-6 2009—2018 年民办高等教育教职工人数及占比变化

年份	民办学校教职工总计/人	民办高等教育教职工数/人				全国高等教育教职工数/人	民办占全国高等教育教职工数比重/％
		总计	普通高校	独立学院	其他高等教育机构		
2009	2615285	531023	330377	162571	38075	2312097	22.97
2010	2892281	562285	348857	175288	38140	2370029	23.72
2011	3215556	587373	371554	181039	34780	2420638	24.27

续表

年份	民办学校教职工总计/人	民办高等教育教职工数/人				全国高等教育教职工数/人	民办占全国高等教育教职工数比重/%
		总计	普通高校	独立学院	其他高等教育机构		
2012	3456426	608593	387458	189194	31941	2475507	24.58
2013	3679830	613056	398400	186262	28394	2510918	24.42
2014	3982290	622422	412824	183308	26290	2545321	24.45
2015	4322628	624726	423620	176679	24427	2570432	24.30
2016	4695248	618740	431358	164913	22469	2592166	23.87
2017	4875664	457701	436819		20882	2626207	17.43
2018	5353030	628746	445161	163928	19657	2671153	23.54

从图 1-4 中可以看出，民办高等教育教职工人数占全国高等教育教职工人数的比重整体呈平稳上升的趋势。2017 年的民办高等教育教职工人数的占比明显下降可能是由于缺乏独立学院的数据导致的。

(二)专任教师数及占比变化

如表 1-7 所示，2009—2018 年，全国各级各类民办学校专任教师人数从 1575319 人增加到 3195654 人，其中，民办高等教育教职工人数从 356107 人增加到 457392 人，与其他学段相比增幅平稳。从全国高等教育教职工人数变化看，民办高等教育教职工人数占比从 24.91% 增长到 25.33%。

表 1-7　2009—2018 年民办高等教育专任教师人数及占比变化

年份	民办学校专任教师总计/人	民办高等教育专任教师数/人				全国高等教育专任教师数/人	民办占全国高等教育专任教师比重/%
		总计	普通高校	独立学院	其他高等教育机构		
2009	1575319	356107	222008	116218	17881	1429347	24.91
2010	1737935	380982	236468	126720	17794	1487641	25.61
2011	1891612	401281	252441	132733	16107	1541516	26.03
2012	2038285	421705	267180	139657	14868	1594817	26.44
2013	2182564	433580	281415	138815	13350	1649030	26.29

续表

年份	民办学校专任教师总计/人	民办高等教育专任教师数/人				全国高等教育专任教师数/人	民办占全国高等教育专任教师比重/%
		总计	普通高校	独立学院	其他高等教育机构		
2014	2365902	442340	293954	136303	12083	1682896	26.28
2015	2582695	448048	304817	132124	11107	1715796	26.11
2016	2768777	445266	311512	123428	10326	1735722	25.65
2017	2855850	325817	316174		9643	1765042	18.46
2018	3195654	457392	324338	123958	9096	1805818	25.33

从图1-5中可以看出,民办高等教育专任教师人数占全国高等教育专任教师人数的比重整体保持稳定,略有上升,但在2016年后有所下降。2017年的民办高等教育专任教师人数占比明显下降可能是由于缺乏独立学院的数据导致的。

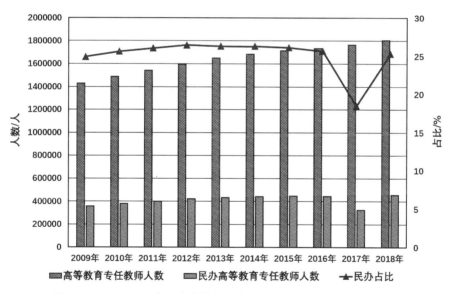

图 1-5　2009—2018 年民办高等教育专任教师人数及占比变化(全国)

四、教育经费：稳健增长，举办者投入波动大（2007—2016年）

（一）教育经费投入及财政性经费占比

如表 1-8 所示，2007—2016 年，全国各级各类民办学校教育经费总投入从 751.82042 亿元增长到 3640.17713 亿元，复合年均增长 19.15％。民办学校国家财政性教育经费从 28.54324 亿元增长到 464.63935 亿元，复合年均增长 36.34％。财政性教育经费增长超过教育经费投入增长，财政性教育经费占教育经费总投入的比重也从 3.8％增长到 12.76％，增长了 8.97 个百分点。

其中，民办普通本科和高职高专的教育经费总投入分别从 233.45356 亿元、107.64083 亿元，增长到 793.59362 亿元、230.62052 亿元，复合年均增长 14.56％和 8.84％。民办普通本科和高职高专的财政性教育经费分别从 5.71216 亿元、2.52517 亿元，增长到 82.39074 亿元、36.44445 亿元，复合年均增长 34.52％和 34.53％。

表 1-8　2007—2016 年全国民办学校教育经费投入及财政性经费占比情况

	民办学校教育经费总投入/亿元		民办学校国家财政性教育经费/亿元		财政性教育经费占教育经费总投入的比重/%		变动百分点/个
	2007 年	2016 年	2007 年	2016 年	2007 年	2016 年	
各级各类	751.82042	3640.17713	28.54324	464.63935	3.80	12.76	8.97
普通本科	233.45356	793.59362	5.71216	82.39074	2.45	10.38	7.94
高职高专	107.64083	230.62052	2.52517	36.44445	2.35	15.80	13.46
普通高中	108.72960	328.14261	2.89285	34.92426	2.66	10.64	7.98
中职教育	62.92990	111.62901	6.62082	41.32733	10.52	37.02	26.50
普通初中	139.05197	488.59369	6.51196	84.59309	4.68	17.31	12.63
普通小学	97.67294	534.36447	3.84314	94.19694	3.93	17.63	13.69

图 1-6 和图 1-7 显示了民办学校教育经费总投入和财政性教育经费总投入中，各级各类民办教育的比例结构。如图 1-6 所示，民办普通本科和高

职高专教育经费总投入占全国各级各类民办学校教育经费总投入的比重较高。而就财政性教育经费投入情况而言,如图 1-7 所示,重点保障的是民办普通小学和普通初中(2016 年为 25％和 23％),近年来民办普通高职高专占比明显增加。

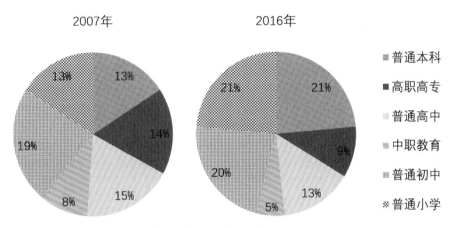

图 1-6 各级各类民办学校经费总投入及其占比

图 1-7 各级各类民办学校国家财政性教育经费及其占比

(二)举办者投入

举办者投入是民办高校的重要特征之一。如表 1-9 所示,2007—2016 年间,全国民办高等教育经费总投入中,举办者投入从 13.49383 亿元增长到 44.28538 亿元,复合年均增长 13.56％。其中,贵州、湖北、重庆的民办高校举办者投入增幅最大,年均增长 40.68 ％、37.71 ％和 32.96 ％;青海、黑龙江、新疆的降幅最大,年均下降 30.18 ％、24.82 ％和 19.91 ％。

表 1-9　2007 至 2016 年全国民办高校举办者投入增长情况

地区	年份	2007 年	2016 年	2007—2016 年内累积投入总额/亿元	增长率/％
华北地区	合计	0.76239	2.30520	12.6344	13.08
	北京	0.03840	0.03656	0.8548	−0.54
	天津	0.06000		0.37624	——
	河北	0.18659	1.97191	5.93831	29.95
	山西	0.41931	0.19690	4.82298	−8.06
	内蒙古	0.05809	0.09983	0.64207	6.20
东北地区	合计	0.49769	0.87727	6.37684	6.50
	辽宁	0.14266	0.48460	3.73622	14.55
	大连	——	0.14000	0.42	——
	吉林	0.10974	0.23386	1.3269	8.77
	黑龙江	0.24529	0.01881	0.89372	−24.82
华东地区	合计	2.62110	11.24312	52.5831	17.56
	上海	——	0.22737	0.72473	
	江苏	0.37910	1.92279	5.74358	19.77
	浙江	0.37937	2.49925	11.84847	23.30
	宁波	——	0.04829	0.41918	
	安徽	0.30408	0.69170	6.10801	9.56
	福建	0.70831	0.78737	10.30084	1.18
	厦门	——	0.57317	1.81206	——
	江西	0.50456	0.44780	4.63895	−1.32
	山东	0.34568	3.62078	10.30747	29.82
	青岛	——	0.42460	0.67981	

续表

地区	年份	2007 年	2016 年	2007—2016 年内累积投入总额/亿元	增长率/%
华中地区	合计	1.36140	8.79906	48.08948	23.04
	河南	0.48325	3.47205	30.34374	24.50
	湖北	0.20523	3.65442	5.85555	37.71
	湖南	0.67292	1.67259	11.89019	10.65
华南地区	合计	6.91305	17.38608	84.61342	10.79
	广东	6.70208	15.67179	76.0958	9.90
	深圳	——	0.73030	1.75094	——
	广西	0.10755	0.57752	2.90375	20.53
	海南	0.10342	0.40647	3.86293	16.43
西南地区	合计	1.04400	3.28103	28.60672	13.57
	重庆	0.01465	0.19031	2.76178	32.96
	四川	0.85292	2.12522	19.35225	10.68
	贵州	0.03068	0.66198	3.30667	40.68
	云南	0.14195	0.30103	3.13304	8.71
	西藏	0.00380	0.00249	0.05298	−4.59
西北地区	合计	0.29420	0.39362	4.08614	3.29
	陕西	0.18949	0.35722	3.15057	7.30
	甘肃	0.00488	0.01100	0.17419	9.45
	青海	0.04260	0.00168	0.41356	−30.18
	宁夏	——	0.01596	0.11747	——
	新疆	0.05723	0.00776	0.23035	−19.91
	总计	13.49383	44.28538	236.9901	13.56

　　从全国情况看,并无确切证据证明我国民办学校办学经费中的举办者投入呈现下降趋势,民办教育领域的社会资金吸纳能力并未明显衰退。对于一部分举办者而言,分类管理改革取消了合理回报制度,新法明确规定"非营利性民办学校的举办者不得取得办学收益,学校的办学结余全部用于办学",可能暂时地影响了他们继续加大投入的意愿。根据《中国教育经费

统计年鉴》数据，以 2007 年为基期扣除价格指数后计算 10 余年来民办学校各项经费收入发现，2007—2016 年全国民办学校经费总收入从 751.82 亿元增长至 2862.88 亿元，增长了 2.8 倍。其中，国家财政性教育经费增长最快，由 30.27 亿元增长至 365.42 亿元，增长超过 11 倍；其次是以学费为主的事业收入，增长了 2.7 倍；举办者投入增长不到 1 倍；社会捐赠增长最少，仅增长了 20% 左右。对于民办学校而言，非财政性经费投入的充足性决定了学校可持续发展的物质基础。在持续推进分类管理改革过程中，政策变迁中社会力量投入增速放缓问题及可能产生的影响值得引起关注。

计算 2007—2016 年内 10 年累计的投入总额共 236.9901 亿元，其中，广东、河南、四川民办高校的举办者累计投入最高，分别为 76.0958、30.34374、19.35225 亿元；宁夏、甘肃、新疆民办高校的举办者累计投入最少，分别是 0.11747、0.17419、0.23035 亿元。

观察全国七大地理区域民办高校举办者投入的跨时期变化。全国民办高校举办者投入在 2007—2015 年间没有单调增加或减少，而是呈现出波动的变化趋势，而 2015—2016 年间出现了这段时期的最大的涨幅，将近 19 亿元。具体来看，华东地区在民办高等教育中举办者投入方面有比较出色的表现，尤其是 2011 年的民办高等教育举办者投入遥遥领先于全国其他六大地区，其原因是江西省的投入较之 2010 年增长了 3 倍；而西南与华南地区的民办高等教育举办者投入则有类似的变化趋势：2009—2015 年间变化平缓、无明显增长，但在 2016 年有了倍数式的增长。这可能与区位因素以及各地政策环境有关。华东地区有多个人口大省，坐拥庞大的高等教育需求，民办高等教育的发展空间较大，而西部地区优质教育资源缺乏，国家在招生计划、补贴等政策上对西部予以支持，地方在办学用地、学费政策上对民办高校较为宽松，头部高教集团看好西部地区潜力。同时，举办者投入在历年呈现了非常不稳定的投入型态，如图 1-8 所示。其中，西北地区的举办者投入水平较低，且呈现持续下降趋势；华东、西南和华中地区的举办者投入水平较高，且总体呈现波动增长趋势。图 1-9 进一步展示了跨时期民办高校举办者的区域差异，猜想这些差异仍然主要源于区域高等教育资源供需结构和民办高等教育政策环境，西部大开发、海南自贸区建设、区域一体化或协同发展等战略机遇也在宏观层面发挥着影响。

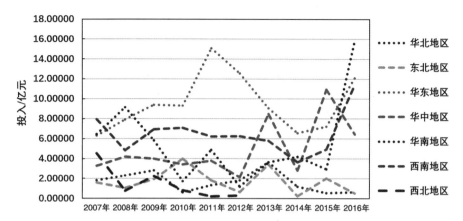

图 1-8 全国七大地理区域民办高校举办者投入历年变化情况

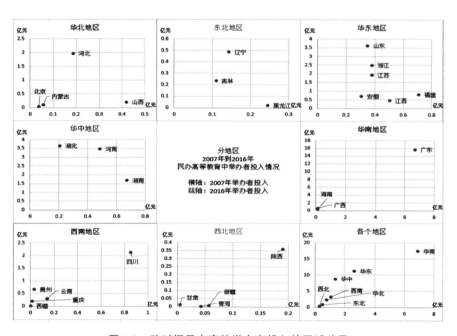

图 1-9 跨时期民办高校举办者投入的区域差异

对民办普通本科和高职高专中的举办者投入做分别统计。2019 年《国家职业教育改革实施方案》（国发〔2019〕4 号）明确指出："职业教育与普通教育是两种不同教育类型，具有同等重要地位。"在此之前，国家政策就鼓励职业教育发展，只是民间"职业教育低人一等"的传统观念短期内很难扭转。

相对于本科办学,职业教育的办学资质要求低,对社会资金更为友好。如表1-10所示,2007—2016年,全国民办普通本科的举办者投入年均下降4.1%,而民办高职高专的举办者投入年均增长15.59%,举办者对普通本科和高职高专的投入变化情况有明显差异。

表1-10 2007和2016年全国民办普通本科教育和高职高专举办者投入增长情况

地区	年份	民办普通本科/亿元			民办高职高专/亿元		
		2007 年	2016 年	增长率/%	2007 年	2016 年	增长率/%
地区	合计	23.40273	16.05235	−4.10	8.47607	31.22182	15.59
华北地区	合计	0.77624	0.24090	−12.19	1.04235	0.41275	−9.78
	北京	0.77624				0.19500	
	天津						
	河北		0.00500		0.14800	0.17784	2.06
	山西		0.23590				
	内蒙古				0.89435	0.03991	−29.21
东北地区	合计	0.67507	0.48364	−3.64	0.17108	0.07295	−9.04
	辽宁				0.17108		
	大连						
	吉林	0.15000				0.04295	
	黑龙江	0.50500	0.46348	−0.95		0.03000	
华东地区	合计	2.02065	7.44359	15.59	4.25622	2.51957	−5.66
	上海				0.26110		
	江苏	0.14035	4.50220	47.01	0.10000		
	浙江	0.80330				0.50000	
	宁波						
	安徽	0.10000	1.20000	31.80	0.03000	0.36323	31.93
	福建	0.97700	1.35394	3.69	3.10698	0.35437	−21.43
	厦门						
	江西				0.15534	1.23197	25.87
	山东		0.38745		0.60280	0.07000	−21.28
	青岛						

续表

		民办普通本科/亿元			民办高职高专/亿元		
华中地区	合计	2.07620	4.43842	8.81	1.20229	3.00281	10.71
	河南		0.42000	——	0.70974	2.14432	13.07
	湖北	2.07620	4.01842	7.61		0.85849	
	湖南			——	0.49255		
华南地区	合计	5.32210	1.19000	−15.33	0.78574	2.28180	12.58
	广东	3.99310	1.19000	−12.59	0.78574	1.15500	4.37
	广西	1.32900					
	海南			——		1.12680	
西南地区	合计	7.54382	2.08596	−13.31	0.40300	14.65236	49.07
	重庆	0.49071	1.00000	8.23		5.31000	
	四川	6.01587	0.60596	−22.51	0.30300	6.72666	41.12
	贵州			——		2.33190	
	云南	1.03724	0.48000	−8.21	0.10000		
	西藏					0.28380	
西北地区	合计	4.24676	0.19000	−29.19	0.26539		
	陕西	4.24620			0.05200		
	甘肃						
	青海			——			
	宁夏	0.00056	0.19000	91.06	0.21339		
	新疆			——			

如图 1-10 所示,全国七大地区中,华中与西南地区的民办本科教育举办者投入表现出较大幅度的波动;而华东地区的民办本科教育举办者投入总体表现出增长的趋势,尤其在 2013—2016 年间,增长十分明显;东北与华北地区则表现出相对平缓的变化趋势;华南地区的民办本科教育举办者投入在 2008 年出现明显下降之后也保持着较为平缓的波动;但西北地区在民办本科教育举办者投入上发展缓慢,在 2007—2016 年间只有 2009 年、2010 年及 2012 年有举办者投入数据,其中,2011 年数据缺失。如图 1-11 所示,全国七大地区中,华东地区的民办高职高专教育举办者投入在 2010—2013

年这四年间的表现十分出色；西南地区的民办高职高专教育举办者投入在
2015—2016 年间的增长十分明显，增长了将近 7 倍；华中与华南地区的民
办高职高专教育举办者投入在 2007—2016 年间略有增长但较为平缓；而东
北与西北地区的民办高职高专教育举办者投入则没有明显的增长趋势。

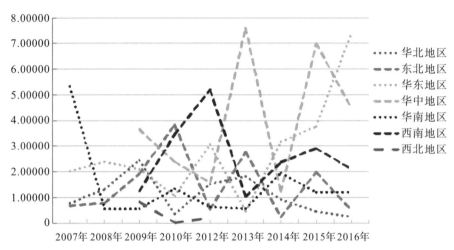

图 1-10　全国七大地理分区民办普通本科教育中举办者投入历年情况

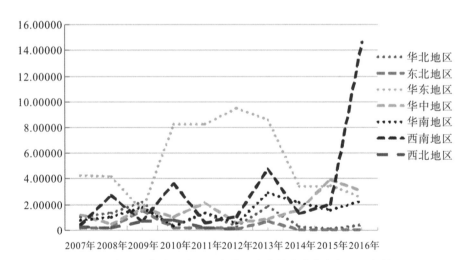

图 1-11　全国七大地理分区民办高职高专教育举办者投入历年情况

　　本书的定位不是区域特征分析，但是以上发展数据显示出区域差异是
客观存在的。在改革发展过程中，区域间最大差异性可能表现为经济和社

会增长的差异性,继而影响到区域对人口和人才的吸引力。加上国家宏观战略和区域规划的影响,民办高等教育在各区域的渗透率存在很大差别,至少在拥有院校数量和社会资金投入量上可见一斑。

第三节 价值导向：我国非营利性民办高校的成长逻辑

关于新中国第一所真正意义上的民办高校,潘懋元先生将之追溯到1978 年成立的湖南中山进修大学,[①]也有学者认为是 1982 年经北京市教委批准成立的中华社会大学。[②] 回顾 40 余年波澜壮阔的发展历程,有两条逻辑主线清晰可见:一是民办高等教育是改革开放和市场经济的产物。作为市场经济条件下的非政府办学形式,民办高等教育具有典型的市场化特征。资本逐利性赋予其从无到有的发展动力,也赋予其从弱转强的竞争本能。二是民办高等教育是高等教育自身改革与创新发展的产物。发展民办高等教育是最大限度发挥高等教育系统功能的积极尝试,也是以新形式面向高等教育阶段性供需矛盾的有益探索。民办高等教育于外界受到市场经济条件和政策管控的双重影响,于内部受到高等教育基本逻辑的牵引,在时代发展和社会发展中寻找自身的增长点。

一、1980 年代："社会力量办学"的营利动机

1977 年我国普通高等学校恢复招生,民间举办的各类文化补习、单科进修和高等教育自学辅导性质的学校(班)大量涌现。1982 年,《中华人民共和国宪法》提出了"社会力量办学"的概念。1984 年,河南省政府率先出台《河南省社会力量办学暂行管理办法》,专门针对国家企事业单位、集体经济组织、民主党派和其他社会力量举办大中专类学校的基本条件、学费收入等问题进行规定。紧随其后,北京市、贵州省、上海市、山东省、贵阳市、厦门

① 潘懋元,姚加惠.民办高等教育发展之困境与前瞻[J].民办教育研究,2006(4):4.
② 杨全印.关于我国二十年民办教育政策的思考[J].江西教育科研,2002(Z1):55-58.

市的《社会力量办学暂（试）行办法》相继出台，均允许举办者向学生收取学杂费以保障正当可靠的经费来源。其中，山东省规定，收费标准按课时计，大专文科班不超过三角五分，大专理工科班不超过五角。

在社会购买需求下，民办高等教育以早期社会力量办学机构为雏形产生出来。有据可考的最早一批民间资金举办高校有：北京自修大学、长沙韭菜园大学、长沙东风业余大学、重庆蜀东财经专科学校、湖南九嶷山学院、中国逻辑与语言函授大学、广东业余大学。[①] 80 年代中期，全国范围约有 170 余所类似的民办高等教育机构，[②]虽然较同期公办高等教育仍属小规模，但从无到有的强劲增长势头已不容小觑。当时，国家层面的政策法规还未见"民办"这一用语，只在地方层面有所涉及，如北京市规定，公民个人或两人以上联合举办的学校，其校牌、印章均须冠以"民办"字样；贵州省、上海市、贵阳市也做出类似规定。这主要是因为，早期民办高等教育多由个人办学者举办，带有明确的投资获利动机和良好的盈利能力。当时，民间资本急于寻求投资领域，只要是有营利空间的领域，大量的资本就会进入或随时准备进入。私营企业和私营经济迅速发展起来，逐步放开的医疗卫生、文化体育、公益事业领域也都有了民间资本的力量。虽然当时起步的民办高校，很多是通过滚雪球方式发展，并无较多原始投入，但高等教育领域所能吸引的民间资本，具有与其他领域民间资本的相似性，即强烈的营利动机和普遍的营利倾向。这一源头性特征间接导致"完全的捐资办学在今天的现实国情中仍然是少数"[③]。

1978 年邓小平同志在全国科学大会开幕式讲话中指出："教育事业不只是教育部门的事，各行各业都要支持教育，大力发展教育"，1985 年《中共中央关于教育体制改革的决定》也指出："地方要鼓励和指导国有企业、社会团体和个人办学，并在自愿的基础上鼓励单位集体和个人捐资助学，但不得强行摊派。"但在一个很长时期内，社会对民间资本在多大程度上可以介入高等教育领域，没有形成清晰的认识。最显著的标志有二。一是地方实践发现，通过学杂费营利是当时民间资本兴办高等学校的一个重要经济动机，

① 杨全印.关于我国二十年民办教育政策的思考[J].江西教育科研,2002(Z1):55-58.

② 王志强.社会力量办学 20 年发展回顾[J].中国成人教育,2000(1):52.

③ 吴华,王习.营利性民办学校应该享受税收优惠[J].中国教育学刊,2017(3):14-18.

以至于 1987 年国家教委《关于社会力量办学的若干暂行规定》才在"可向学员收取合理金额的学杂费"后增加"但不得以办学为名非法牟利"的规定。而"以办学为名非法牟利"和"以办学为名牟利"显然是两个不同的概念。二是民办高校校长主要由出资人决定,且大多数出资人认为学校产权应归自己私有,其投资和投资的盈利部分都应属于个人所有。经济收益成为民办高校创办与运营的强大激励力量。

二、1990 年代："不以营利为目的"的经济行为

1993 年 11 月,党的十四届三中全会审议并通过《中共中央关于建立社会主义市场经济体制若干问题的决定》,明确提出建立社会主义市场经济体制的改革目标,也就是让市场在国家宏观调控下发挥对资源配置的基础性作用。这解决了中国改革发展中的一个重要理念问题,从此,市场力量正式成为各领域发展的强大动力,也在很大程度上塑造了中国高等教育的发展历程。

也正是在 90 年代,经济理论被正式引入高等教育领域。当年流行"拿文凭,到民校"的说法。受教育产业化思潮影响,高等教育产品被认为具有鲜明的商品性甚至产业性,高等教育市场具有可选择性,而发展民办高等教育就是市场经济条件下丰富高等教育选择的内在要求。1993 年《中国教育改革和发展规划纲要》提出,"高等教育要逐步形成以中央、省(自治区、直辖市)两级政府办学为主、社会各界参与办学的新格局"。同时,为了优化高等教育资源配置、提高高等教育系统效率,1993 年北京市率先在民办高校试行学历文凭考试,1994 年国家教委首次批准 6 所民办高校颁发学历文凭,[①]1999 年《中国教育统计年鉴》显示,90 年代末,纳入国家学历教育体系的民办高校共 37 所,在校生 3.5 万人。

从经济视角看,90 年代高等教育供需矛盾突出,一批民办高校升格后,仍存在一个巨大的卖方市场。当时国家层面提出高等教育大众化战略,高校扩招为具有学历授予资格的民办高校提供了历史机遇。从理论上讲,民

---

① 邬大光,卢彩晨.艰难的复兴 广阔的前景:我国民办高等教育 30 年回顾与前瞻 [J].中国高教研究,2008(10):13.

办高校"经由市场逻辑塑造产生"，[①]"市场可以被用作其合法化的来源，如运用企业化管理机制迅速回应劳动力市场需求，更好地迎合学生、产业和投资者需求，以证明其组织正当性"[②]。但是，随着经济改革的深入，我国高等教育出现"经济泛化"现象，即以经济指标衡量一切教育活动。教育投资被等同于产业投资，举办者的兴奋点围绕着营利和回报，这导致民办高校对创收项目的热衷和对经济利益的过度追求。对于民办高校的种种经济活动，当时的观点认为，教育不同于一般的经济活动，以营利为目的会损害教育本身的价值；但完全取消经济利益，会使社会资金丧失投资教育的原动力。[③]1993 年《民办高等学校设置暂行规定》首次从部门规章层面规定"民办高等学校不得以营利为办学宗旨。其财产归学校所有"。此后，1995 年《教育法》和 1997 年《社会力量办学条例》都重申"不得以营利为目的"的基本原则，但是对"非营利"进行了模糊处理。例如，关于是否全面禁止民办高校举办者的经济回报，一直未有明确规定。在政策模糊和宽松的条件下，扩大招生规模以增加学费收入是当时民办高校的主要办学目标；利用银行贷款购地建房，加速办学规模扩张，依靠学费积累，边创收、边提取回报、边支撑办学，是当时采取的主要发展模式。

三、二十一世纪以来：围绕"合理回报"的三轮争论

2002 年《民办教育促进法》明确规定，"出资人可以从办学结余中取得合理回报"，从立法层面解决了"可否从办学收益中提取经济利益回报"的现实难题。早在 1997 年，该法就被列入全国人大常委会立法规划，但 2002 年10 月底，几经修改的法律草案仍未通过全国人大常委会审议，而直到第三

---

① ALTBACH P G. Private higher education：themes and variations in comparative perspective[M]// ALTBACH P G. International higher education：reflections on policy and practice. Chestnut Hill，MA：Center for International Higher Education，Boston College，2006：115.

② SLANTCHEVA S，LEVY D.Private higher education in post-communist Europe：In search of legitimacy[M]. New York：Palgrave Macmillan，2007：70.

③ 刘铭，姚晓春.教育产业：本质还是方式[M]//胡东芳.教育：包袱抑或钱袋：聚焦教育产业.福建：福建教育出版社，2000：199.

十一次会议才获表决通过。其中,争议的焦点就是"是否应给予合理回报",其实质是关于教育公益性与营利性是否矛盾对立的争执。反对观点认为,允许经济利益回报违背了公益性原则;而更多赞同观点认为,公益性与可营利性并不必然矛盾。投资举办的民办高校具有营利属性,允许合法营利,给予营利空间,非但无损其公益性,还有利于公益性办学,有利于促进整个教育事业发展,从而增加社会公益。[①] 实际上,在该法出台之前,一些地方规定就采取了给予"合理回报"的办法,照顾举办者普遍的营利倾向。例如,2000 年 10 月 15 日公布施行的《呼和浩特市社会力量办学管理办法》规定,教育机构设立三年后,在保证教育机构正常运转的前提下,允许分期收回办学投资,提取合理回报。2001 年 6 月 1 日公布施行的《河北省民办教育条例》规定,民办教育机构投资者在保证教育机构正常运转和发展的前提下,可以取得合理回报。那么,出资人获取合理回报是否违反教育公益性原则,取决于对合理回报的定性。2004 年 4 月 1 日起施行的《民办教育促进法实施条例》明确了取得合理回报的"扶持与奖励"原则,也就是再次明确将合理回报作为奖励措施,而非财产分配办法。这一规定说明,合理回报制度是具有阶段性的激励办法,并不违背"教育不得以营利为目的"的法律框架。自此,关于"是否应给予合理回报"的讨论在政策层面告一段落。[②]

2002 年《民办教育促进法》规定,"取得合理回报的具体办法由国务院规定",但国务院一直未制定具体办法,只得提出由地方制定。"如何提取合理回报"成为第二轮争议的焦点。关于该法中"扣除办学成本、预留发展基金以及按照国家有关规定提取其他的必需的费用后,出资人可以从办学结余中取得合理回报"的规定,有学者认为"扣除的宽严适度"是问题关键,[③]也有学者总结分析合理回报与投资额、年办学结余、办学收入、学费收入的联系,以及一次性奖励回报、组合回报等可能方式。[④] 地方探索中有两个做

① 潘懋元,别敦荣,石猛.论民办高校的公益性与营利性[J].教育研究,2013,34(3):25-34.

② 文东茅.论民办教育公益性与可营利性的非矛盾性[J].北京大学教育评论,2004(1):43-48.

③ 文东茅.民办学校"合理回报"方式分析[J].中国高教研究,2003(3):44-46.

④ 蒋国华.中国民办教育:立法之后的思考[J].民办教育研究,2003(2):15-16.

法值得关注：一是将制定合理回报具体办法的权责从政府转移到学校。例如，2005 年《贵州省民办教育促进条例》规定，出资人根据民办学校章程的规定取得合理回报；2006 年《海口市民办教育促进和管理办法》规定，取得回报的比例由学校董（理）事会或者其他决策机构决定；2006 年《江西省民办教育促进条例》规定，民办学校的章程未规定出资人要求取得合理回报，出资人不得擅自取得回报。二是鼓励将合理回报继续用于学校发展。2008 年《四川省民办教育促进法实施条例》提出，将合理回报用于学校发展的，应当作为再投入。此后，广东、天津相继提出，将依法取得的合理回报用于学校发展的，其数额应当计入举办者出资额。这样，政策系统形成"如何提取合理回报"的折中方案，既不让投机者一夜暴富，又保证民办高等教育能够稳定发展。

但是，举办者要求将合理回报固定化的呼声激越。而合理回报在执行中一再引发恶性问题。如一所位于福建省的民办高校，仅 60% 的办学经费作为经常性办学经费由校长指派，剩余 40% 由创始人子女以"合理回报"名义获取使用，学校办学条件遭到严重破坏。2010 年 5 月，《教育部关于组织申报国家教育体制改革试点的通知》提出"开展营利性和非营利性民办学校分类管理试点"；同年 7 月，《国家中长期教育改革和发展规划纲要（2010—2020 年）》提出"探索营利性与非营利性民办学校分类管理"。此后引发了第三轮争议，焦点围绕"新政是否应保留合理回报"，实质问题则是非营利性民办高校举办者是否可以取得合理回报。最初，有学者提出将民办学校划分为营利性、非营利性不要求合理回报、非营利性要求合理回报三种，[1]也有陕西、上海等地方试点尝试突破营利性与非营利性的二元划分，将"是否要求合理回报"作为民办高校分类标准之一。2016 年《民办教育促进法》删除了之前关于合理回报的规定，非营利性民办高校举办者不得取得办学收益，原来要求取得合理回报且拟继续寻求经济收益的举办者，可作为股东从营利性民办高校获得投资收益。实践界的反对声不断，一是民间诉求本来就具有投资性质，二是泾渭分明的改革逻辑引发诸多不适。过去三十余年的发展政策，往往留有余地，意在保护求资源、求生存阶段的民办高校，也在

---

① 文东茅.民办学校"合理回报"方式分析[J].中国高教研究,2003(3):44-46.

不断鼓励带有"不以营利为目的"外衣的投资,其结果是大量民办高校以非营利性之名行营利之实,民办高等教育格局大而不强。

四、教育的逻辑:新时代民办高等教育发展的根本旨归

民办高等教育发展的经济逻辑在很长一段时间内占据主导地位。经济因素在一定程度上取代了教育本身,成为民办高等教育发展的主要驱动力。从我国经验看,这条经济逻辑主线主要包含两个重要方面。一是市场规律与机制。不论是公办还是民办高等教育,其发展手段和目的都更明显转向市场规律。从全球范围看,高等教育市场化甚至商业化曾是一个世界性的现象。从国家层面看,民办高等教育的快速发展直接得益于市场经济的指导方针,以及与之相适应的体制改革的契机。体制内放权让利,促使公办高校面向市场提供教育服务,发挥自身优势自筹办学资金;体制外培育市场主体,鼓励社会力量以各种形式参与举办民办高等教育。1993年《中国教育改革和发展纲要》明确提出要提高学费标准,大力发展校办产业和社会服务,运用金融、信贷手段融通教育资金,同时提出"国家对社会团体和公民个人依法办学,采取积极鼓励、大力支持、正确引导、加强管理的方针"。从更大意义上看,民办高等教育重要政策的出台,未必以突破教育问题为前提。发展民办高等教育,本身就被作为解决社会经济问题的政策工具。二是资本职能与空间。资本天然具有逐利性。我国民办高等教育的萌芽与起步,得益于私人资本的活力及其对价值增值的追求。早期进入民办高等教育领域的资金,绝大部分由个人持有,具有明显的投机性和流动性。21世纪以来,集团收购或投资设立高等教育院校颇为流行,联合资本的积累性和扩张性成就了民办高等教育的规模扩张。同时,民办高等教育行业集中度低,行业增长空间大,资本有收益递增的特性。这也是我国民办高校较多依靠办学积累滚动发展,而非资金注入式模式发展的主要原因。即使是未能获得直接利润,撬动民办高等教育资本的出资人也可以得到非教育教学业务营利、人才订单培养输送等附带收益。再加上很长一段时期内政策含糊,进入高等教育领域的社会资源几乎都带有资本的性质和任务。逐利成为连接经济逻辑与民办高等教育的脐带,直到今天也无法割断。

结合市场和资本两个因素看,民办高等教育发展的经济逻辑主线呈现

"市场机制弱、资本功能强"的特点。因为民办高等教育具有天然的市场基础，所以一直被认为具备体制机制灵活性优势，可以作为高等教育竞争性市场的重要力量。但是，这种体制机制优势更多停留在理论层面，而非事实层面。我国民办高等教育至今未能形成与公办高等教育有效竞争的实力和机制。究其原因，除了起步晚、起点低、基础弱之外，资本职能过重的经济逻辑制约了民办高等教育的发展。表面上，逐利空间刺激了带有资本属性的社会资金进入民办高等教育领域，实际上则制约了政府对民办高校的支持和投入。法律制度和政策环境确保了公办高校的垄断性地位，令民办高校难以望其项背。政策待遇不公平不全是体制的问题。经济动机驱动下的民办高等教育，选择了实际上的营利行为，注定要面对与公办高等教育不同的政策。服从于经济逻辑的民办高等教育，自身也产生诸多制约发展的问题。例如，在专业设置方面，几乎所有民办高校都开设了外经贸、信息传媒等热门专业，迎合市场需求，吸引更多的学生就读，增加学费收入。[①] 因为工科专业的资金投入大，实验设备、场地配置、师资团队等动辄以百万元计，很多民办高校以雷同方式扩张投入不大的文科专业，导致专业设置重复率高，办学特色不清晰。又例如，在管理体制方面，民办高校普遍采取家族化或公司化管理体制，维护有利于资本利益格局的运行方式，导致办学短期行为。现实中，很多民办高校沦为准经济组织，教育的逻辑成为被悬置的要点，为了市场式的效率，奉行功利化的办学理念，教育功能大打折扣。遵循经济规律、基于物质利益的民办高等教育，在市场化改革利好中高效发展，但始终无法向优质化转型，走上可持续发展之路。

实践证明，如果把经济逻辑作为民办高等教育发展的主线，将使教育受经济指标的控制，疏离教育的内在本性，负面影响诸多。一直以来，增加高等教育供给、满足差异性需求的最有效工具被认为是经济手段和市场机制。过去的发展经验证明，经济逻辑确实有效增加了高等教育供给，但并未有效地满足差异化需求。随着中国特色社会主义进入新时代，人民日益增长的美好生活需要和不平衡不充分的发展之间的矛盾在教育领域的反映同样值

---

① 方建锋.民办学校营利性和非营利性分类管理的实证分析[J].教育发展研究,2011,
 33(24):19-22,35.

得关注。实现更有质量、更能满足选择性需求的高等教育,民办高校大有可为。同时,始终受资本逐利和政策防范钳制的民办高等教育,自身也在生存危机和外界批判中渴求转型。非营利性和营利性民办高校分类管理,从制度设计上要求更加纯粹的民办高等教育,或在营利性部门实现产业经济逻辑与教育联姻的最大价值,或按照高等教育组织的要求重塑非营利性民办高校。随着2016年《民办教育促进法》的正式实施,大批存量民办高校将转为新法意义下的非营利性民办高校,可预见其发展将由以"经济逻辑"为主导逐渐转向以"教育逻辑"为主导。虽然这一转向具有其时代背景、现实需要和法律依据,但在制度设计未全面完善、社会投入资金未完全丧失资本职能的漫长过渡期内,转型任务仍然艰巨。

第四节　理论政策:我国非营利性
民办高校的监管基础

一、理论依据:非营利组织活动、局限和高等教育规律之理论

(一)非营利组织活动理论

非营利性民办高校具有非营利性民间组织的特性。相对于营利性组织研究,非营利组织研究尚缺乏充分和有共识的理论框架,但仍有一些经典理论探讨了非营利组织在现代社会中的作用和发展驱动力,为监管非营利组织提供了指导思路。

1.公共物品理论:非营利性民办高校具有准公共物品属性

"非营利"的概念深受经济学的影响。[1] 经济学理论将物品区分为三种

---

[1]　LYONS M. Non-profit sector and civil society:are they competing paradigms? [Z].Working paper 35,Centre for Australian Community Organizations and Management,Sydney,1996.

属性：私人物品、公共物品和准公共物品。私人物品具有独占性和排他性；公共物品具有非排他性和非竞争性；准公共物品介于私人物品和公共物品之间，具有有限的非排他性和非竞争性。非排他性即任何人都可以使用该物品，且任何人都不可能阻止其他人消费该物品；非竞争性则意味着，任何人对该物品的使用，都不会影响其他人对该物品的消费。公共物品理论认为，政府和营利性市场在提供公共或准公共物品时均存有缺失，[①]或是一些特殊需求无法得到满足而产生"政府失灵"，或是市场难以顾及购买力弱势群体的需求而产生"市场失灵"。尤其是市场在提供一些具有较强非排他性的服务时，容易产生经典的"搭便车"现象，而影响持续的、充足的服务供给。"仅仅依靠国家机制与政府组织和市场机制与企业组织这两套社会发展的基本工具，是难以解决政府失灵和市场失灵问题的"。[②] 在政府和市场存有缺陷的情况下，非营利组织是提供公共物品或准公共物品的另一种方式。理论上，大多数非营利组织通过捐赠或志愿活动，提供政府或市场无法保证提供的公共产品和服务。经典公共物品理论认为，非营利组织满足了社会对教育、医疗等"集体产品的多样化需求"，[③]并提出"集体指数"（collectiveness index）的概念作为衡量非营利组织产出的"公共性"指标。公共物品理论从市场和政府双重失灵的公共选择中，明确了非营利组织的价值和意义；同时，认为非营利组织可以根据产出的集体程度加以区分，重视非营利组织所能实现的公共利益。

教育产品和服务具有典型的准公共物品属性。其一，消费者对于教育的消费很难排除其他人参与消费，但是在国家对教育经费的投入固定的情况下，每增加一个学生，就会令其他教育消费者享受的教育效用降低（如生师比扩大，教学质量下降等），如果教育消费者的人数超出了教育经费所能承受的最大学生数，那么教育的边际效应就出现了：要么停止招生，要么增

---

① STEINBERG R. Economic theories of nonprofit organizations[M]// ANHEIER H K，BEN-NER A. The study of the nonprofit enterprise. Boston，MA：Springer，2003：277-309.

② 赵黎青. 非政府组织与可持续发展[M]. 北京：经济科学出版社，1998：119-125.

③ WEISBROD B A. The nonprofit economy[M]. Cambridge，Massachusetts：Harvard University Press，1988：25.

加教育成本。因此,教育的非竞争性和非排他性是有限的。其二,教育是具有明显的正外部性的,受教育者走出社会后,可以利用所学的知识和技能服务社会,为他们带来利益。总之,教育是一种具有正外部性的准公共物品。

非营利性民办高校是教育产品中的一个特殊类型,其主要依赖学(杂)费收入滚动发展。一所民办高校如果教学质量高、教学设施先进,其办学成本和日常运营费用就高,那么学费就必然高昂。这就使一部分经济条件差的学生上不起好的民办高校,教育公平问题就产生了,就丧失了教育公益性。如果要调降学费,确保绝大多数人可以读得起高水平民办高校,就必须从其他渠道引资,如财政支持、社会捐款等。因此,民办高校要保持其非营利性和公益性,同时还能够健康可持续发展,则既不能单纯依赖市场,又不能完全依赖国家,而是需要两者共同调控。

2.相互依存理论:非营利性民办高校应提供补缺型、互补型高等教育

公共物品理论提出了在政府失灵和市场失灵条件下,非营利组织提供公共产品或准公共产品的重要意义。但这并不意味着,在政府失灵和市场失灵条件下,非营利组织一定有生存和发展空间。1987年,萨拉蒙提出,仅以经济的视角解释非营利组织的角色功能并不周全,转而从政治的视角解释非营利组织的存在与发展。在一些理论研究中,非营利组织并不只是补缺型的存在,而更扮演着"第三者政府"(third-party government)的角色,即政府(第一者)选择不直接提供服务给需求者(第二者),而通过非营利组织(第三者)进行服务供给。[1] 政府与非营利组织是相辅相成的,政府在很大程度上通过赠款、合同和公私伙伴关系来支持非营利组织的活动,[2]以通过非政府机构达成公共目标。理想情况下,政府与非营利组织是合作伙伴关系,但在实践中常见既合作又竞争的复杂关系。故而有研究将非营利组织与政府的关系,归纳为至少以下三种,即补缺型、互补型、对手型。尤其是在对手型关系中,政府一方面支持和促进非营利组织开展活动,另一方面对

---

[1] SALAMON L M. Of market failure, voluntary failure, and third-party government: toward a theory of government-nonprofit relations in the modern welfare state[J]. Journal of voluntary action research,1987,16(1/2):29-49.

[2] ANHEIER H K. A dictionary of civil society, philanthropy and the third sector [M]. London:Routledge,2005.

其进行监管。^① 基于相互依存理论，政府本身虽然是公共服务的提供者，但也大量支持非营利组织提供公共服务。政府对非营利组织的有效监管，有利于推动政府职能转变和促进非营利组织规范发展。

高等教育是提供集体商品和服务的典型案例之一。高等教育机构在本质上是集体性的、非营利性的，其目的是填补知识生产方面的空白。政府可以直接提供或支持第三方提供高等教育产品和服务，且这一制度安排主要出于政治而非经济因素。1949 年新中国成立后，对旧式高等教育进行社会主义改造，民办高校暂时退出了历史舞台。^② "至 1952 年底，大量民办高等院校或经过国有改造转为公立学校或停办、抑或在随后的院系大调整过程中被拆解重组"，^③高等教育全部由政府直接举办。1978 年党的十一届三中全会拉开改革开放的序幕，民办高等教育重新发展壮大，在增强国家教育能力、增加教育服务品种、扩大教育资源、建设学习型社会中发挥着不可替代的作用。基于公办和民办高等教育共同发展的新格局，理论界提出要明确"民办高校的社会性质和在教育事业中的地位"，对"民办高等教育是教育事业的重要组成部分还是补充部分""应当鼓励发展还是应当加以严格控制"等亟须解决的认识问题发起讨论。^④ 潘懋元等提出，"民办高校发展到今天，已经摆脱了过去的补充者的角色，而成为国家高等教育事业的重要构成力量"^⑤。亦有学者提出，"民办高等教育已从一种补充教育转变为选择教育"。^⑥

---

① YOUNG D R. Complementary, supplementary, or adversarial? A theoretical and historical examination of nonprofit-government relations in the United States[M]// BORIS E T, STEUERLE C E. Nonprofits and government: collaboration and conflict. Washington D. C.: The Urban Institute Press,1999:32-22.

② 周廷勇.我国民办高等教育的发展及问题[J].山东师范大学学报（人文社会科学版），2009,54(1)：109-114.

③ 沈新建.新中国 70 年我国民办高等教育发展演进路径[N].中国社会科学报,2020-01-02(4).

④ 潘懋元.中国大陆民办高等教育基本情况与发展中的若干问题[J].民办教育研究,2005,4(2):1-4.

⑤ 潘懋元,邬大光,别敦荣.我国民办高等教育发展的第三条道路研究[J].高等教育研究,2012,33(4):1-8.

⑥ 王茜.论政府财政资助对民办高等教育发展的重要性研究[J].中国电力教育,2013(14),6-7,14.

就高等教育这类集体商品和服务而言,政府直接提供可能"挤出"了一些非营利组织的活动,[①]且双方存在既依赖又竞争的关系。从实际情况看,公办高校仍然是高等教育重要的参与者和供给者,民办高校长期以来扮演拾遗补缺角色。近年来,一些民办高校强化办学特色探索,与同类型公办高校形成互补关系;其中一些高水平民办高校在政策支持、生源等方面与公办高校展开竞争。在互补和竞争关系中,政府扮演出资者和监管者角色,一方面支持民办高校提供正外部性的公共产品,另一方面运用种种监管手段影响其运作。由于非营利性民办高校"同公办学校一样,其功能是传承文明和知识技能以培养学生,收取学费和营利是手段……公共财政应给予比营利学校更大的直接支持",[②]非营利性民办高校对公共资金的依赖日益增加,相关监管要求亦同步升级,并对政府职能转变提出挑战。

(二)非营利组织局限理论

1.契约失灵理论:高等教育市场的"信息不对称"及其特殊性

随着非营利组织在社会经济活动中占有的份额越来越大,一些理论从新的视角探讨非营利组织的角色和作用。汉斯曼在《非营利组织的角色》一文中提出,政府失灵、市场失灵理论主要研究的是为什么有些公共产品要由非营利组织提供,而契约失灵理论研究的是为什么有的私人产品也要由非营利组织提供。在此文中,汉斯曼最早提出"契约失灵"(contract failure,亦有翻译为"合约失灵")的观点,即当交易双方存在信息不对称,卖方可能提供劣质产品或服务,而买方却无法检验,在这种情况下,非营利组织作为产品生产方或服务提供方则能解决此问题。"非营利生产者的优势在于,在市场纪律之外,通过一个更为宽泛的契约,给予消费者以额外的保护。这一契约指的是,将组织收入全部用于生产服务的法律承诺"。[③] 汉斯曼在《非营

---

① ANHEIER H K. Nonprofit organizations: theory, management, policy[M]. London/New York:Routledge, 2005:123.

② 方芳,王善迈.我国公共财政支持民办高等教育研究[J].北京师范大学学报(社会科学版),2011(5):23-29.

③ HANSMANN H B. The role of nonprofit enterprise[J]. The Yale law journal, 1980,89(5): 844.

利组织的经济理论》一文中进一步指出，非营利组织与营利组织的不同，在于提供物品与服务的效率与效果不同，特别是在供给者与使用者权力不平等且使用者/消费者信息不足时，非营利组织比营利组织更有效率与效果。[①] 理论上讲，受利润动机驱动的营利性组织，容易产生坑害消费者的机会主义行为，而排除了利润动机的非营利组织，并不会利用信息不对称来欺骗消费者。基于此理论，非营利组织的积极作用依赖于其禁止盈余分配的原则。如果无法保障禁止盈余分配的真实性，就无法发挥非营利组织在契约失灵情况下的积极作用。

在高等教育市场上，存在着明显且特殊的"信息不对称"，且契约失灵不只存在于营利性组织的生产者和消费者之间。其一，有些产品或服务的购买者并不一定是最终的消费者，我国高等教育产品或服务的购买者一般是家长而非学生群体。其二，有些产品或服务的质量难以简单界定和测量，关于何为高质量的高等教育，学术界和实践界都有争议，其评价主体和内容更为复杂多元，至少涉及学生就读体验、就业市场满意度、社会公众声誉评价等方面。其三，民办高校、家长和学生、就业市场等各方都不可能拥有完全的市场信息，非营利性民办高校与其产品或服务的购买者、消费者之间也难以达成最优契约。与欧美高校独立授予学位不同，我国的学位是一种"国家学位"，国家制定统一的学位授予标准，国务院授权高校、科研机构等行使学位授予权。作为学位授予单位的民办高校，所拥有的权力源自授权行为关系，但对于普通家长和学生而言，这些固有门槛意味着学校获得了国家背书。信息不对称和契约失灵说明了高等教育产品或服务也可以由非营利性民办高校来提供，但是，高等教育市场的特殊性决定了这一领域更加需要政府监管和干预，尤其是要确保办学盈余全部保留用于教育教学服务，以最大限度地服务于高等教育质量提升。

2.志愿失灵理论：基于政府支持需要的办学行为监管

解决契约失灵本是非营利组织的优势，但在缺乏监管的情况下，非营利组织也可能存在契约失灵。此外，非营利组织还存在着另一种失灵现

---

① HANSMANN H B. Economic theories of nonprofit organizations[M]// POWELL W. The nonprofit sector: a research handbook. New Haven, Connecticut: Yale University Press, 1987: 27-42.

象——"志愿失灵"。早期研究文献普遍将"利他主义"视为非营利组织活动的内在动力。非营利组织的成员大多基于共同信念自愿性参与活动,从非货币性回报中获得效用、规范自我利益。[①] 但是,这种利他精神和志愿性特征可能存在失灵。这也是非营利组织难以避免的局限性。一是慈善不足(philanthropic insufficiency),意指非营利部门的资源常常是不稳定的,可能影响其所提供的服务;二是慈善的特殊性(philanthropic particularism),意指非营利组织可能发展成为极端的、排他的、只为了特殊群体服务的组织;三是慈善的家长式作风(philanthropic paternalism),意指非营利组织可能为少数人所控制;四是慈善的业余性(philanthropic amateurism),就是工作人员可能满怀热忱,但欠缺专业能力。[②] 此外,非营利组织的绩效难以有效评价,至少无法像营利性组织一样将利润作为晴雨表。

近年来,也有学者认为,非营利部门的"非"字本身就过于消极,基本上只描述非营利部门不同于政府与市场,但无法定义此部门在社会上所扮演的实际角色。[③] 志愿失灵理论认为,政府与非营利组织之间应该建立伙伴关系,非营利组织的这些不足可以由政府组织来弥补,志愿部门的弱点正好是政府的长处,反之亦然。[④] 非营利性民办高校在举办资金、运营机制等方面,与公办高校和营利性民办高校有所不同。目前,制约其可持续发展的最大局限性是"慈善不足"。理论上,运营良好的非营利性民办高校能够做到自给自足,然而高等教育资产的特殊性在于,前期投入需要大量资金,越是发展态势良好、达到饱和状态,越需要持续地加大投入,提升办学水平。无论在哪个国家,高水平大学的办学投入都是巨额的,且必须得到甚至依赖于政府的支持。对于我国非营利性民办高校而言,社会慈善捐赠不足、学生人数仍处于爬坡期、公共财政资助尚未制度化等因素,使大多数学校运营所需

① ROSE-ACKERMAN S. Altruism, nonprofits, and economic theory[J]. Journal of economic literature, 1996, 34(2): 701-728.

② SALAMON L M. Partners in public service: the scope and theory of government nonprofit relations[M]//POWELL W. The nonprofit sector: a research handbook. New Haven: Yale University Press, 1987: 110-111.

③ MORRIS S. Defining the nonprofit sector: Some lessons from history[J]. Voluntas: International journal of voluntary and nonprofit organizations, 2000, 11(1): 25-43.

④ 车峰. 非营利组织管理[M]. 北京:中央民族大学出版社, 2015: 5-24.

与所能募集到的资源之间始终存在缺口。此外，受制度建设滞后等因素影响，非营利性民办高校也存在着慈善特殊性、家长式作风、业余性、财务管理不规范、绩效评价指标错位等问题。这些现状恰恰体现了政府支持并监管非营利性民办高校的必要性。

(三)高等教育规律理论

1.高校法人论：非营利性民办高校的基本性质与自主权利

随着依法治教和高等教育改革的不断深入，我国法律赋予高校以独立法人资格。公办高校自批准之日起取得高校法人资格，民办高校则须经批准取得"办学许可证"后，到民政部门(非营利性)或工商部门(营利性)办理登记手续。虽然民办高校法人与公办高校法人有诸多不同，但高校法人地位的确立都是保护高校合法权益、落实高校办学自主权的重要基础。

高校法人具有一般法人的民事主体性，也兼具较为特殊的教育主体性。这也是学术界常有观点认为高校(至少是公办高校)应属于特殊法人的原因之一。一方面，民事主体性质要求高校对其举办者和受教育者承担相应义务。2018年《高等教育法》第三十条规定，"高等学校自批准设立之日起取得法人资格。高等学校的校长为高等学校的法定代表人。高等学校在民事活动中依法享有民事权利，承担民事责任。"一般认为，高校法人行使的民事主体权利，主要包括财产权、知识产权、名称权和荣誉权。但无论是公办还是民办高校，较有争议的主要是高校的法人财产权。一直以来，学术界对公办高校是否具有高校法人财产所有权存在争议，而民办高校法人财产权不清晰也被认为是制约民办高校健康可持续发展的根本原因。另一方面，教育主体性质则赋予了高校以相应的办学权利能力和行为能力。高校法人具有广义的办学自主权，但办学自主权的界限主要由政校关系决定。也就是说，高校法人地位的确立，并不意味着政府不能干预高校办学。政府在多大程度上干预高校办学，取决于政府在多大程度上放权以及如何放权。

就非营利性民办高校而言，有必要综合考虑高校法人和非营利法人的概念。从高校法人角度看，非营利性高校与其他高校一样，享有广义的办学自主权。有观点提出，非营利法人的基本特征在于财产权构造，即"对外享有法人财产权，但在法人内部却无任何可以享有股权的自然人存在"，是一种"单向性的财产权构造";而这种产权形式下,股东权益的缺失必然会导致内部权力结构失衡,使得非营利法人在弥补政府失灵和市场失灵的同时,又会制造出新的"组织失灵"。① 在我国《民法典》和 2016 年《民办教育促进法》②正式施行的条件下,非营利性民办高校有举办者而无所有者。这意味着非营利性民办高校可独立从事民事活动及教育活动,并依规行使财产所有权,且非营利性民办高校同样具备高校法人的相关民事权利资格。从高校法人的理论视角看,政府与非营利性民办高校的关系主要体现在民事法律关系和教育行政关系两个方面。在民事法律关系中,非营利性民办高校与政府的权利义务无法律限定性,即使是教育民事关系也多不涉及监管;而教育行政关系则是政府监管的主要体现。

2.办学任务论:非营利性民办高校的公共性及其保障

自布鲁贝克在《高等教育哲学》一书中提出"以认识论、哲学论为基础的两派主要的高等教育哲学",③高等教育界普遍将"认识论的高等教育哲学"和"政治论的高等教育哲学"作为高等教育存在与发展的两个基本依据。这一提法的基础在于,高等教育是追求"高深学问"的教育,高等教育机构中围绕高深学问的"教与学,是围绕学生的最基本、最普遍、最常见的现象"。④可以认为,无论是西方还是中国语境下,高等教育机构都以教师和学生为主体。

联合国教科文组织发布的《教育:财富蕴含其中》报告提出,各国难摆脱"为了满足经济的迫切需要而从政治上有力地和紧急地确认教育改革的必要性",从社会经济发展的角度提出了高等教育对经济发展的价值。2018年修订的《高等教育法》第五条规定:"高等教育的任务是培养具有社会责任感、创新精神和实践能力的高级专门人才,发展科学技术文化,促进社会主

---

① 税兵.非营利法人解释[J].法学研究,2007(5):66.

② 2016 年《民办教育促进法》第 36 条规定:民办学校对举办者投入民办学校的资产、国有资产、受赠的财产以及办学积累,享有法人财产权。第 37 条规定:民办学校存续期间,所有资产由民办学校依法管理和使用,任何组织和个人不得侵占。任何组织和个人都不得违反法律、法规向民办教育机构收取任何费用。

③ 约翰·S.布鲁贝克.高等教育哲学[M].王承旭,译.杭州:浙江教育出版社,2001:序.

④ 约翰·S.布鲁贝克.高等教育哲学[M].王承旭,译.杭州:浙江教育出版社,2001.

义现代化建设。"较之营利性民办高校，非营利性民办高校更多地承担教育法规定的学校教育任务，与学生受教育权利的实现更加息息相关。由于营利性民办学校在本质上更接近自由市场主体，非营利性民办高校作为非营利组织，后者的公共性更需要保障。主要原因是，高等教育是具有极强正外部性的公益性事业，非营利性民办高校的财产增减与教育目标实现程度存在紧密联系。与教育目标实现程度具有直接利害关系的主体主要是学生（及其家长）和社会公众。从非营利组织的角度看，这两大主体与非营利性民办高校形成委托-代理的关系，即学生（及其家长）和社会公众构成非营利性民办高校的两大委托人。① 其一，高校和学生以及为其支付学费的家长，构成高等教育领域的一对交换关系，②使保障和规范高等教育学生权利和自由受到普遍重视。其二，社会公众的利益以国家利益的形式体现，非营利性民办高校的办学质量与之紧密相关。在此意义上，非营利性民办高校的办学质量更需要政府予以保障，其办学行为更需要政府依法介入和监管。概言之，在分类管理背景下，制定非营利性民办高校监管政策，无论是对于教育公共性和学生受教育权的实现，还是对于民办高等教育和民办高校自身的发展，都具有重要意义。

二、政策依据：民间组织法律法规和教育法律法规内容之适用

《中国教育现代化 2035》提出，推进教育治理体系和治理能力现代化，健全教育法律实施和监管机制，鼓励民办学校按照非营利性和营利性两种组织属性开展现代学校制度改革创新。③ 在分类管理新政前，我国民办高校均为非营利性民办高校，其监管办法散见于有关民间组织和教育机构管理的文件中，以下分别从民间组织法律法规和教育法律法规中考察监管政策。

---

① 张文国.中国民办学校法人制度研究[M].北京：教育科学出版社,2012:119.

② LOVELOCK C H, ROTHSCHILD M L. Uses, abuses, and misuses of marketing in higher education[J]. Marketing in college admissions: a broadening of perspectives, 1980: 31-69.

③ 中共中央、国务院印发《中国教育现代化 2035》[EB/OL].(2019-02-23)[2019-04-30].http://www.gov.cn/zhengce/2019-02/23/content_5367987.htm.

（一）民间组织法律法规适用内容

1.法人属性与资产

《民法典》总则编第三章第三节明确规定了"非营利法人"的定义、类型、终止时剩余财产的处置等内容。非营利法人包括事业单位、社会团体、基金会、社会服务机构等。《民法总则》第三章第三节"非营利法人"亦同。

2.免税资格与免税收入

《中华人民共和国企业所得税法》规定，收入总额中的"财政拨款、依法收取并纳入财政管理的行政事业性收费、政府性基金、国务院规定的其他不征税收入"为不征税收入，"符合条件的非营利组织的收入为免税收入"。《中华人民共和国企业所得税法实施条例》对企业所得税法所称符合条件的非营利组织进行了明确规定，并提出符合免税条件的非营利组织的收入，"不包括非营利组织从事营利性活动取得的收入，但国务院财政、税务主管部门另有规定的除外。"基于此，部门规章《财政部、税务总局关于非营利组织免税资格认定管理有关问题的通知》（财税〔2018〕13号）对非营利组织免税资格认定管理有关问题进行了更为明确的规定。但是，关于非营利性民办高校学费收入是否作为免税收入,国家法律法规尚没有明确规定。[①]

《中华人民共和国契税法》第六条规定,"非营利性的学校、医疗机构、社会福利机构承受土地、房屋权属用于办公、教学、医疗、科研、养老、救助,免征契税"。

3.财务管理

《中华人民共和国会计法》规范了国家机关、社会团体、公司、企业、事业单位和其他组织的会计行为。基于此法,财政部关于印发《〈民间非营利组织会计制度〉若干问题的解释》的通知(财会〔2020〕9号)、财政部与民政部关于认真贯彻实施《民间非营利组织会计制度》的通知(财会〔2004〕17号)、财政部关于印发《民间非营利组织会计制度》的通知(财会〔2004〕7号)就非营利组织的会计核算规范,尤其是非营利组织的资产(流动资产、固定资产、无形资产、净资产)、收入、费用、财务会计报告等作出明确规定。

[①] 业界存在"公办高校和非营利性民办高校完全免税"的认识误区。产生这一误区的原因之一是未缴纳企业所得税的因果倒置。按照《企业所得税法》,公办高校除财政拨款外的其他收入须缴纳企业所得税。但几乎所有公办高校的应税收入均少于成本费用,造成客观上无需缴纳企业所得税。多数非营利性民办高校也属于此类"亏而不缴"情况。原因之二,关于非营利性民办高校学费住宿费餐费等收入是否为免税收入,各地税务机关的征税实践并不统一。有的地方税务部门认为,财政部、国家税务总局并未明确规定高校收取的学费住宿费餐费等收入免税;有的地方税务部门认为,非营利性民办高校的学费住宿费餐费等收入应纳入"国务院规定的其他不征税收入"。调研发现,还有一种情况是,民办高校主动缴纳学费住宿费相关税费,主要是为了进行股东分红。分类管理改革之前,广东省一直有将民办高校学费住宿费等收入作为征税收入的做法。分类管理改革以来,关于非营利性民办高校如何缴纳企业所得税的问题,再次引发讨论。2022年"长沙医学院学费住宿费收入被要求缴纳25％企业所得税"事件引发业界关注(详见《南方周末》报道《长沙医学院陷3.5亿税务争议:民办高校如何缴纳企业所得税》)。地方教育行政部门支持长沙医学院关于学费住宿费收入免税,而地方税务稽查部门认为,该校没有办理非营利组织证明,学费住宿费收入不属于民政收入。由于该事件争议较大,最后也并没有成功征税。此事件对于学校开展非营利身份认定,以及应税收入规范自查等提出了警示,也在很大程度上折射出,相关法律法规关于"非营利性民办高校学费住宿费收入是否免税"的模糊规定容易引发实践争议。在法律法规未明确之前,业界认为应当充分论证税务部门要求补缴学费住宿费等收入企业所得税的金额和期限。

4.慈善捐赠

《中华人民共和国公益事业捐赠法》对捐赠和受赠行为、受赠人和受益人的合法权益进行了规范,鼓励向非营利性教育事业捐赠,促进公益事业的发展。该法所称公益事业指非营利性的"教育、科学、文化、卫生、体育事业"等,第十七条规定:"公益性社会团体应当将受赠财产用于资助符合其宗旨的活动和事业。公益性非营利的事业单位应当将受赠财产用于发展本单位的公益事业,不得挪作他用。"

5.抵押质押

《中华人民共和国担保法》第三十七条、《中华人民共和国物权法》第一百八十四条规定,"学校、幼儿园、医院等以公益为目的的事业单位、社会团体的教育设施、医疗卫生设施和其他社会公益设施"为不得设定抵押的财产。

《全国人民代表大会常务委员会法制工作委员会对关于私立学校、幼儿园、医院的教育设施、医疗卫生设施能否抵押的请示的意见》(法工办发〔2009〕231号)和《建设部关于私立学校、幼儿园、医院的教育设施、医疗卫生设施能否抵押的复函》(建法函〔2010〕2号)进一步明确:"私立学校、幼儿园、医院和公办学校、幼儿园、医院,只是投资渠道上的不同,其公益属性是一样的。私立学校、幼儿园、医院中的教育设施、医疗卫生设施也属于社会公益设施,按照《物权法》第一百八十四条规定,不得抵押。"最高人民法院《关于适用〈中华人民共和国担保法〉若干问题的解释》第五十三条规定:"学校、幼儿园、医院等以公益为目的的事业单位、社会团体,以其教育设施、医疗卫生设施和其他社会公益设施以外的财产为自身债务设定抵押的,人民法院可以认定抵押有效。"①

《民法典》第三百九十九条规定,"学校、幼儿园、医疗机构等为公益目的成立的非营利法人的教育设施、医疗卫生设施和其他公益设施"不得抵押。

6.登记管理

1998年《民办非企业单位登记管理暂行条例》规范了民办非企业单位

---

① 理论上,学校可以将教育设施等社会公益设施占地以外的土地房产,为自身债务设定抵押。但是,银行普遍认为此举执行难度大。因此,民办高校一般靠学费收费权质押向银行申请贷款。有关学费收费权质押的问题,构成了非营利性民办高校运营中的一个现实问题,后续章节将重点讨论。

的登记管理。该条例所称民办非企业单位,是指企业事业单位、社会团体和其他社会力量以及公民个人利用非国有资产举办的,从事非营利性社会服务活动的社会组织。此外,部门规章《民办非企业单位登记暂行办法》(1999年)、《民办非企业单位印章管理规定》(2000年)、《民办非企业单位年度检查办法》(2005年)加强了对民办非企业单位的规范管理。

(二)教育法律法规适用内容

无论是民办高校还是公办高校,都要遵守我国高等院校管理规范体系。这一体系以《教育法》《高等教育法》为核心,在内部管理、外部关系、受教育者、师生权益等方面还有相关法律法规和规范性文件,典型的如《中华人民共和国学位条例》《普通高等学校设置暂行条例》《高等学校章程制定暂行办法》《普通高等学校学生管理规定》《高等学校学术委员会规程》《普通高等学校理事会规程(试行)》等。关于民办高等教育的若干问题,《民办教育促进法》《民办教育促进法实施条例》等确立的规范体系需要特别予以关注。

1.前分类管理时代:关于"不以营利为目的"的规定

改革开放以来,民办高等教育的法规文件频繁出台。但是,由于80年代至90年代民办教育规模不大,没有进入中央国务院的立法层面。1987年,国家教委印发了《关于社会力量办学的若干暂行规定》指出:"社会力量办学是我国教育事业的组成部分,是国家办学的补充。"同年,国家教委和财政部联合颁发了《社会力量办学财务管理暂行规定》,标志着民办学校被纳入国家正规管理体系。基于此,《社会力量办学印章管理暂行规定》(1991年)、《国家教委关于加强社会力量办学管理工作的通知》(1996年)、《国家教委关于社会力量办学管理经费问题的意见》(1996年)等政策文件相继出台,各类型民办高校稳步发展。

1993年《民办高等学校设置暂行规定》明确提出"民办高等学校不得以营利为办学宗旨"。1994年《关于民办学校向社会筹集资金问题的通知》首次提出"学校不得以盈利为目的,也不得通过办学为企业或其他部门集资或变相集资"。1995年9月1日起施行的《教育法》规定"不得以营利为目的的举办学校及其他教育机构"。1997年《社会力量办学条例》属于行政法规,主要目的是鼓励社会力量办学,维护举办者、学校及其他教育机构、教师及其他教育工作者、受教育者的合法权益,促进社会力量办学事业健康发展。该条例也重申了"不得以营利为目的"。

随着办学体量的扩大,民办高校需要更高位阶的法律法规来鼓励或规范,但因为全国人大立法资源有限,直接制定法律的条件不具备,所以先由国务院制定了行政法规《社会力量办学条例》。直到 2002 年 12 月,第九届全国人大常务委员会第三十一次会议通过并于 2003 年 9 月 1 日起施行了《民办教育促进法》,政府对民办高校的管理才有了法律依据。2004 年 2 月 25 日,国务院第 41 次常务会议通过并于 2004 年 4 月 1 日起施行了《民办教育促进法实施条例》,细化了旧法的相关规定,民办高等教育发展进入依法办学阶段。此外,专门针对民办高等教育的《民办高等学校办学管理若干规定》也于 2007 年经教育部部长办公会议讨论通过并施行。

2.分类管理时代:对非营利性民办高校的明确规定

《中华人民共和国教育法》《中华人民共和国高等教育法》《中华人民共和国教师法》对包括民办高校在内的所有学校提供了普遍指导和规范。2016 年《民办教育促进法》和 2021 年《民办教育促进法实施条例》对非营利性民办高校的若干问题作出明确规定。

(1)设立

2016 年《民办教育促进法》第十九条规定:"民办学校的举办者可以自主选择设立非营利性或者营利性民办学校。但是,不得设立实施义务教育的营利性民办学校。非营利性民办学校的举办者不得取得办学收益,学校的办学结余全部用于办学。"

2021 年《民办教育促进法实施条例》第七条规定:"公办学校举办或者参与举办非营利性民办学校,不得以管理费等方式取得或者变相取得办学收益。"

(2)学校资产与财务管理

2016 年《民办教育促进法》第三十八条规定:"非营利性民办学校收费的具体办法,由省、自治区、直辖市人民政府制定;营利性民办学校的收费标准,实行市场调节,由学校自主决定。"

2021 年《民办教育促进法实施条例》第四十二条规定:"对公办学校参与举办、使用国有资产或者接受政府生均经费补助的非营利性民办学校,省、自治区、直辖市人民政府可以对其收费制定最高限价。"第四十四条规定："非营利性民办学校收取费用、开展活动的资金往来，应当使用在有关主管部门备案的账户。有关主管部门应当对该账户实施监督。"第四十五条规定："民办学校应当建立利益关联方交易的信息披露制度。教育、人力资源社会保障以及财政等有关部门应当加强对非营利性民办学校与利益关联方签订协议的监管，并按年度对关联交易进行审查。"第四十六条规定："非营利性民办学校应当从经审计的年度非限定性净资产增加额中，营利性民办学校应当从经审计的年度净收益中，按不低于年度非限定性净资产增加额或者净收益的10%的比例提取发展基金，用于学校的发展。"

（3）扶持与奖励

2016年《民办教育促进法》第四十六条规定："县级以上各级人民政府可以采取购买服务、助学贷款、奖助学金和出租、转让闲置的国有资产等措施对民办学校予以扶持；对非营利性民办学校还可以采取政府补贴、基金奖励、捐资激励等扶持措施。"第四十七条规定："民办学校享受国家规定的税收优惠政策；其中，非营利性民办学校享受与公办学校同等的税收优惠政策。"第五十一条规定："新建、扩建非营利性民办学校，人民政府应当按照与公办学校同等原则，以划拨等方式给予用地优惠。"

2021年《民办教育促进法实施条例》第五十二条规定："县级以上地方人民政府可以参照同级同类公办学校生均经费等相关经费标准和支持政策，对非营利性民办学校给予适当补助。地方人民政府出租、转让闲置的国有资产应当优先扶持非营利性民办学校。"第五十四条规定："民办学校享受国家规定的税收优惠政策；其中，非营利性民办学校享受与公办学校同等的税收优惠政策。"第五十五条规定："新建、扩建非营利性民办学校，地方人民政府应当按照与公办学校同等原则，以划拨等方式给予用地优惠。实施学前教育、学历教育的民办学校使用土地，地方人民政府可以依法以协议、招标、拍卖等方式供应土地，也可以采取长期租赁、先租后让、租让结合的方式供应土地，土地出让价款和租金可以在规定期限内按合同约定分期缴纳。"

2016年《民办教育促进法》坚持师生权益平等原则，并未特别区分学校属性。如第二十八条规定："民办学校的教师、受教育者与公办学校的教师、受教育者具有同等的法律地位。"第三十四条规定："民办学校的受教育者在升学、就业、社会优待以及参加先进评选等方面享有与同级同类公办学校的受教育者同等权利。"2021年《民办教育促进法实施条例》第五十九条规定："县级以上地方人民政府可以采取政府补贴、以奖代补等方式鼓励、支持非营利性民办学校保障教师待遇。"

（4）变更与终止

2016年《民办教育促进法》第五十九条规定："非营利性民办学校清偿债务后的剩余财产继续用于其他非营利性学校办学。"

三、基本思路：非营利性民办高校监管的目标定位与关键原则

民办高等教育研究从不回避政府监管问题。我国民办高校监管范围一直存在争议，主要焦点在于民办高校逐利行为是否具有合理性、是否应当被政策宽容，以及民办高校相对于公办高校的办学自主权。今天虽然允许营利性民办高校存在，但可以预见，非营利性民办高校仍将在数量上居于主流。新时期建立完善非营利性民办高校监管机制，既是一个重要的理论命题，更是一个关键的实践课题。分类管理框架下，非营利性民办高校被赋予了新的含义，非营利性民办高校监管有了新的内容、新的要求，有必要站在推进全面深化改革和制度创新的高度，去认识非营利性民办高校监管机制的建立与完善。

第一，非营利性民办高校监管是推进民办高等教育全面深化改革的重要举措。2016年《民办教育促进法》确立了非营利性和营利性民办高校分类管理的法律依据，针对转制或增量营利性民办高校的监管制度已基本确立，而针对新法背景下新型非营利性民办高校监管制度存在空缺。[①] 长期以来，我国法律要求民办高校不得以营利为目的，国家有关部门围绕这一重大原则形成了一系列监管政策。由于非营利性民办高校乃是《民办教育促进法》修订前"不以营利为目的"的民办高校的延续，因此暂时沿用修法前的监管政策。随着改革的深入推进，破解营利性与非营利性民办高校监管"不

---

① 中央全面深化改革领导小组第二十三次会议审议通过了《民办学校分类登记实施细则》和《营利性民办学校监督管理实施细则》，形成了专门的监管政策和框架。

协同"问题的呼声强烈。有地方提出，"有必要将非营利性和营利性民办高校均纳入新的监管框架之内"。一方面，民办高等教育深化改革需坚持开放发展，理顺政府与非营利性民办高校的关系，着力破解监管缺位、错位和越位的制度性障碍。另一方面，民办高等教育深化改革需坚持协调发展，注重维护整体稳定。新法意义下的非营利性民办高校具有新型内涵和更高标准，建立完善与之相对应非营利性民办高校监管机制，其目标之一就是不断增强民办高校监管框架的整体性协同性，使之真正发挥以监管促开放、以监管促协调、以监管促发展的重要作用。

第二，非营利性民办高校监管是促进治理体系和治理能力现代化的有益探索。习近平总书记指出："国家治理体系和治理能力是一个国家的制度和制度执行能力的集中体现，两者相辅相成。"①教育现代化和教育治理现代化的基本要求之一，是既简政放权也加强监督监管。2017 年 1 月 18 日，国务院印发《关于鼓励社会力量兴办教育促进民办教育健康发展的若干意见》，确立了非营利性与营利性民办高校差别化扶持政策，在财政、税费、用地、收费等方面对非营利性民办高校给予更大扶持。② 根据 2016 年《民办教育促进法》的规定，非营利性民办高校享受与公办高校同等的税收政策和用地优惠。地方方案进一步细化了非营利性民办高校的政府补贴、基金奖励、捐资激励等扶持措施。随着各地针对性扶持政策的配套施行，消除非营利性扶持与监管"不对等"的要求愈发强烈。地方普遍提出"国家给了钱，如果不加强监管，这个钱去哪不知道。所以既想向国家要钱又不被监管，那是做不到的"，"有一些民办高校也存在相关担忧"，由此强烈呼吁"国家层面出台非营利性民办高校监管政策"。一方面，扶持和监管是促进非营利性民办高校规范发展不可或缺的两个方面。有大力扶持而无有效监管，则造成权责不对等，继而影响非营利性与营利性民办高校之间的公平竞争。另一方面，随着我国政府管理体制改革的深入推进和市场监管体系的逐步完善，民办高等教育领域需要建立相应的现代化治理体系，而监管机制创新与路径

---

① 习近平谈治国理政：第一卷[M].北京：外文出版社，2018.

② 国务院关于鼓励社会力量兴办教育 促进民办教育健康发展的若干意见[EB/OL].(2017-01-18)[2019-05-01].http://www.gov.cn/zhengce/content/2017/01/18/content_5160828.htm.

优化是基本公共服务体系的内在要求和重要支撑。监督监管非营利性民办高校是政府履行社会治理权的重要体现,监管与扶持并举是创新教育治理方式、提升教育治理能力的应有作为。

第三,非营利性民办高校监管是支持和规范民办高校分类发展的关键环节。民办高等教育发展进入新时代,民办高校资金来源、办学形式、管理体制、人员构成更加多元化。在实践层面,既有一如既往坚持纯公益性办学的民办高校,也有从办校初期以投资获利为主向公益性转变的民办高校,还有不得已选择非营利类别但实则营利作为的民办高校。在旧法框架下,"以非营利之名行营利之实"让不少民办高校兼收政策优惠和市场利益。非营利性与营利性分类管理是对民办高等教育的制度再造,其目的在于为不同诉求者提供泾渭分明的发展道路,由此培育一批真正坚持非营利办学的高水平民办高校。有地方提出,"明确和落实对非营利性民办高校的监管措施,长期以来都没有解决","希望国家层面以分类管理配套制度的形式出非营利性监管实施细则,为各省制定配套政策提供可遵循的依据"。完善科学、有效的非营利性民办高校监管机制,是落实分类发展改革精神、防控新的"名实不符"行为和新的灰色空间的迫切需要。在此意义上,非营利性民办高校监管应主要针对非营利性办学"名实不符合"现象。

第四,非营利性民办高校监管是健全和创新民办高等教育制度的重要实践。从全球趋势看,非营利性私立高校在使命、结构等方面越来越趋同于公立高校。对营利性、非营利性私立高校的区分比传统意义上对公、私立高校的划分更有现实意义。[①] 这对现阶段完善非营利性民办高校监管机制提出了新挑战。在2016年《民办教育促进法》指导下,各地推行分类管理改革的探索不断深入,社会各界对完善包括监管机制在内的配套制度的呼声日益强烈。建立和完善非营利性民办高校监管机制是规范非营利性民办高校办学行为的重要手段,是增强非营利性民办高校风险防范能力的关键保障,是健全新时代民办高等教育管理体制的必由之路。只有建立起良好的监管制度,形成与营利性民办高校监管制度相对照的非营利性民办高校监管制

---

① WORLD BANK. Higher education in developing countries: peril and promise [M]. Task force on higher education and society, 2000: 29.

度,才能在"共同但有区别"的新政框架下,明确两类民办高校的权责定位,继而更加明确非营利性办学的原则性要求。适应深化改革创新需要的监管机制,将为民办高等教育在新的历史起点实现健康可持续发展指明方向,也为社会力量和民间资金提供更优质的高等教育服务筑牢保障。在此意义上,非营利性民办高校监管的主要方式,有必要从单一层面监管的制度性约束和规范功能向机构性与政策性监管并重、预防性与功能性监管并举的监管机制变革。

非营利性民办高校兼具"非营利性民间组织"和"高等教育机构"两重特性,对其监管机制的设计应围绕上述特性展开,政策目标是增进非营利性民办高校的教育性、提升非营利性民办高校的公共性、保障非营利性民办高校的自主性。潘懋元先生曾深刻提出,教育活动既要遵循内部关系规律,又要遵循外部关系规律。[①] 对高等学校而言,遵循外部关系规律意味着它应当适应、满足国家和社会的需要,而遵循内部关系规律则意味着高等学校办学和政府对它的监管要符合高等教育和高等学校组织的内在逻辑。在新的改革背景下,确定国家监管非营利性民办高校的基本原则,必须充分考虑学生权利的实现、教育产品的属性、社会组织的独立自治诉求、高等教育的知识基础和高等学校的组织原则等要素。一个较为明确的思路是"两条线"监管,即当前及未来更加注重围绕高等教育组织功能和"非营利"真实性,确定监管范围和必要限度。对高等教育组织功能的监管线,主要基于高等教育职能的特殊性以及民办高校组织的特殊性。民办高校的发展,在一定程度上体现了市场逻辑在高等教育领域的作用;但任何高校都承担着教学、科研、社会服务等重要职能,这种职能的实现需要杜绝经济利益最大化的资本逻辑。对"非营利"真实性的监管线,其核心则是要保障非营利性民办高校不以营利为目的,不求经济回报,不进行分红和利润分配。其中,对非营利属性的监管,已经突破了传统的教育事务范畴,增加了非营利性民办高校监管的复杂度和难度,形成全新的治理挑战。

① 潘懋元.教育基本规律及其在教育研究中的运用[J].江苏教育研究,2009(4):3-6.

第二章　非营利性私立高校
监管的全球形态

　　我国民办高校受世界顶级私立大学的激励,一直期盼能够迈向一流行列,理论界和实践界纷纷提出"在我们国家建立一流的民办大学"[①]"拥有至少可与一流公办大学匹敌的民办大学"[②]"民办大学同样可以建成一流大学"[③]的愿景,与之相关的讨论和探索呈几何级增长。中国民办大学离一流还有多远? 我们应如何打造一流民办大学? 民办高等教育向内发问的同时,积极向外寻求借鉴。对域外经验的考察首先需要阐明一个基本事实:非营利性私立高校的制度规范体系存在很大区别。在很多国家,非营利性私立高等教育是多元且分层的,但能够跻身一流行列的私立高校无一例外是非营利性的。

第一节　真实非营利:一流私立大学的基础条件

一、多元发展:世界一流私立大学的整体形态

　　高等教育的质量评价是多元且复杂的,而大学排名能够提供一个方便

---

① 张旭东.温家宝主持召开座谈会听取各界人士对政府工作报告意见建议[N].中国青年报,2012-02-13.

② 蒋惠玲.美国一流私立研究型大学内部治理研究[D].南京:南京师范大学,2015:382.

③ 仇玉坤,顾冠华.供给侧改革视域中的一流民办大学建设[J].黑龙江高教研究,2016(8):80.

比较的"数字"。以《QS世界大学排名》2017—2018年世界500强大学(含并列排名共502所)为例,其中79所为私立大学,占比15.74%。整体上看,一流私立大学较公立大学比重偏低。虽然私立高等教育在全球范围内蓬勃发展、强势扩张,有学者将之总结为"私立巨人"①,但是这一成就主要体现在量的增长而非质的提升。对世界一流私立大学的组织属性(公/私)与所在区域(洲)进行交叉分析,结果如表2-1所示。在绝对数量上,北美洲国家世界一流私立大学最多(39所),其次是亚洲国家(20所)和拉丁美洲国家(10所);在相对份额上,拉丁美洲国家世界一流私立大学占比最高(50%),欧洲占比最低(3.69%)。

表2-1 所在区域与组织属性交叉列表

区域	组织属性		总计/所	私立大学占比/%
	私立/所	公立/所		
非洲	1	4	5	20.00
亚洲	20	97	117	17.10
欧洲	8	209	217	3.69
拉丁美洲	10	10	20	50.00
北美洲	39	73	112	34.82
大洋洲	1	30	31	3.23
总计	79	423	502	15.74

将国家变量加入分析发现,进入排名的国家共54个,其中,有私立大学进入排名的国家共19个。对私立大学的国家分布情况进行统计,结果如表2-2所示。在绝对数量上,美国一流私立大学数量最多(共39所),其中,跻身世界排名前20名共11所,前50名共18所。虽然美国一流私立大学的绝对数量具有不可比拟的优势,但还有一些国家如韩国、阿根廷、哥伦比亚和土耳其,其一流私立大学数量超过公立大学,也有一些国家如黎巴嫩和秘鲁,只有私立大学进入世界一流行列。私立大学在这些国家的高等教育系统中占有相对优势。由于语言限制以及其他一些原因,这些经验在一定程

① ALTBACH P G. Private prometheus: private higher education and development in the 21st century[M]. Westport, CT: greenwood publishing group, 1999.

度上被低估或忽视了。在不同的制度文化传统中,世界许多国家和地区都演化出了不同特色的一流私立大学制度。

表 2-2　所在国家与组织属性交叉列表

所在洲	国家及地区	组织属性		总计/所	私立大学占比/%
		私立/所	公立/所		
非洲	埃及	1	1	2	50.00
亚洲	韩国	10	4	14	71.43
	黎巴嫩	2	0	2	100.00
	日本	2	13	15	13.33
	中国台湾	2	9	11	18.18
	土耳其	3	2	5	60.00
	阿联酋	1	2	3	33.33
欧洲	法国	1*	18	19	5.26
	意大利	1	13	14	7.14
	西班牙	1	10	11	9.09
	瑞典	1	7	8	12.50
	比利时	4	3	7	57.14
拉丁美洲	阿根廷	4	1	5	80.00
	哥伦比亚	3	1	4	75.00
	智利	1	2	3	33.33
	墨西哥	1	1	2	50.00
	秘鲁	1	0	1	100.00
北美洲	美国	39	54	93	41.94
大洋洲	澳大利亚	1	22	23	4.35
总　计		79	163	242	32.64

* 注:QS、TIMES 等世界大学排行榜的官方说明中,一般将法国巴黎高师(Ecole normale supérieure,Paris)作为私立大学,原因是"它于 1794 年由国民工会建立,虽属于精英学校系统(Grande Ecole),但并不属于公立大学系统"。因此,这里将法国巴黎高师作为私立大学进行统计,故此说明。

从全球范围看,美国、韩国、土耳其和拉美国家的世界一流私立大学极具典型性,且这四种模式存在显著差异。美国和韩国的一流私立大学起步较早,与同级同类公办大学相比具有先发型优势。土耳其的一流私立大学起步甚晚,与公立大学相比基础偏弱,不具备美国和韩国的一流私立大学的先发优势。而拉美国家则既有起步较早的一流私立大学，也有起步较晚的一流私立大学，在与公立大学的竞争与共生中不断发展起来。但是，几乎所有私立高等教育系统都存在严重的分层和分化现象。培育了世界一流私立大学的国家，也同样伴生大量的劣质私立院校。相较于私立高等教育系统的总体规模，一流私立大学的产生更多属于特殊现象。一流私立大学的最典型特征之一，是真正的非营利性办学。一方面，几乎所有一流私立大学都以为社会培养人才的纯公益性目的为办学起始，尚未发现以投资办学为初衷的一流私立大学。另一方面，所有一流私立大学的举办方都没有直接的经济回报，这明显区别于低层次办学的私立院校。

二、质量鸿沟：亚洲一流私立大学的整体形态

将视野聚焦到有着相似发展背景的亚洲国家，发现亚洲大学在全球大学排名中的竞争力不断提升，一些私立高校也陆续进入全球顶尖大学行列，成为知识经济方面国家竞争力的重要标志。[1] 以泰晤士高等教育（Times Higher Education）2019 年亚洲大学排行榜（Asia University Rankings）为例，在前 416 名中（含并列名次），96 所为私立，占比 23.1%，一流私立大学的绝对比重偏低。从机构数占比看，在整个亚洲，私立高校占高等教育机构总数超过 60%，[2]私立高等教育发展的政策驱动效应较世界其他地区更为明显。[3] 从学生数占比看，亚洲私立高校入学人数占高等教育入学人数比

① LIM M A. Global university rankings：determining the distance between Asia and 'superpower status' in higher education[M]// BHANDARI R，LEFEBURE A. Asia：the next higher education superpower. New York：Institute of international education，2015：23-38.

② 目前尚未有全球私立高等教育的全面数据集。纽约州立大学奥尔巴尼分校列维（Daniel C.Levy）教授的研究团队建立了涵盖 192 个国家的私立高等教育数据集，来源主要是联合国教科文组织统计研究所以及其他跨境机构和国家组织。根据列维的统计，亚洲高等教育机构中超过 60% 为私立高校。亚洲发展银行也采用了此数据。为方便做出比较，此处以简单化处理的方式，以私立高校占比 60% 计。参见：LEVY D C. East Asian private higher education：reality and policy[R]. World Bank Report，2010.

③ PRAPHAMONTRIPONG P，et al. Private higher education across Asia：expanding access，searching for quality[M]. Mandaluyong City，Philippines：Asian Development Bank，2012：1.

重超过 42％,高于全球平均水平(私立高校入学人数占比约 1/3),仅次于拉丁美洲水平(私立高校入学人数占比约 48.8％),是私立高等教育全球扩张的重要区域。[①]

如果将亚洲高等教育作为一个整体,其质量发展整体上滞后于规模增长(见表 2-3)。在高等教育大众化过程中,亚洲大力发展私立高等教育,但私立高等教育还没有挑战公立高等教育的统治地位,体量优势并没有转化为对等的质量优势,一流私立大学的相对比重还有较大提升空间。

表 2-3　亚洲私立高校和一流私立高校占比

	占亚洲高校比重/％	占亚洲一流高校比重/％
公立高校	≈40	76.9
私立高校	≈60	23.1

同时,私立大学在亚洲一流大学中的代表比例远远低于私立高等教育的扩张程度。进入泰晤士高等教育亚洲大学排名的国家和地区共 27 个,其中,有私立大学进入排名的国家和地区共 11 个。就现状水平看,一流私立大学在亚洲国家和地区的分布极不均衡(见表 2-4)。在产生了一流私立大学的国家和地区,存在四种典型情况:第一,日本产出数量最多(共 35 所),其中一些跻身世界一流行列;第二,韩国和阿联酋一流私立大学数量超过公立大学,尤其是韩国一流私立大学数量仅次于日本,部分私立大学排名较为靠前;第三,在黎巴嫩共和国,只有私立大学进入亚洲一流行列,且都是发达国家顶尖大学的海外分校,具有明显的特殊性;第四,在巴基斯坦,即使有私立大学进入亚洲一流行列,其优质高等教育仍然是以公立大学为主导。值得引起关注的是,我国有最多数量的高校进入排名,但内地(大陆)和香港、澳门地区均无一所民办高校进入排名,民办和公办高等教育存在较大的质量鸿沟。

---

① LEVY D C. Global private higher education:an empirical profile of its size and geographical shape[J]. Higher education,2018(4):701-715.

表 2-4 亚洲高水平私立高校区域分布

区域	国家和地区	组织属性		合计/所	私立高校占比/%
		公立/所	私立/所		
东亚	韩国	12	17	29	58.62
	日本	67	35	102	34.31
	中国台湾	20	12	32	37.50
	中国内地（大陆）	72	0	72	0
	中国香港	6	0	6	0
	中国澳门	1	0	1	0
南亚	菲律宾	1	1	2	50.00
	马来西亚	8	3	11	27.27
	印度	36	13	49	26.53
	巴基斯坦	8	1	9	11.11
	斯里兰卡	1	0	1	0
	尼泊尔	1	0	1	0
	印尼	5	0	5	0
	泰国	14	0	14	0
	新加坡	2	0	2	0
西亚	阿联酋	1	3	4	75.00
	黎巴嫩	0	2	2	100.00
	沙特	4	2	6	33.33
	土耳其	16	7	23	30.43
	伊朗	29	0	29	0
	伊拉克	1	0	1	0
	以色列	6	0	6	0
	约旦	4	0	4	0
	科威特	1	0	1	0
	卡塔尔	1	0	1	0
	阿曼	1	0	1	0
中亚	哈萨克斯坦	2	0	2	0
合计		320	96	416	

　　进一步通过箱线图,比较亚洲国家一流私立大学和一流公立大学是否存在显著差别。① 根据泰晤士排行榜的总体评分(＝教学×25％＋研究×30％＋引用×30％＋国际声誉×7.5％＋行业收入×7.5％),亚洲一流公立和私立大学的平均水平、波动范围相当。公立大学有较多异常值(见图2-1),说明有一批非常卓越的公立大学的领先幅度大,而这样的私立高校仅有一所,是韩国的成均馆大学。结合各大学官网公布的客观数据可见:第一,就校龄而言,亚洲一流私立大学的平均水平低于一流公立大学,个别私立大学建校时间短,但已经取得良好办学成绩。同时,样本私立大学的上边缘高于公立大学,说明也有一些私立大学的办学历史十分悠久(见图2-2);第二,就全日制在校生数而言,一流私立大学整体低于一流公立大学(见图2-3),但估算出的生师比略高于一流公办大学,说明一流私立大学的办学规模相对小,但教师资源利用率略高;第三,就国际学生占比而言,一流私立大学整体高于公立大学(见图2-4)。结合排行榜中公立大学和私立大学在国际声誉方面的评分,一流私立大学的国际化程度更高。

　　由此可见,私立大学并不是公立大学的对立面。至少在亚洲一流大学行列中,是否公立不是决定办学质量的关键因素。综合来看,亚洲主要国家私立高等教育系统的分层趋势也非常明显,既有顶尖的研究型私立大学,也有各种质量较低、声誉不佳的私立院校。但就培育出较多一流私立大学的韩国、日本、印度、土耳其看,国家公共政策层面都重视引导举办非营利性私立大学,且顶尖的私立大学都是纯粹的非营利性办学。

---

① 箱线图重点关注平均水平、波动程度和异常值。箱子的中间线表示数据的中位数,代表了样本数据的平均水平;箱子的上下限,分别是数据的上四分位数和下四分位数。也就是说,箱子包含了50％的样本数据,箱子的宽度在一定程度上反映了数据的波动程度;在箱子的上方和下方又各有一条线代表着最大和最小值,"冒出去"的一些点代表异常值。

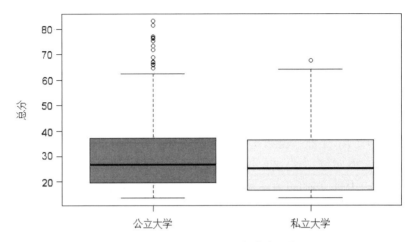

图 2-1 亚洲一流公立、私立大学的总体差异

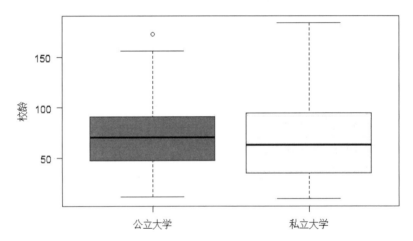

图 2-2 亚洲一流公立、私立大学的校龄差异

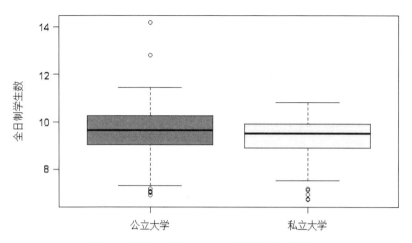

图 2-3　亚洲一流公立、私立大学办学规模差异

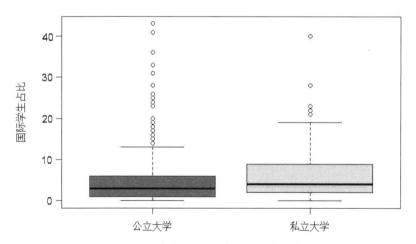

图 2-4　亚洲一流公立、私立大学国际学生占比差异

第二节　五种分类法：非营利性私立高校
监管的基本制度 ①

是否有明确的"非营利性私立高校"界定，是否对非营利性和营利性私立高校分类管理，决定了一个国家私立高校监管政策的框架。从国别分类上看，有些国家法律框架中非营利性与营利性私立高校并存，如美国、英国、德国、巴西、马来西亚、南非、智利、秘鲁、约旦等国家，对非营利性私立高校的监管兼具私立性质与非营利性性质。有些国家法律框架只承认非营利性私立高校，如俄罗斯、法国、阿根廷、古巴、波兰、葡萄牙、乌拉圭等，对非营利性私立高校的监管更凸显其私立性质。

非营利性和营利性分类管理并非我国教育改革所独创，但很难找到与之严格对接的国际通用术语。西方发达国家法律体系对营利性与非营利组织的划分，早于教育系统中营利性与非营利性学校的分野，绝大多数营利性学校不是在传统私立教育内部与非营利性学校分流产生，而是由外围的培训类机构升级形成。而且，分类管理不是一个既定的理论概念，是由财政、税收、土地等相关政策组成的综合性概念。以下所说的"私立高校分类管理"取其实践含义，即国外对私立高校进行营利性和非营利性的区别，并予以相应制度安排的实际做法。

一、拒绝分类：韩国、印度、土耳其、多数东非和西欧国家

目前，世界上有很多国家不认可营利性高等教育的合法性，在法律身份

---

① 此部分内容得益于研究者在纽约州立大学（奥尔巴尼分校）跟随丹尼尔·列维（Daniel C.Levy）教授的学习研修。丹尼尔·列维教授创建的"全球私立高等教育研究项目"（The Program for Research on Private Higher Education）汇集了全球多个国家私立高等教育的研究者。很多认识源自于项目小组的工作论文、内部整理的法律资料和国别数据，以及研究者与其他国家研究者的研讨交流，以下略去了与PROPHE相关的文献引证。如需具体了解，可登录PROPHE网站：https://www.prophe.org/。

上,私立高等教育均为非营利性。例如,东非国家的私立高等教育具有不断增长的逐利特征,但绝大多数国家在法律上仍然坚持高等教育非营利性。①欧洲并非铁板一块,很多东欧和中欧国家开始发展营利性高等教育,但西欧国家更多坚守对高等教育的非营利要求。②

亚洲国家的情况也不相同。其中,韩国和印度的私立高等教育较有特色,且均坚持法律身份上的非营利性。韩国是一个由私立院校主导其高等教育的国家。③ 2019 年,韩国高等教育机构(大学、技术学院、高等专门学校)共 1900 所,其中私立 1567 所,占比 82.47%;④韩国私立院校的创始人通常将办学作为一种安全的投资,主要原因是 1949 年颁布的《韩国农业土地法》规定政府可以低价购买私人的农业用地,但学校土地是个例外,所以当时很多土地所有者创办大学或学院,并将土地转移到学校名下,避免被要求出售土地给政府。因此,韩国的私立院校被认为具有非营利和营利性的混合特征。⑤ 但是,韩国并未在法律层面放开高等教育营利性办学,所有私立院校在法律上都是非营利性的,是一种公益法人(public interest corporations)。⑥ 印度高等教育系统较为复杂,包括大学、学院、准大学、国家重点

①　THAVER B. Private higher education in Africa：Six county case studies[M]//ALTBACH P G，TEFERRA D.African higher education：An international reference handbook.Bloomington：Indiana University Press，2003：53-60.

②　KINSER K，LEVY D C. For-profit higher education：US tendencies，international echoes[M]//FOREST J F，ALTBACH P G.International handbook of higher education. Springer，Dordrecht，2007：107-119.

③　KIM T. Higher education reforms in South Korea：public-private problems in internationalising and incorporating universities[J]. Policy futures in education，2008(5)：558-568.

④　根据韩国教育发展研究所国家教育统计研究部《韩国各学校的高等教育数据集(2019)》计算得到。参见：Korea education statistics service.data set-tertiary Eeducation by each school in Korea[EB/OL]（2019-05-07). https://kess. kedi. re. kr/eng/post/6681132.

⑤　PARK N. Continuing debates：government financial aid to the private higher education sector and faculty tenure[M]//WEIDMAN J C，PARK N. Higher education in Korea：tradition and adaptation.Taylor & Francis，2000：112.

⑥　KIM I，HWANG C. Defining the nonprofit sector：South Korea[R]. Baltimore，Maryland：Johns hopkins university center for civil society，2002：9.

研究院等组织类型。作为联邦制国家，教育是印度联邦和州的共同责任，高等教育标准制定主要在联邦层面。按照官方统计口径，2018—2019年，印度共有大学993所、学院39931所①、自治学院10725所，其中，私立机构占比分别为38.67%（384所是私立大学）、77.80%和75.5%。② 在办学行为上，虽然很多私立院校有明显的商业特征，但联邦监管的主旨仍然是"教育不应是营利活动"，受监管的高等教育机构需要注册为非营利法人。③

二、两类平等：美国、马来西亚、新加坡、菲律宾、巴西、秘鲁

美国有"世界上为数不多的庞大而有活力的私立高等教育系统"，④有最全面的私立高校分类管理制度，美国经验成为我国民办高校向先进制度学习的最主要窗口。但我们往往发现，美国经验很难复制和学习，主要原因是美国法律的"非营利和营利性组织划分"优先于高等教育的"非营利性和营利性高校划分"（见图2-5）。州政府根据各州法律，将营利性高校归为教育组织或商业组织，分别适用认证或许可模式进行登记；联邦政府根据第三方组织的质量评估报告，向符合标准的营利性高校提供与公立和私立非营利性高校同等的学生补助和教师基本权益保障。

美国对非营利组织的监管依赖税收工具。差异化税种和税率政策规定，使得不同机构定纷止争、有效分流，起到了四两拨千斤的作用。这里对税收在私立高校分类管理中的重要杠杆作用做一些梳理，用以说明美国经验的独特性，也可以说是不可复制性。根据政策对象不同，税收政策可分为面向私立高校、教职工和学生三类。

---

① 学院（college）只包括中央和州立公立大学的附属机构和组成机构。准大学（deemed universities）、私立大学（private universities）、校外中心和认可中心的组成单位未计入。

② Ministry of Human Resource Development. All India survey on higher education 2018-19[R/OL].[2021-02-23]. https://www.education.gov.in/sites/upload_files/mhrd/files/statistics-new/AISHE%20Final%20Report%202018-19.pdf.

③ MATHUR D. India higher education sector opportunities for private participation[R]. Mumbai: PwC Brand and Communications，2012:5-6.

④ GOLDIN C，KATE L F.The shaping of higher education in the United States and New England[J]. Boston federal reserve regional review，2001,11(4):5.

一是高等教育机构的分类税收,关键词是自动获取与自动排除。美国法律对营利组织和非营利组织的区分十分简单,其中,不能把扣除成本后的净收入分配给组织的举办者和机构成员的是非营利组织,不受这一限制的是营利组织。学术界把该分界称之为"非分配约束"(nondistribution constraint)。美国《国内税收法》的501(c)条款列举了有资格获得联邦所得税减免的社会组织,并规定这些免税组织必须以增进公共利益和非营利为目的,不得为个人谋取利益。教育组织分属于501(c)(3)条款管理,其中的高等教育机构被称为"501(c)(3)院校"。符合上述条款的高校,其"非营利"身份得到政府认可,自动获得免税身份,否则就被视为营利性组织,自动放弃此类税收优惠。在此甄别中,高等院校的"公/私"属性并不是决定其享有何种税收优惠的关键因素。私立非营利性高校自动获取的税收优惠(同时也是私立营利性高校自动放弃的优惠)主要包括高校组织相关收入税收"豁免/征收"、慈善捐赠税收"减让/征收"和教育活动和设施融资税收"减免/征收"。

二是高校教职工的分类税收,关键词是义务均等与约束差异。一方面,非营利性高校与营利性高校的教职员工有同样的税收义务,微弱区别在于非营利性高校的雇员在团体人寿保险、医疗养老保险方面有一定优惠,但不保证每所学校都提供此类优惠。此外,营利性高校可以为管理层或有特殊贡献的教师提供股权,或者其他非工资形式的补偿/报酬。另一方面,教职工收入约束差异较大。营利性高校可自行设定员工薪酬结构与涨幅,不受税务部门的约束;而非营利性私立高校则受到税务部门的严密监管。

三是高校学生的统一税收,关键词是合规院校的优惠共享。私立高校学生群体享有的税收优惠主要是收入免税、教育抵税和减税。不同税收优惠形式和项目,可以组合运用。具体税收优惠项目的差别,与"符合规定的学生群体"和"符合规定的高等教育开支"的限定有关,而与学生就读院校的性质无关。只要是经过认证、有资格颁发高等教育学位证书的高等教育机构,都可以参与到联邦教育部的"学生资助项目",成为合规机构,学生在申请教育费用的税收优惠方面,享有同等地位和待遇。

加拿大基本复制和学习美国经验,全面放开对营利性高等教育的市场准入;但由于加拿大的现代教育同时又受到英国传统的影响,私立高等教育

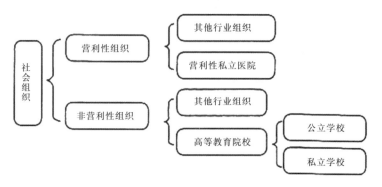

图 2-5 美国私立高校分类体系

在国家教育系统中具有明显的补充色彩,营利性高校的社会认可度和市场份额较低。从全球板块看,拉丁美洲和亚洲的营利性高等教育发展也十分引人注目。拉丁美洲主要集中在巴西、秘鲁和智利。亚洲主要集中在马来西亚、新加坡和菲律宾,这些国家为拓展高等教育经费来源、完善高等教育供给结构,鼓励发展营利性高等教育,营利性高校在私立高等教育中的体量高达 70%～90%。但是,亚洲营利性高等教育的发展规模和速度并没有拉丁美洲那么迅猛。此外,大多数海湾国家支持发展营利性高等教育,除非有特定时期的特殊禁止领域(如军事教育),否则不限制营利性机构进入高等教育办学领域。

三、多禁少准:日本、英国、澳大利亚

日本至今未在国家法律层面认可营利性高等教育的合法地位,但 2002 年开始的结构改革特区制度做出了额外突破。日本国会通过《结构改革特别区域法》,鼓励地方政府在特定地理区域内克服或撤废某些规制,进行"没有禁区的改革"。[①] 私营团体和地方政府可申请在结构改革特别区,进行突破现行教育法规的地区试点。2004 年,日本第一所营利性大学"LEC 会计大学院大学"(Legal Mind University)在改革特别区获准成立,该校由原来

---

① 徐万胜.当代日本政治[M].天津:南开大学出版社,2015.

的营利性培训机构申请升格形成；[①]此后又陆续批准了多所股份公司开设营利性大学。[②] 日本结构改革试点采取项目申请制，每个营利性高校申请条件都有区别。但是，在国家法律框架中，私立院校仍属于公共事业组织类别(koeki hojin)，是非营利性的(hieiri)。

英国 2002 年起也开始试点营利性高等教育，第一所营利性高校"法律大学"(The University of Law)由已经办学 30 年的非营利性私立高校"法律学院"(The College of Law)转制、升级形成。与公立高校和私立非营利性高校不同，营利性高校由英国商务创新技能部(The Department for Business Innovation and Skills)直接管理，但办学质量等相关教育事宜仍需参考英格兰高等教育基金管理委员(Higher Education Funding Council for England)和英国高等教育质量保证委员会(the Quality Assurance Agency)的专业意见。澳大利亚也于 2004 年推行营利性高等教育试点，试点地区可设置营利性高校，非试点地区不可设置营利性高校。此外，在一些东欧和西欧国家，营利性高等学历教育具有合法性，但政府极力限制其规模，控制其向更广阔区域发展。例如，法国营利性高等院校主要集中在厨师、美容师等职业技术行业，德国营利性高等院校都集中在汉莎同盟城市的技术学院。

四、非准即禁：土耳其、智利、波兰

土耳其私立高等教育在 20 世纪 70 年代初期被禁止，又在 20 世纪 80 年代的新自由主义经济政策下获准重生。土耳其法律禁止举办本土的营利性教育，禁止本国高等教育机构以营利为目的。本土私立大学一般以"非营

---

① 日本第一所营利性高校为 LEC Legal Mind University(原名 LEC Tokyo)，该校原为日本四大法律预科学校之一，在结构改革特别区域法框架下申请升格成为大学。

② CHAN-TIBERGHIEN J. Academic capitalism in Japan：national university incorporation and special zones for structural reform[M]//ZAJDA J I, GEO-JAJA M A.The politics of education reforms. Dordrecht：Springer，2010：46-50.

利性基金会大学"(non-profit foundation universities)形式存在，①而公立大学一般被称为"州立大学"(state universities)。但是，土耳其允许国外营利性高校提供营利性高等教育服务，认可营利性跨境高等教育的合法性。

智利和波兰认可营利性高等教育的合法地位，但明确规定营利性高等教育机构只能在"非大学层次"(non-university)办学(类似于我国专科层次)。智利非大学层次的高等教育院校主要分为专业高等学院和高等培训学院两类，波兰非大学层次的高等教育院校主要包括专科学院和专业培训学院两类。两国禁止在"非大学层次"之外的高等教育领域举办营利性高等教育机构。

五、否定非营：分类管理改革前的越南

中国和越南都坚持社会主义发展道路，但在非营利性与营利性教育分类管理的思路和做法上完全相反。越南提供了一个在全球范围内都"特立独行"的案例。1975—1993 年间，越南从中央计划经济转向社会主义市场化改革，非公立高等教育(non-public higher education)发展起来，并一度被归类为私营企业部门。越南高等教育系统分为公立和非公立两大类，非公立高等教育又分为半公立(semi-public)、人民举办(people-founded)和私立(private)三类。早期政策禁止非公立教育机构进行收入分配，但法律法规文件中又没有对"非营利私立教育"的明确定义。2009 年《私立大学运营条例》(The Regulation for Private University Operations)将所有非公立高校定性为私营企业，2010 年和 2014 年的两个通告则要求半公立高校和人民举办的高校(基本为非营利性)均转为完全私人所有(营利性)。② 越南学界一般认为，2009—2014 年间的越南私立高校被默认、被强制为营利性，完全

---

① 1981 年 11 月 6 日成立高等教育委员会后，随着这一时期的立法改革，土耳其第一所基金会大学 Bilkent 大学于 1984 年成立。根据《土耳其 2547 条高等教育法》第 5 条，基金会大学是由基金会建立的，基金会仅将其利润用于教育目的。

② 详见越南 2010 年 7 月 16 日第 20 号通告(the Circular 20)和 2014 年 12 月 17 日第 45 号通告(the Circular 45)

像企业一样运作。① 在此过程中,一些具有良好办学传统的非公立高校,自愿遵循不分配收入原则,但难以突破政策法律身份上的营利性标签。2012年《高等教育法》也首次明确提出营利性和非营利性私立高等教育的划分,但是直到 2018 年新《高等教育法》才赋予非营利性私立高校以清晰的法律身份。② 非营利性教育在越南经历了一个艰难的开端,许多家长和监管机构认为越南发展非营利性私立教育是不可能的,对非营利性私立教育的概念闻所未闻或长期存在误解。③ 私立高校需要向政府证明其"非营利性",才能从原来的营利性法律身份转变为非营利性,目前几乎没有成功转制的案例。但是,新成立的私立高校则可以按照新法设立为非营利性,例如,福布莱特越南大学(Fulbright University Vietnam)由美国国会资助的"越南大学创新信托基金"举办,2017 年获越南政府授予的办学许可,是一所新型非营利性私立大学;VinUniversity 由越南最大的企业集团 Vingroup JSC,是越南第一所本国举办的非营利性私立大学,2018 年获得越南总理批准后成立。从改革路径上,中国由"全部非营利性"转向分类管理,而越南则是由"全部营利性"转向分类管理,从制度环境到社会观念都在大的变革中。

第三节　制度化情境:非营利性私立高校监管的政府角色

世界主要国家现代高等教育系统的形成与私立高校的发展,都受到本国政治社会文化的影响,但各国普遍将发展私立高等教育作为实现高等教育大众化的重要途径。很多国家的政府为私立高等教育发展提供规范化、有序化的制度环境。前文分析的世界大学排名和亚洲大学排名,美国、韩

① PHAM L, BRILLER V. Private higher education in Vietnam and recent policy development[J]. VNU journal of science: social sciences and humanities, 2015, 31(4).
② CHAD Q. Vietnam: the unique case of for-profit monopoly[J].International higher education,2020(103): 25-26.
③ Non-profit schools on the rise[N/OL]. Vietnam investment review, 2022-10-18[2022-11-23]. https://vir.com.vn/non-profit-schools-on-the-rise-63946.html.

国、土耳其、拉美国家、日本、印度的数据较为突出（按照各国产出一流私立大学数量从高到低排序）。不妨以这几个国家为案例，考察私立高等教育发展中的政府角色与监管举措，尤其是促进生成一流私立大学的经验做法。

一、达标资助：美国政府与私立高等教育蓬勃兴盛

在私立高等教育发展过程中，美国政府主要扮演资助者角色，但他们并不试图将私立大学纳入国家规划之中，而是尊重后者的"自发秩序"。与其他国家不同，美国早期高等教育并无明确的公私之分，即使到19世纪中后期公立系统日趋成型，政府仍然给予私立大学诸多支持。最为典型的是1865年建校的康奈尔大学。该校自成立之初就是经纽约州参议院法案批准的赠地院校，长期接受政府资助。13个二级学院，9个由私人捐资举办，4个由州政府资助举办，兼具公立和私立双重属性。麻省理工学院因符合1862年《土地拨赠法案》（The Land-Grant Act）要求，获赠款进一步发展壮大，1976年成为"海洋资助大学"（Sea Grant College），1989年成为"太空资助大学"（Space Grant College），获大额的政府资助。[①]

如果论及美国联邦政府对私立高校的资助，不能不提美国高等教育法第Ⅳ款规定的"联邦学生财政资助"，其中，"经费随学生走"的规定在一定程度上淡化了公众认知中公立和私立大学的差别。但与普通私立院校不同，一流私立大学往往获得联邦政府的巨额科研经费，令公立大学也难以望其项背。根据美国国家科学基金会统计，截至2016财年，私立约翰霍普斯金大学连续38年位列联邦政府研究拨款（Federal R&D Funding）单位之首，2016年所获联邦政府研究拨款比第二名公立的密歇根安娜堡大学高出一倍有余。[②] 除赠地、科研经费、学生资助外，税收优惠是认可鼓励、支持非营利性私立高校发展的最具体行动之一。捐赠税收减免是另一种实质性政

---

① 关于美国公立高等教育的开端，一般认为是成立于1785年的佐治亚大学。在QS2017—2018世界大学排行榜中，美国公立高等教育系统的特拉华大学可以追溯到1743年长老会牧师创立的自由学校和后来的纽瓦克学院。

② National Center for Science and Engineering Statistics（NCSES）.Universities report increased federal R&D funding after 4-year decline[R/OL].[2018-01-18].https://www.nsf.gov/statistics/2018/nsf18303/nsf18303.pdf.

府补贴,与政府支出具有同等性。有学者估算,一流私立大学每获得 3 美元捐款,联邦政府就要给予捐款方 1 美元的税收减免,这相当于政府通过减免税补贴私立大学 1 美元。由于美国公立大学几乎没有捐赠收入,而私立大学尤其是世界一流私立大学获捐额较大,相比之下这些私立大学获得远高于公立大学的政府资助。① 通畅的社会资金渠道、充足的政府科研资助使一流私立大学得以保持其精英特质并不断实现卓越。

二、指导支持:韩国政府与私立高等教育卓越发展

与美国相似,韩国私立高等教育也具有鲜明的"先发型"特征,官方及学术界通常认为,1886 年创立的私立梨花学堂(1948 年改名为梨花女子大学)是韩国现代高等教育的开端。② 与中国、日本、新加坡等亚洲国家类似,私立大学的数量扩张主要迎合高等教育大众化需求;所不同的是,韩国私立大学的整体社会声誉和公众认可度并不低于公立大学,③在各类大学排行榜上,一流私立大学数量远远超出一流公立大学。

尽管和美国一样,韩国政府也给予一流私立大学以慷慨资助,但与美国更侧重单纯为私立大学提供资助不同,韩国政府比较倾向于采用统一规划指导的手段,营造一贯友好的政策环境。韩国政府在高等教育发展中一直扮演着"直接管理者"而非"协调者"角色。即便 90 年代以来高等教育私营化及新自由主义政策在韩国产生重要影响,教育行政部门与高等教育部门基本关系仍然没有改变。④ 例如,教育行政部门掌握着公、私立大学招生计

---

① ROBERT R. Why government spends more per pupil at elite private universities than at public universities[EB/OL].（2014-10-13）[2017-11-27]. http://robertreich.org/post/99923361875.

② WEIDMAN J, PARK N. Higher education in Korea:tradition and adaptation[M]. New York, NY:Falmer Press,2000:22.

③ TEIXEIRA P, KIM S, LANDONI P, et al. Rethinking the public-private mix in higher education[M]. Rotterdam:Sense,2017.

④ KIM T. Higher education reforms in South Korea:public-private problems in internationalizing and incorporating universities[J]. Policy futures in education,2008,6(5):558-568.

划审批权，通过招生定额调节私立高等教育发展速度，[1]这与美国的自由化政策环境有较大区别。与其他亚洲国家类似，60 年代以来韩国政府不断通过立法和制度建设，加强私立高等教育监管。不同的是，韩国的政策环境对私立大学十分友好，高等教育史上不存在刻意压制私立大学发展的情况。而日本在明治维新时期就采取以帝国大学压制私立大学的做法，1976 年施行的"高等教育地方分散化政策"（Freeze-in Policy）又限制了私立大学在东京、大阪等大城市建校，[2]直到 2002 年才彻底废止此禁令。

韩国普通私立大学获得政府资金不足、捐赠收入不足，[3]但一流私立大学却已形成"优质办学—获得政府资助—自觉接受国家改造—更优质办学"的良性循环。其中一项国家改造任务就是，依法设立学校法人理事会，建立健全现代大学制度。新世纪以来，韩国私立学校法几经修订，细节内容多有变动，但核心规定之一始终是私立大学须设理事会为决策机构、评议会为代议机构；须制定和完善大学章程，健全决策和监督机制。韩国政府对私立大学的招生、学费、运营、财务等进行严格且直接的监管和调控，还要求包括私立大学在内的所有大学公开和定期更新高等教育评价信息，在院校自我评价、专业认证机构评估之外，自觉接受社会监督。

韩国私立大学一直得到政府有计划地指导和支持，尤其是韩国政府以竞争性资助项目促进院校改革发展，使得一批优质私立大学形成与公立大学均衡竞争与合作的格局，获得迅速崛起为世界一流大学的经费基础和战略指导。韩国高等教育资助项目对所有大学一视同仁，主要基于院校评估结果择优资助，而不区分公私属性。例如，在"面向 21 世纪的智慧韩国工程"（Brain Korea 21 Project，1999—2012 年）中，共有 14 所大学入选一流研

---

① KWON K S. Evolution of universities and government policy：the case of South Korea[J]. Asian journal of innovation & policy，2015，4(1)：103-107.

② ONO H. Training the nation's elites：national-private sector differences in Japanese university education[J]. Research in social stratification and mobility，2008，26(4)：341-356.

③ CHAE J E，HONG H K. The expansion of higher education led by private universities in Korea[J]. Asia Pacific journal of education，2009，29(3)：341-355.

究生院重点建设规划,其中 9 所为私立大学。^① "世界一流大学项目"
(World-class University Project,2008—2013 年)、"升级版智慧韩国工程"
(Brain Korea 21 Plus Project,2013—2019 年)等高等教育改革计划也遵循
同样原则。这一做法促成公私部门间的良性竞争格局,也促使私立大学主
动对接国家战略。以浦项工科大学(POSTECH)为例,因接受智慧韩国工
程和世界一流大学项目的政府经费(截至 2012 年共 8300 万美元),按照政
府要求对研究生项目进行改革,将 6 个研究生学院重组为 3 个学院,并增加
跨学科研究生项目。^② 一批优质私立大学获益于政府的竞争性资助项目,
成功转型为高水平研究型大学。这也使韩国成为美国之外培育私立研究型
大学数量最多的国家。而可与之对照的日本,优质私立大学主要以教学型
为主,在世界一流大学排名中的国家优势稍逊于韩国。

三、质量监控:土耳其政府与私立高等教育断代重生

　　与美国、韩国不同,土耳其私立高等教育断代重生,起步较晚,且私立高
等教育占比规模不高。其公立高等教育历史悠久,第一所现代大学最早可
以追溯到 1933 年。^③ 私立高等教育曾在上世纪 70 年代被明确禁止,^④直到
1981 年《土耳其新高等教育法》又重新允许举办非营利性私立大学或研究
中心。^⑤ 一般认为,创建于 1984 年的毕尔肯大学(Bilkent University)是土

① 娄欣生.韩国私立高等教育的发展及启示[J].黑龙江教育(高教研究与评估),2009
　　(3):13.
② RHEE, B S. A world-class research university on the periphery: the Pohang Uni-
　　versity of Science and Technology, the Republic of Korea[M]// ALTBACH P G,
　　JAMILl S. The road to academic excellence: the making of world-class research uni-
　　versities. Washington D. C.: World Bank, 2011: 120.
③ TURGUT E. The impact of cultural diversity on the academic performance: a study
　　on Turkish universities[J]. International business research, 2016, 9(5): 137.
④ KINSER K, LEVY D C. For-profit higher education: US tendencies, international
　　echoes[M]// FOREST J J, ALTBACH P G. International handbook of higher edu-
　　cation. Dordrecht: Springer, 2007:118.
⑤ GURUZ K. The development of private higher education in Turkey[J]. International
　　higher education, 2006,45:11.

耳其第一所非营利性私立大学。由此可见，私立高等教育具有典型的"后发型"特征。截至 2017 年初，土耳其共有 111 所公立大学、63 所私立大学和 7 所私立职业大学。[①] 毕尔肯大学、科驰大学（Koç University，1933 年创立）和萨班哲大学（Sabanci University，1996 年创立）并称土耳其最顶尖私立大学，它们自筹建期就雄心勃勃，或致力于成为高等教育与研究中心（带有科研院所性质，而不以本科教育为本色），或致力于培养最具竞争力的毕业生，对土耳其在世界大学排行榜的崛起发挥了重要作用。

与美、韩不同，土耳其一流私立大学的治理结构兼具传统性和现代性。具有家族化色彩的"基金会大学"是土耳其一流私立大学的重要特征。土耳其所有的非营利性私立大学均为基金会大学（foundation university），但与上述美国的"大学基金会"（university foundation）不同。在美国，为数不少的私立大学由富裕家族（或个人）向大学基金会注资举办，这些家族（或个人）与大学鲜有直接联系。在土耳其，私立大学皆由慈善基金会建立并运营，大学与资助企业或家族联系紧密。具体来说，"基金会大学"有两个关键特征：一是明确的慈善目的。基金会是富裕个人或家族企业的一部分，举办私立大学是他们承担社会责任、彰显社会价值的重要方式之一。这种独特的模式与伊斯兰文明的捐赠文化（awqaf culture）相关，办学形态可以追溯到 10 世纪塞尔柱王朝时期的尼扎米亚大学（Nizamiyah Madrasahs of Seljuks）。[②] 在土耳其世俗化过程中，捐资办学的善举逐渐超越特定宗教的价值观念，具有了普遍的社会价值。二是现代治理体制下的家族制痕迹。分析基金会大学的治理结构，发现其最高决策机构均为校董会，校董会按章程选举产生校长，但校董会主席无一例外地皆由家族领袖或其接班人担任，另

① ACER E K, GÜÇLÜ N. An analysis of the expansion of higher education in Turkey using the new institutional theory[J]. Educational sciences: theory & practice, 2017, 17(6): 1912.

② KOC M. Foundation(Awqaf) universities in Turkey-past, present and future[C/OL]. 3th International Conference on Islam and Higher Education(ICIHE 2012). (2012-10-01)[2018-01-29]. https://www.researchgate.net/profile/Muammer_Koc/publication/267640347_Foundation_Awqaf_Universities_in_Turkey——_Past_Present_and_Future/links/54571fc70cf26d5090a97186/Foundation-Awqaf-Universities-in-Turkey——Past-Present-and-Future.pdf.

有相当数量的家族成员担任董事。虽然这些大学也在不断吸引基金会以外的社会捐赠,但其办学经费主要依赖创办家族(或个人)。土耳其私立高等教育在较短的时间内取得了快速的进步,与其独特的非营利基金会办学模式有较大关系。[①]

土耳其私立大学的政策氛围相对宽松。基金会主导私立大学并非全然没有弱点,如一些小型基金会举办的私立大学存在家族化控制、办学低成本化、软硬件设备不足、师资不合格等问题,但公共政策对之颇为友好。政府为私立大学发展营造了良好的政策环境。一方面,公共政策不存在明显歧视私立大学的情况,私立大学可享有政府赠予土地或政府租赁土地,其师生具有不低于公立大学师生的社会身份和地位,私立大学甚至可以说服政府在特定方面给予政策放宽。如萨班哲大学就曾说服高等教育委员会修改管理规定,使之得以创新学位项目;科驰大学则率先以学院(school)为基本学术组织,打破土耳其公立大学普遍采用的学部制(faculty)。[②] 有实力的私立大学不必模仿和追随公立大学模式,以获得公众认知中的合法性地位。另一方面,私立大学享受捐赠税收减免和学费自主定价,既能鼓励和吸引更多社会资金办学,又能让有条件的私立大学普遍采取小班额、低生师比、国际化项目、全面英语授课等高成本、高收费路径,与同级同类公立大学错位发展。在政府资助方面,还没有明确的证据证明土耳其政府向私立大学提供专门的竞争性资金及科研项目资助。

在质量认证和监管方面,土耳其公立和私立大学都接受"高等教育委员会"(YÖK)的直接监管和调控,并由"高等教育学术评估和质量改进委员会"(YÖDEK)提供外部质量保障。[③] 由于土耳其签署了《博洛尼亚宣言》,

① 近年来,一些基金会大学在法律上为非营利性,却以营利性实体的形式运作,对土耳其高等教育监管带来了挑战。这似乎是近年来各国私立高等教育发展的共性问题。参见:BAGCIOGLU C.Shared governance practices in Turkish private (foundation) universities[D]. Liverpool, UK:The University of Liverpool,2017.

② MIZIKACI F. Isomorphic and diverse features of Turkish private higher education[Z]. Working paper 18, Program for research on private higher education, Albany, NY. 2011.

③ ÜSDIKEN B. Higher education in management:the case of Turkey[M]// DAMERON S, DURAND T. The future of management education. Palgrave macmillan, London, 2018:171-183.

私立和公立大学还需要遵守博洛尼亚协议，与欧洲的学位课程标准保持一致。

四、放任自由：拉美国家政府与私立高等教育革新

拉美国家私立高等教育庞大复杂，学校发展模式有较强异质性。据不完全统计，拉美国家私立高等教育机构占高等教育机构总数比重约在50%上下，个别国家私立高等教育市场份额甚至超过公立系统。① 在拉美私立大学系统内部，衍生出千差万别的细分系统。② 从数量上看，阿根廷、哥伦比亚、智利、墨西哥和秘鲁陆续出现精英型私立大学，与顶尖公立大学发展态势相当，在各类大学排行榜中公立和私立大学各占50%；从类型上看，拉美模式呈现独特的混合型特征，既有较早出现的宗教型私立大学，也有较晚发展的世俗型私立大学，即便是世俗型私立大学群体内部也存在较大差异。

拉美私立大学的治理模式也具有明显的异质性。除了传统天主教大学外，几乎每一所私立大学的成长经验都是独特的、无可复制的。传统天主教大学奠定了拉美私立高等教育精英特征，在主动世俗化的过程中成为私立系统内部的独特存在。由于拉美国家的主要宗教是天主教，天主教（耶稣会）大学自然成为拉美地区最早出现的私立大学，它们普遍具有办学稳定、治理良好的特征。世界大学排行榜中常见的智利天主教大学、阿根廷天主教大学、秘鲁天主教大学、哥伦比亚哈维主教大学，都由全国性教会举办，对自由主义和政治社会世俗化持保守态度。为了寻求政治和学术上的合法性，早期的天主教大学主动复制公立大学模式，接受国家财政资助，私立属性并不鲜明。③ 甚至有观点认为，这些大学由教会和国家共同创建，属于"公私立溶合性大学"，④是拉美现代高等教育的起源。20世纪初的政教分

① 数据来源为纽约州立大学奥尔巴尼分校"全球私立高等教育研究小组"（PROPHE）内部统计数据。
② ANDRES S S. The higher education system in Argentina：networks，genealogies and conflicts[J]. Creative education，2015，6(18)：1943.
③ LEVY D C. Higher education and the state in Latin America[M]. Chicago：The University of Chicago Press，1986：53-54.
④ 王留栓.拉丁美洲国家公私立高等教育的主要特征[J].外国教育资料,1995(4):53.

离和大学自治运动使天主教大学纷纷获得自治身份,新时期以来又不断改革大学组织结构,增加世俗化教学课程,与海外建立科研合作。由于拉美高等教育系统一直将专业训练作为大学基本使命,普遍缺乏研究型传统,天主教大学在学术领域的努力和成就甚至远远超越公立大学,也超越其国家高等教育系统的全球声望。

　　国家治理能力的薄弱为私立大学尤其是世俗型私立大学自我革新创造了空间。20世纪八九十年代,智利最先将新自由主义应用于高等教育领域,随后,阿根廷、墨西哥、秘鲁等国家纷纷采取新自由主义的高等教育转型举措。[①] 高等教育改革深受经济政治领域改革影响。一方面,声势浩大的经济改革使拉美从社会主义经济体向自由市场过渡;另一方面,政局不稳定和国家体制不完善,相关制度、法律和政策难以保持一贯性并有效实施。这导致高等教育体制的脆弱性逐渐暴露,治理性问题不断出现。然而,拉美国家对于其不断膨胀的私立高等教育系统缺乏稳定的支持和监管反而为一些私立大学在"宽松"氛围中脱颖而出提供了机遇。其一,新型的学术团体大学开创了以制度促变革的成功先例。60年代以来,拉美国家公立大学普遍面临规模庞大、经费不足、治理不善的问题,国家政策方针从排斥世俗型私立高等教育转向接受并鼓励其发展。[②] 这些高等教育院校几乎不设董事会,即便有类似机构也形同虚设,[③]其中有大量以非营利之名行营利之实的私立院校。近年来,一批由学者倡议并筹建的非营利性私立大学成立并发展起来,例如全球闻名的阿根廷巴勒莫大学(University of Palermo),由一批学者和知识分子于1986年先成立大学基金会,后通过基金会建立大学,从创建初期就以根本性的制度建设为抓手,业已形成完善的现代大学制度,彻底摆脱了传统拉美模式的局限。其二,精英型私立技术大学开创了一流私立高等教育的新模式。近年来,拉美国家还出现了定位高端、异质性强的

① BERNASCONI A, CELIS S. Higher education reforms: Latin America in comparative perspective[J]. Education policy analysis archives, 2017, 25: 67.
② 薄云.拉美私立高等教育发展研究:以巴西墨西哥阿根廷和智利为个案[M].厦门:厦门大学出版社,2017.
③ 黄福涛.国际私立高等院校管理模式研究:历史与比较的视角[J].黄河科技大学学报,1999,1(3):105.

技术性院校。它们顺应了国家的市场化改革潮流，大大受益于国民经济的快速发展；同时多模仿和参照美国知名工科大学模式，对国家科技文化发展产生重要影响。最为著名的墨西哥蒙特雷技术大学（Monterrey Institute of Technology and Higher Education），于 1943 年由一众企业家模仿麻省理工学院模式筹建，一是具有典型的创业型特征，短短几十年扩张成为在墨西哥主要城市设有 30 余所分校的巨型连锁大学；二是具有区域技术中心特征，建校以来一直将大学命运与区域发展紧密结合，除培养人才外，更为区域发展输出技术服务和教育资源，区别于一般性的多科性技术学院模式（polytechnic）；三是具有现代技术指导下的自我革新特征，通过建设虚拟大学提供更为广泛的教育项目，实现技术转型与学校发展生态革新。①

五、重点支持：日本政府与私立高等教育特色竞争

私立院校的数量优势是日本高等教育系统的鲜明特征之一。2018 年，日本高等教育机构（大学、短期大学、高等专门学校）共 1170 所，其中，私立 920 所，占比 78.63%；私立系统的学生数、教师数占高等教育总体的73.23% 和 58.36%。② 很多私立院校依赖财团和社会人士捐资而建。尽管私立院校一般不是家族或个人担任法人，但实际上，超过 40% 的私立院校由家族所有或由家族管理。例如，著名的私立成蹊大学（Seikei University）最初由三菱集团经营者岩崎小弥太支持举办，并依赖三菱集团的捐赠运营，战后虽然从三菱集团独立出来，但仍然保持着密切的联系。③ 此外，政府鼓励商业企业和大学之间的合作，私立大学积极向商业企业寻求捐赠资金和资源。④ 尤其是 20 世纪后半叶以来，社会和财界都期望私立大学为日本经

---

① 肖俊茹，王一涛.民办教育分类管理与一流民办高校建设[J].现代教育科学，2018（1）：1-6,11.

② 根据日本统计年鉴（平成三十年）第 25-1 的数据计算得到。参见：https://www.stat.go.jp/data/nenkan/67nenkan/25.html.

③ BREADEN J，GOODMAN R. Family-run universities in Japan：sources of inbuilt re-silience in the face of demographic pressure，1992—2030[M].New York：Oxford U-niversity Press，2020：5-6,191.

④ ARIMOTO A. Market and higher education in Japan[J].Higher education policy，1997（3/4）：207.

济振兴和技术竞争助力,纷纷向私立大学捐赠可自由支配的资金,以及用于奖学金、研究资助等的特别款项。2017 年,社会捐赠资金在日本私立大学经费来源中占比 1.86％,①虽然这一比例与美国知名私立大学有较大差距,但捐赠收入仍然是日本私立大学一个较为重要的办学经费来源。

在政府资助方面,日本政府根据《私立学校振兴援助法》对私立院校提供经费资助,20 世纪 90 年代以来引入和扩大竞争性政府资金,对优质私立大学予以重点支持。② 目前正在实施的"全球顶尖大学项目"(Top Global University Initiative,2014—2023 年)对国立、公立和私立大学一视同仁,在入选的 37 所大学中,21 所为国立,2 所为公立,14 所为私立(其中:2 所私立入选 A 类顶尖型大学,12 所私立入选 B 类全球牵引型大学),旨在"通过竞争性资助计划引导大学间的竞争"。③ 日本政府还为私立大学提供"支援发挥各大学特色"的特别补助金,极力强调私立大学的教学活动和科研领域要有特色。第一,私立大学的专业和课程设置与公立大学不同。私立大学专业设置的标准化程度较高,在重新设定已设学科或研究科的专业时,原则上不需要向文部省办理手续,但需要办理校规变更手续,主要就专业设置目的、招生名额等具体情况进行说明。政府鼓励私立大学兼顾院校自身传统与社会需求,打造有个性的私立大学和有特色的教学活动。第二,私立大学也是重要的研究型机构,政府大力引导私立大学开展多元化和前沿的研究,承担国家科技研究项目和开展校企合作。第三,私立大学比公立大学更加重视国际教育,以增加吸引力和应对人口结构变化的影响。

在质量认证和监管方面,日本将私立大学的设立审批制度、质量保证和认证制度相结合,建立了较为系统的质量保障系统;并对私立大学实行招生

---

① 根据官方数据计算:私立大学办学经费总收入 36060 亿日元,其中,捐资资金 671 亿日元,占比 1.86％。

② MIZUTA K. Public funding schemes for the higher education sector in Japan:their objectives and characteristics[R/OL].[2021-02-23]. http://www.niad.ac.jp/media/001/201802/nk001003.pdf.

③ OBA J. Creating world-class universities in Japan:policy and initiatives[J]. Policy futures in education,2008(5):629-640.

配额制度，低于批准招生配额 50％的高校可能被暂停政府补助金。[①]

六、宽松友好：印度政府与私立高等教育错位发展

印度私立高等教育在全球范围内并不突出，但在亚洲国家中较有特色。印度私立高等教育机构的数量扩张与新的大学或学院的建立的成本较低、程序较为便捷有一定关系。对于很多慈善家而言，建立一所新的高等教育机构比向现存高校捐赠更有吸引力。例如，进入亚洲一流大学行列的博拉理工学院（Birla Institute of Technology & Science）就是由著名工业家 Ghanshyam Das Birla 先生创建，并一直得到 Birla 家族和 Aditya Birla 集团的支持。因为印度富豪和校友的慷慨捐赠较多地流向了欧美顶尖大学而非印度本土大学，[②]所以很多印度大学效仿美国模式建立捐赠基金，期望可以吸引最稳定和可持续的办学资金。

印度私立大学与公立大学的课程设置、办学方向形成鲜明对比，且在就业指标中脱颖而出。传统的公立大学偏重普通教育和文、理、商科课程，而私立大学偏重工程、医学等就业市场青睐的应用型学科，[③]新兴的私立大学更明显地向专业教育和培训倾斜。一方面，私立大学在弥补传统公立大学学科布局空白方面发挥了重要的作用；另一方面，私立大学在教育因素和劳动力需求共同作用下，使当前的高等教育结构能够产生符合市场要求的工程师，服务了国家经济发展的需要。[④]

在政府资助方面，印度联邦政府在 2017 年提出培育 10 所公立大学和10 所私立大学，并在 2018 年确定了 3 所公立大学和 3 所私立大学进入"卓

① AKABAYASHI H. Private universities and government policy in Japan[J]. International higher education,2006(42):17-19.
② LUTHRIA N, GABRELLE W T. Indiaspora Monitor of University Giving[R/OL] [2020-08-20]. https://drive. google. com/file/d/1UWI2-TtWrrBRO4s EeUXlyen-qWLZMvnhB/view.
③ 魏李飞,尹向毅.印度私立高等教育的特征、矛盾与发展路径[J].浙江树人大学学报（人文社会科学),2016(5):26-31.
④ DOSSANI R K, PATIBANDLA M. Preparing for a services economy: an evaluation of higher education in India[R].Boston:Annual Conference of Industry Studies,2008:5.

越机构项目"(IoE),给予5年期的额外资金支持,旨在打造世界一流的教学和研究机构。① 在质量认证和监管方面,印度高等教育由中央与各邦共同管理,邦政府有较大的治理权,但全国层面的质量监管仍较为强劲。例如,印度联邦政府法定的大学教育标准组织"大学拨款委员会"(UCG)规定了高校获得和保有学位授予权的基础要求;"全印度技术教育委员会"(AICTE)对公立和私立高校的技术教育方案实行统一审查和批准,并对其职权范围内的公立和私立技术教育机构强制实行认证;"印度国家评估与认证委员会"(NAAC)对所有大学和学院进行评估和分级,且这一认证已经从最初的自愿性转为强制性。

　　总体来看,世界范围内私立高等教育的发展史应当被视为多元的政策方案、独特的制度模式以及各大学不同自我构想不断发展、构造和重构的整体性经验。一流私立高等教育的发展首先是多元的,并不存在唯一、放之四海而皆准的模式。一流私立大学不仅产生于发达国家,也产生于发展中国家;不仅有数百年老校,也有年轻大学;不仅产生于制度化的组织管理系统,也产生于保留家族化特征的系统;不仅产生于政府角色强势的高等教育系统,也产生于政府角色松散的系统。我们所能甄别的历史要素、治理要素、政治要素,对一流私立大学的生成与发展产生综合影响,但这种综合影响需要在不同的本土情境中加以理解。但是,亚洲国家一流私立大学发展又有一些共性经验。例如,典型国家私立高等教育发展中都出现了大企业、大财团参与办学或提供大额捐助。在亚洲国家高等教育缺乏欧美社会的捐赠办学基础、私立大学普遍依赖学费收入的大环境下,头部企业的参与有利于引领捐资兴学,并保证办学资金充沛。再例如,受亚洲国家管理文化的影响,韩国、日本、印度、土耳其等国都积极引导私立高等教育改革发展,而不是采取自由放任的模式。同时,监管的背面是实质性的支持。随着世界一流大学和全球大学排名的概念在世界范围内流行,四国政府都将发展有竞争力的高等教育系统作为国家经济战略的核心,并将私立高等教育也纳入国家战略框架中。政府鼓励和支持私立大学走多元化特色发展道路,也非常重

---

① APPA R P. Institutions of eminence—the dream institutions of India[EB/OL]. (2020-06-10)[2020-08-20]. https://telanganatoday.com/institutions-of-eminence-the-dream-institutions-of-india.

视建立完善质量认证和监管机制。私立高等教育的内部差别较大，且受政策和院校自身因素影响，很多国家的私立高等教育都形成精英型、准精英型、需求满足型等层次定位。①

　　就高等教育系统分层情况看，我国民办大学具有典型的非精英型特征。从历史背景看，我国民办大学起步甚晚，与公立大学相比基础弱、起点低，不具备美、韩一流私立大学的先发优势。但土耳其和拉美国家的后发型经验则可以提供以信心和启发。从治理模式看，我国民办大学以出资和投资办学为主，与美国主要依靠社会捐赠举办的私立大学有显著区别。但土耳其私立大学基金会和韩国私立大学财团的治理经验值得我们借鉴。从政府角色看，多种因素导致国家政策长期向公办大学倾斜，我国民办大学发展的基础性支持尚不能保障，美、韩一流私立大学所享有的研究资助更无从谈起。综合起来，我们现阶段较难全面复制美国经验，但我们可以向更多国家取经，尤其是向亚洲国家取经，在兼收并蓄与融汇中西的过程中求索我国非营利性民办高校的高质量发展之道。

---

① LEVY D C. Public policy for private higher education：a global analysis[J]. Journal of comparative policy analysis：research and practice，2011(4)：383-396.

第三章 非营利性民办高校的
举办者变更监管

2016年《民办教育促进法》及相关配套政策对民办高校举办者变更作出程序性规定。与某些地方政府通过限制或不予受理民办中小学校举办者变更不同,实施新法新政以来,教育部对于符合条件的民办高校举办者变更均作出了予以同意的决定。2021年《民办教育促进法实施条例》特别增加一款规定,即"举办者变更,符合法定条件的,审批机关应当在规定的期限内予以办理",保障了民办高校举办者变更的权利。可以预见,未来将有更多的民办高校发生举办者变更。

第一节 身份与权益:举办者变更的两层意义

一、规范概念:民办高校举办者的界定

"举办者"并非民办高校独有的概念。一般认为,公办高校的举办者是国家和政府,民办高校的举办者则多为自然人或社会组织。2008年《高等教育法》明确规定,"高等教育实行以举办者投入为主、受教育者合理分担培养成本、高等学校多种渠道筹措经费的机制"(第六十条),"高等学校的举办者应当保证稳定的办学经费来源,不得抽回其投入的办学资金"(第六十一条),"高等学校对举办者提供的财产、国家财政性资助、受捐赠财产依法自主管理和使用"(第三十八条)。2016年《民办教育促进法》规定,"举办民办学校的社会组织,应当具有法人资格。举办民办学校的个人,应当具有政治权利和完全民事行为能力"(第十条),"申请筹设民办学校,举办者应当向审

批机关提交下列材料：(1)申办报告，内容应当主要包括：举办者、培养目标、办学规模、办学层次、办学形式、办学条件、内部管理体制、经费筹措与管理使用等；(2)举办者的姓名、住址或者名称、地址；(3)资产来源、资金数额及有效证明文件，并载明产权"(第十三条)。

从性质上看，公办高校举办者身份是基于将公共财产在公法上分配于公办高校创办与运营而获得。民办高校的举办者身份并不必须是基于履行出资义务、让渡其财产所有权而获得。根据 2004 年《民办教育促进法实施条例释义》，民办学校的举办者是指"以出资、筹资等方式，发起、倡议并具体负责创办民办学校的社会组织或公民个人。按此定义，民办高校的举办者也即民办高校的筹设人，筹设人既可以是法人形态的社会组织，又可以是自然人"。据此，举办者可以是出资人，也可以不是出资人，例如，以捐资方式设立的民办高校，其筹办人就不是出资人；现在为数不少的自身没有或很少初始投入、依靠长期滚动发展起来的民办高校，从严格意义上讲，其举办者也不是学校的出资人。

民办高校举办者应当具有法人资格或政治权利和完全民事行为能力，履行出资、筹资和发起、创办、管理等责任与义务。2015 年《高等教育法》[①]规定"高等学校的章程应当规定举办者与学校之间的权利、义务"(第二十八条)。2016 年《民办教育促进法》也规定"民办学校应当设立学校理事会、董事会或者其他形式的决策机构并建立相应的监督机制。民办学校的举办者根据学校章程规定的权限和程序参与学校的办学和管理"(第二十条)。因此，非营利性民办高校举办者的规范分析，还有必要基于高校章程加以界定。

二、范畴扩延：举办者变更的多种类型

民办高校举办者变更，主要体现为两个意义层面：(1)传统意义上的举办者变更。主要指举办者的增减或更替，现实中一般是出资人将其在学校中的资产份额出让给其他出资人，由新的出资人替代原有举办者成为新举办者。[②] 这种变更对法人型的举办者和自然人型的举办者都有存在。(2)

---

① 2015 年 12 月 27 日，根据第十二届全国人民代表大会常务委员会第十八次会议《关于修改〈中华人民共和国高等教育法〉的决定》修正。

② 董圣足，李蔚.民办高校举办者变更问题研究[J].教育发展研究,2008(20):16.

新意义上的举办者变更。主要指法人型的举办者,即作为民办高校举办者的有限责任公司,其发生股东变更和股权变更,从而间接实现民办高校举办者权益的变化。可以认为,民办高校举办者变更既涉及举办者身份变更,也涉及举办者权益变更。

2016年《民办教育促进法》规定"举办民办学校的个人,应当具有政治权利和完全民事行为能力"(第十条),但是,《中华人民共和国公司法》及其配套制度不限制被剥夺政治权利的人、无民事行为能力人和限制行为能力人担任公司股东。就上述第二种举办者变更而言,法人形态的社会组织举办者没有变化,但社会组织的核心成员(实际控制人)发生了变化,不符合2016年《民办教育促进法》规定的个人也可以通过担任公司股东,成为民办高校的间接出资人或举办者。随着时代的发展,这种情形也应纳入举办者变更范畴。

因此,从理论上讲,民办高校举办者变更表现为多种类型。如果按照举办者身份,存在以下四种变更类型:(1)原自然人变更为其他自然人;(2)自然人变更为自然人控制的社会组织(企业或基金会);(3)举办者的原社会组织变更为另一社会组织;(4)社会组织内部核心成员(实际控制人)发生变更或内部治理结构发生重大变化。如果按照举办者的"营/非"属性,存在以下两种变更类型:(1)非营利性举办者变更为营利性举办者;(2)营利性举办者变更为非营利性举办者。

需要特别指出的是,非营利性民办高校举办者变更具有特殊性。按照举办者变更的理论类型,非营利性民办高校举办者变更可能涉及由原自然人变更为其他自然人、自然人变更为自然人控制的社会组织、举办者的原社会组织变更为另一社会组织、社会组织内部核心成员(实际控制人)发生变更或内部治理结构发生重大变化等四种情况。按照《民法典》对非营利法人的界定,非营利法人在法律上应无"兼并收购"之说。结合2016年《民办教育促进法》相关规定,非营利性民办高校的举办者变更,不得影响学校法人财产权。可以认为,非营利性民办高校举办者变更行为,可能涉及原举办者出资转让和协议约定利益变更,但不涉及学校法人产权交易;而实质性的举办者变更行为,即上述"社会组织内部核心成员(实际控制人)发生变更或内部治理结构发生重大变化"的情况,只要符合相关规定,目前并无明确禁止。

相比较而言,营利性民办高校举办者变更,涉及学校法人产权交易和控制权变化;而非营利性民办高校举办者变革,不涉及学校法人产权交易,而较多涉及约定利益变更和学校控制权变化。由于对非营利性民办高校的监管,不单纯是教育领域政策问题,要充分考虑与国家的土地、税收等一系列扶持政策的衔接问题,在此意义上,非营利性民办高校举办者变更相关的隐性问题(尤其是对学校法人财产权造成的潜在影响)更为复杂。

三、行政批准:变更程序与举办权确认

(一)国家法律法规[①]

民办高校的举办者权利尽管不属于公权力,但仍然是行政部门批准的专属权利,国家法律法规对民办高校举办者变更的程序作出明确规定。例如,2016年《民办教育促进法》第五十四条规定:“民办学校举办者的变更,须由举办者提出,在进行财务清算后,经学校理事会或者董事会同意,报审批机关核准。”《教育部关于实施本科及以上教育的高等学校的设立、分立、合并、变更和终止审批指南》规定:“学校的分立、合并,还应提供学校财务清算报告,民办学校还须提供学校理事会或董事会同意其分立、合并的意见,涉及民办学校举办者变更的,须提供由举办者签署的同意变更意见。”[②]2021年《民办教育促进法实施条件》第十二条规定,“民办学校举办者变更

---

① 《营利性民办学校监督管理实施细则》第三十六条规定,营利性民办学校分立、合并、终止及其他重大事项变更,应当由学校董事会通过后报审批机关审批、核准,并依法向工商行政管理部门申请变更、注销登记手续。其中,营利性民办本科高等学校分立、合并、终止、名称变更由教育部审批,其他事项变更由省级人民政府核准。但国家层面未专门出台非营利性民办高校举办者变更的规范性条款。

② 针对2016年《民办教育促进法》第五十四条,第十三届全国人大第三次会议主席团交付全国人大教育科学文化卫生委员会审议的代表议案中,天津代表团才华等34名代表提出的议案指出,民办学校实行分类管理后,举办者变更出现了一系列新问题,建议尽快修改2016年《民办教育促进法》第五十四条,为举办者身份确认和变更纠纷的解决提供法律依据。针对这一建议,教育部提出以下意见:一是民办学校举办者的变更仍需要学校理事会或者董事会同意;二是对有多个举办者的变更规则宜进一步细化规定;三是可以通过民事诉讼解决举办者身份纠纷。

的,应当签订变更协议,但不得涉及学校的法人财产,也不得影响学校发展,不得损害师生权益;现有民办学校的举办者变更的,可以根据其依法享有的合法权益与继任举办者协议约定变更收益。民办学校的举办者不再具备法定条件的,应当在 6 个月内向审批机关提出变更;逾期不变更的,由审批机关责令变更。举办者为法人的,其控股股东和实际控制人应当符合法律、行政法规规定的举办民办学校的条件,控股股东和实际控制人变更的,应当报主管部门备案并公示。"

相关法律法规对举办者变更的核准机构作出规定。例如,《民办学校分类登记实施细则》第十二条规定:"民办学校涉及办学许可证、登记证或者营业执照上事项变更的,依照法律法规和有关规定到原发证机关办理变更手续。其中,民办本科高等学校办学许可证上除名称外需核准的其他事项变更,由省级人民政府核准。"《高等教育法》第二十九条规定:"高等学校和其他高等教育机构分立、合并、终止,变更名称、类别和其他重要事项,由本条第一款规定的审批机关审批。"据此,一般认为,民办高校举办者是身份权,确认、否定或变更民办学校举办者身份,是我国法律赋予有关行政主管部门的特定权力,属行政许可内容。[①] 2020 年 11 月 12 日,教育部《关于政协十三届全国委员会第三次会议第 3379 号(教育类 343 号)提案答复的函》提出,"下一步,我们将继续探索优化举办者变更流程,研究民办教育领域简政放权、优化服务的配套举措"。

此外,新的政策文件明确提出"举办权"概念,间接认可了举办者身份的财产属性。2020 年 5 月,教育部办公厅印发的《关于加快推进独立学院转设工作的实施方案》提出,"对于无社会举办方的独立学院不得以任何方式将举办权转让给其他社会组织和个人"。我们认为,承认存在举办权,即间接认可了举办者变更可以涉及变更权益(主要是在现有民办高校举办者与继任举办者之间),也就是通过让渡举办者权益获得经济价值和回报的合理性。

---

① 目前,法律法规和司法解释中对确认、否定或变更民办学校举办者身份是否属于民事诉讼受案范围没有明确规定,在法律适用上较为困难。

(二)地方政策规定

地方政策对举办者变更作出更为具体的规定。一些地方在地方实施意见中对举办者变更问题作出规定。例如,安徽、内蒙古、河南、重庆、江西、黑龙江等地规定:"建立民办学校产权流转制度,规范举办者股权转让行为。"其中,重庆市政府《关于进一步促进民办教育健康发展的实施意见》明确规定:"举办者退出办学、转让举办者权益或者内部治理结构发生重大变化的,应事先公告,依法报审批机关核准或者备案。捐资举办的民办学校,非特殊情况,捐赠者作为举办者的身份不得变更。"

一些地方出台了相关配套政策,在分类登记实施办法中对举办者变更问题作出更详细规定。上海、河北、陕西、河南、重庆、四川、福建等地对举办者变更手续作出规定。地方方案还涉及营转非、非转营的变更问题。例如,《河北省民办学校分类登记实施办法》对营利性变更为非营利性作出规定;《陕西省民办学校分类登记实施办法》对营利性变更为非营利性、非营利性变更为营利性都作出规定;《重庆市非营利性民办学校监督管理实施细则》则明确规定,非营利性民办学校举办者原则上不得变更。

第二节 流转与置换：举办权交易市场的初步形成

一、新型为主:举办者变更的数据统计

检索教育部官网所发布的有关举办者变更的公函发现,2014 年至今,部分民办高校举办者变更申请得到了教育部的同意。自民办教育实施新法新政以来,教育部对民办高校举办者变更作出若干"同意"的发函。截至 2022 年 4 月底,教育部公示的民办本科高校举办者变更情况如表 3-1 所示。

表 3-1　民办高校举办者变更信息统计

高校名称	原举办者	新举办者	变更时间	是否被并购
电子科技大学成都学院	电子科技大学、成都国腾通讯（集团）有限公司	电子科技大学、成都国腾实业集团有限公司		
西南财经大学天府学院	西南财经大学、四川维奥教育投资有限公司	西南财经大学、四川维耳教育科技有限公司		
河北农业大学现代科技学院	河北农业大学、保定市南市区虎振大酒店	河北农业大学、保定市文化产业发展集团有限责任公司	2022 年 4 月	
首都师范大学科德学院	首都师范大学、深圳乐天世纪投资有限公司	首都师范大学、北京国融远景投资有限公司		
西安财经大学行知学院	西安财经大学、西安民生集团股份有限公司	西安财经大学、陕西文信教育投资有限责任公司		
陕西国际商贸学院	步长集团	西安长涛教育科技有限公司		
北京中医药大学东方学院	北京中医药大学、北京普德鸿科技投资有限公司	北京中医药大学、河北美华教育文化发展有限公司	2022 年 1 月	
贵州中医药大学时珍学院	贵州中医药大学、贵州中泽药业有限公司、贵州中医药大学第一附属医院、贵州中医药大学第二附属医院	贵州中医药大学、贵州德为科教有限公司	2021 年 12 月	
湖南理工学院南湖学院	湖南理工学院、岳阳岳泰集团有限公司	湖南理工学院、岳阳市城投教育投资有限公司		

续表

高校名称	原举办者	新举办者	变更时间	是否被并购
遵义医科大学医学与科技学院	遵义医科大学、遵义市永恒实业有限责任公司、遵义医学院附属医院	遵义医科大学、高科教育科技（北京）有限公司		
黑龙江财经学院	黑龙江德强实业集团有限公司、哈尔滨康福来药品有限责任公司	黑龙江德强实业集团有限公司	2021年10月	
山东外事职业大学	孙承武（自然人）	山东山译实业发展有限公司		
湖南中医药大学湘杏学院	湖南中医药大学、湖南国华制药有限公司、长沙九芝堂（集团）有限公司	湖南中医药大学、湖南中盛教育投资有限责任公司		
大连理工大学城市学院	大连理工大学、大连松源企业集团有限公司	大连理工大学、百年基业（大连）实业发展有限公司		
浙江广厦建设职业技术大学	广厦控股集团有限公司、广厦建设集团有限责任公司	东阳市东控教育科技有限公司	2021年8月	
西安理工大学高科学院	西安理工大学、西安长峰科技产业集团公司、陕西博龙实业有限公司	西安理工大学、陕西博龙实业有限公司		
江西工程学院	杨名权（自然人）、余振华（自然人）、徐尔达（自然人）	新余鹏扬教育科技有限公司		
河北工程大学科信学院	河北工程大学、邯郸建联建筑安装有限公司	河北工程大学、邯郸市城发教育科技有限公司	2021年7月	
新乡医学院三全学院	新乡医学院、郑州三全食品股份有限公司	新乡医学院、上海宇美企业管理有限公司		
聊城大学东昌学院	聊城大学、山东泉林纸业有限责任公司	聊城大学、聊城市财信投资控股集团有限公司		

续表

高校名称	原举办者	新举办者	变更时间	是否被并购
云南师范大学商学院	云南师范大学、昆明博信科技开发有限公司、开远公路桥梁工程总公司	云南师范大学、昆明博信科技开发有限公司	2021年5月	
长江大学工程技术学院	长江大学、江汉油田教育实业集团	长江大学、湖北春来教育科技有限公司		是
桂林理工大学博文管理学院	桂林理工大学、中国石油天然气第六建设公司	桂林理工大学、天有世纪教育咨询有限公司		
安徽师范大学皖江学院	安徽师范大学、安徽金鼎集团	安徽师范大学、芜湖市产教融合发展有限公司		
济南大学泉城学院	济南大学、山东省公路桥梁建设有限公司	济南大学、山东大众文化产业投资有限公司	2021年4月	是
南宁师范大学师园学院	南宁师范大学、广西奥星投资有限公司	南宁师范大学、高州市港兴实业有限公司		
云南艺术学院文华学院	云南艺术学院、昆明雄苑经贸有限公司	云南艺术学院、云南首控教育管理有限公司	2021年3月	是
淮北师范大学信息学院	淮北师范大学、安徽天象（集团）有限责任公司	淮北师范大学、淮北科培教育投资开发有限公司		是
内蒙古大学创业学院	内蒙古大学、内蒙古东达蒙古王集团有限公司	内蒙古大学、内蒙古普瑞晨教育科技有限公司		是

续表

高校名称	原举办者	新举办者	变更时间	是否被并购
江西科技学院	于果（自然人）	南昌江科教育投资有限公司	2021年1月	
东莞理工学院城市学院	东莞理工学院、东莞市银丰信用担保有限公司、东莞理工学院科技产业公司、东莞市华丰企业投资有限公司	东莞理工学院、广东鸿发投资集团有限公司		
山东现代学院	刘春静（自然人）	山东进德教育咨询有限公司		
郑州科技学院	刘文魁（自然人）	河南博煌教育科技有限公司		
河南科技学院新科学院	河南科技学院、中国电波传播研究所	河南科技学院、新乡市新投实业有限公司		
青岛农业大学海都学院	青岛农业大学、青岛海都集团有限公司	青岛农业大学、青岛启迪海都教育科技有限公司		
青岛黄海学院	青岛泉润林工贸有限公司	青岛黄海蓝岸教育有限公司	2020年11月	
江西科技师范大学理工学院	江西科技师范大学、江西汇天科技有限公司、江西福田房地产开发有限公司	江西科技师范大学、江西田园投资置业有限公司		
银川能源学院	宝塔石化集团有限公司	宁夏银蓉教育咨询有限公司		是
兰州理工大学技术工程学院	兰州理工大学、深圳市华育昌国际科教开发有限公司	兰州理工大学、北京爱因生教育投资有限责任公司		是
哈尔滨石油学院	谢永利（自然人）、哈尔滨华瑞实业有限公司	哈尔滨华瑞实业有限公司		是
海南科技职业大学	杨秀英（自然人）、南昌航天科技集团有限公司	杨秀英（自然人）、海南英才科技有限公司		是
山东科技大学泰山科技学院	山东科技大学	山东科技大学、重庆翔美教育投资有限公司和泰安杰森投资有限公司		

续表

高校名称	原举办者	新举办者	变更时间	是否被并购
山西工商学院	牛三平（自然人）	山西通才教育科技有限公司	2020年9月	
安徽建筑大学城市建设学院	安徽建筑大学、安徽省徽商集团有限公司	安徽建筑大学、安徽省长江教育投资有限责任公司		
海口经济学院	海南海瑞教育产业发展有限公司	海南赛伯乐教育集团有限公司	2020年8月	是
南昌职业大学	章跃进（自然人）	南昌合至同教育咨询有限公司		是
沈阳城市建设学院	辽宁毅兴投资管理有限公司	辽宁百年世纪投资有限公司	2020年7月	
北京邮电大学世纪学院	北京邮电大学、北京锡华未来教育实业股份有限公司	北京邮电大学、北京学涵教育科技有限公司		是
四川外国语大学重庆南方翻译学院	四川外国语大学重庆南方翻译学院、重庆南方集团有限公司	四川外国语大学、乐贤教育咨询（赣州）有限公司		是
长沙医学院	何彬生（自然人）	湖南楚医教育科技有限公司	2020年6月	
山东协和学院	盛振文（自然人）	山东协和园林工程有限公司	2019年11月	
湖北师范大学文理学院	湖北师范学院劳动服务总公司	武汉美联华美科教发展有限公司	2019年11月	
湖南交通工程学院	刘福生（自然人）、湖南福祥消防安全职业培训学校	湖南中盛教育投资有限责任公司	2019年5月	
湖北民族大学科技学院	湖北民族学院后勤产业集团有限公司	恩施州常青教育发展有限责任公司	2019年4月	是
黑龙江工程学院昆仑旅游学院	黑龙江工程学院	黑龙江工程学院、哈尔滨市城投资控股有限公司	2019年3月	

续表

高校名称	原举办者	新举办者	变更时间	是否被并购
长春理工大学光电信息学院	长春理工大学	长春理工大学、长春中光教育投资有限公司	2018年8月	
哈尔滨华德学院	顾德库（自然人）、郑德林（自然人）、宋宝玉（自然人）、李剑飞（自然人）、毕文安（自然人）、张永德（自然人）	哈尔滨轩德科技有限公司	2018年5月	是
辽宁对外经贸学院	王万义（自然人）、吕红军（自然人）、方世纯（自然人）、臧宁（自然人）、潘锡光（自然人）、贾廷民（自然人）、陈明云（自然人）、翟卫东（自然人）、王秀娟（自然人）、王颖（自然人）、武宇光（自然人）、王海滨（自然人）、祁福雪（自然人）	王万义（自然人）、吕红军（自然人）、方世纯（自然人）、臧宁（自然人）、贾廷民（自然人）、陈明云（自然人）、翟卫东（自然人）、王秀娟（自然人）、王颖（自然人）、武宇光（自然人）、王海滨（自然人）、祁福雪（自然人）	2018年3月	
辽宁何氏医学院	沈阳何氏眼科医院	何伟（自然人）		
延安大学西安创新学院	延安大学、陕西德可赛实业投资有限公司	延安大学、陕西荣创教育科技有限公司	2018年1月	
山东英才学院	夏季亭（自然人）	济南双胜教育咨询有限公司	2017年8月	是
湖南应用技术学院	李少夫（自然人）	常德东飞电脑有限公司、李少夫（自然人）	2015年11月	
哈尔滨广厦学院	北京华夏联合汽车网络技术有限公司	北京杏坛管理咨询有限责任公司	2015年1月	是

从以上统计情况看，近期的举办者变更呈现出以下特征。

一是新举办者以法人型举办者为主。如表 3-1 所示，2015 年以来，尤其是 2016 年《民办教育促进法》颁布实施后,共有民办本科高校举办者变更案例 63 项。其中,涉及独立学院举办者变更共 39 项,包括独立学院母体高校控制的公司变更为其他社会组织(企业)、增加举办者等;独立举办的民办高校中,由自然人变更为自然人控制的社会组织(企业)的 13 项,举办者的原社会组织变更为另一社会组织的 8 项(含海南科技职业大学),自然人控制的社会组织(医院)变更为自然人的 1 项,部分举办者退出的 3 项,变更为基金会等非营利性社会组织的 0 项。从新举办者性质看,法人型举办者将成为主流,原因之一是自然人有寿命,但企业作为社会组织可以无限期存在,便于发生增资扩股或退出等交易行为;另一个原因是新法新政下民办高校通过继承的方式直接获取学校举办权和管理权仍存在若干不确定性,且程序较为复杂,而通过企业作为举办者,能够以继承企业股份的方式实现对民办高校举办权的继承。

二是部分举办者变更与并购有一定联系。63 项民办高校举办者变更中,共有 17 项被并购收购。其中,除海南科技职业大学、北京邮电大学世纪学院、哈尔滨广厦学院外,14 所均为境外上市教育集团投资收购。中国春来(01969.HK)、中教控股(00839.HK)、中国科培(01890.HK)、希望教育(01765.HK)、首控集团(01269.HK)、新高教集团(2001.HK)、民生教育(01569.HK)、宇华教育(06169.HK)等集团公司参与并购多家民办高校,而且交易金额较大。具体并购情况见表 3-2。这一现象折射出三个问题:(1)很多案例中的举办者变更只是增加举办者或转让举办者权益,并未涉及并购。但结合新举办者以企业为主流的情况看,这种变更不排除有等待时机被并购的可能性,毕竟只有将自然人举办者变更为公司,才能代代相传或便于以后转让他人。(2)举办者变更与并购收购交织的案例,原因可能是原举办者的个人或股权关系复杂,不能增资扩股,要通过举办者变更实现股权可交易,继而通过举办者公司股权控制掌握民办高校举办权。(3)上市公司收购民办高校,并不一定要进行举办者变更。在大多数情况下,上市公司收购民办高校的方式是收购具有举办者权益的法人,在这种情况下只需要进行工商变更而不需要涉及民办高校举办者变更。上市公司并购收购民办高校,并增资成为举办者(与原举办者一起成为学校举办者)或转让举办者权益(上市公司替代原举办者,成为学校新举办者)要经过复杂且长周期的资产清算等环节。但考虑到原举办者公司可能存在风险隐患，在怎样尽职调查(收购过程中的审慎调查)都查不清楚的情况下，上市公司为确保经营安全性而变更举办者。涉及控股民办高教上市公司和集团化办学的问题，将在后续章节中给予更全面的分析。

表 3-2　收购并购中民办高校举办者变更

高校名称	并购情况
长江大学工程技术学院 (更名后为"荆州学院")	中国春来(01969.HK)自 2014 年起就参与长江大学工程技术学院的运营。2021 年 10 月,长江大学工程技术学院完成转设,更名为荆州学院,中国春来的收购其举办者权益完成,荆州学院举办者正式变更为中国春来,业绩会并入集团报表。
济南大学泉城学院	2019 年 1 月,中教控股(00839.HK)以 4.545 亿元收购山东大众文化产业投资有限公司 50.91％的股权,并将通过招标程序收购其余下 49.09％的股权,从而获得学院100％权益。
云南艺术学院文华学院	2017 年 5 月,首控集团(01269.HK)以 3.8 亿元收购云南艺术学院文华学院 100％权益,由全资子公司云南首控持有。
淮北师范大学信息学院	2021 年 3 月,中国科培(01890.HK)集团综合联属实体肇庆科培以 1.97 亿元收购淮科培 55％的股权。加上此前持有 45％的股权,肇庆科培持有淮北科培 100％的股权。淮北师范大学信息学院正在申请转设,待教育部就转设作出必要批准后,学院将由独立学院转设为独立举办的民办普通本科院校,并更名为淮北理工学院。届时,淮北科培将成为淮北理工学院的唯一举办者。
内蒙古大学创业学院	2021 年 7 月,希望教育(01765.HK)以 8 亿元收购内蒙古大学创业学院,间接获得学校举办者权益。内蒙古大学创业学院正在申请转设,待教育部就转设作出必要批准后,学院将由独立学院转设为独立举办的民办普通本科院校。内蒙古大学创业学院将成为希望教育的间接附属。
银川能源学院(银川大学)	2019 年 8 月,希望教育(01765.HK)从资金链断裂的宝塔石化集团手中收购银川能源学院资产包,主要涉及本科、中职、技校等相关学校。并购股权 100％,股权代价 5.5亿元。

续表

高校名称	并购情况
兰州理工大学技术工程学院	2018年7月,新高教集团(2001.HK)投资2亿元成为兰州理工大学技术工程学院(甘肃学院)的联合学校举办者,并于2019年取得学校举办权,学校的收入(100%权益)合并入公司财报。
哈尔滨石油学院	2020年1月,中国科培(01890.HK)以14.5亿元收购哈尔滨石油学院100%权益。
海口经济学院	2020年9月,中教控股(00839.HK)以13.56亿元收购海南赛伯乐教育集团控股(海口经济学院及海口经济学院联属艺术学院新举办方)60%的股权,同时签订管理合同。
南昌职业大学	2019年3月,民生教育(01569.HK)以5.1亿元收购南昌职业学院51%的股权。
四川外国语大学重庆南方翻译学院	2019年7月,中教控股(00839.HK)通过旗下乐贤教育咨询(赣州)有限公司,以10.1亿元收购四川外国语大学重庆南方翻译学院100%的股权。
湖北民族大学科技学院(更名后为"湖北恩施学院")	2014年起,新高教集团(2001.HK)持续投资筹建湖北民族大学科技学院(湖北施恩学院),至2019年完成所有收购流程,通过股权穿透最终持股100%。
哈尔滨华德学院	2018年,新高教集团(2001.HK)以3.8亿元收购哈尔滨华德学院73%的股权,至2021年完成所有收购流程,通过股权穿透最终持股100%。
山东英才学院	2019年7月,宇华教育(06169.HK)作价14.9亿元,收购山东英才学院90%的股权。

二、理性转场:举办者变更趋势及原因

随着民办高校分类管理的推进和民办高等教育发展竞争加剧,民办高等教育领域投资活跃度逐渐增强,民办高校举办者变更意愿较以往更强。调研了解到,相较于已经完成变更(一般以行政机关审核通过、对外做出许可之日计)的民办高校,举办者有变更意愿或已经着手准备工作的民办高校数量更大。主要原因有三:第一,民办高等教育面临多期叠加的复杂外部形势,行业生态发生重大变化。多期叠加主要指民办高校分类管理、高等教育

迈向普及化阶段、职业教育扩招、高教适龄人口下降、独立学院"退场"、新冠疫情严重影响、"十三五"收官与"十四五"规划启动等多重机遇与挑战。第二，受民办高校分类管理改革影响，许多举办者产生权益减损的恐慌。民办高等教育行业洗牌加速，形成举办权交易市场，民办高校投资并购重组加速，民办学校将向实力教育集团积聚，形成行业集中度。第三，民办高等教育的校际差异不断拉大。发展较好的民办高校有扩张的意愿，发展较差的民办高校有退出的打算，自然形成了投资并购的市场。改革开放四十余年来，民办高校从无到有，现阶段多处于规范发展和提升内涵的转型期。过去的发展竞争中，少部分民办高校抓住机遇乘势而上，规模迅速扩大，质量大幅提升，成为行业领军院校，在全国有较高知名度；另一部分民办高校由于实力不强、加上经营管理不善，长期发展缓慢，甚至停滞不前，逐步走向衰退，举办者有退出办学意愿。

当前改革中，民办高校举办者对办学回报的预期值得关注，也深刻影响着举办者变更意愿。在 2002 年《民办教育促进法》"教育不得以营利为目的"的法律框架之下，民办高校举办者或捐资办学或出资办学，民办高校均被赋予"非营利性"。据亲历 2002 年《民办教育促进法》出台前夕相关议案讨论活动的举办者称，当时就有代表建议删除《社会力量办学条例》和《中外合作办学暂行规定》中"不得以营利为目的"的规定，但并未获得最终立法通过。举办者们最为关心的问题，一直是办学回报问题。2002 年《民办教育促进法》第五十一条规定，"民办学校在扣除办学成本、预留发展基金以及按照国家有关规定提取其他的必需的费用后，出资人可以从办学结余中取得合理回报"，将举办者获得办学回报的期望落实在法律条款中。但是，合理回报毕竟只是对举办者的奖励和扶持，而非对举办者投资权属的认可。但很多举办者错将奖励当营利，期望将 2002 年《民办教育促进法》中有关"合理回报"的原则性规定以更为具体的法律法规条款固定下来。一些登记为不要求取得合理回报的民办学校举办者，在管理部门对学校办学结余使用及流向监管不严的情况下，也以各种非法方式从办学结余中收取投资回报。2016 年《民办教育促进法》在几经争议后仍然删除了"合理回报"条款。有举办者认为，"新法对营利性民办学校的规定替代了原合理回报的内容"，也有举办者认为，"新法的营利性民办学校并不直接对应原要求合理回报的民办学校"。后一种观点更为符合新法新政要义,但以前学校章程中有合理回报相关规定的,如果要继续作为非营利性民办高校办学,则需要删除有关合理回报的相关条款。在我国以投资办学为主的情况下,举办者对办学回报的"执念"实可理解。新法落地初期不设过渡期,对新设民办学校和现有民办学校予以不同处理的策略,在一定程度上缓解了举办者的抵触心理。虽然仍有相当数量的举办者表示,可以在登记为非营利性后,通过变通手段获得财产收益,但是从整体上看,在政策引导下,举办者对办学回报的态度正从激烈争议转向理性接纳,从准公益性办学向更理想的强公益性办学的转变或将是时间问题。

三、复杂动机:举办者变更利弊与挑战

(一)变更的利与弊

举办者变更是个中性概念。从有利的一面看,民办高校依法变更能够实现让真正想办学的人来办学、让更想办学的人来办学,实际上有利于民办高校的长远发展。通过举办者变更,原举办者全部或部分退出办学,新的举办者(实际控制人)为了提高被并购(控制)民办高校的市场竞争能力,要投入资金、品牌和管理等资源,有利于建立健全举办者退出机制,实现民办高校产权流转,重组优化民办高校存量,提升整体行业水平。民办高校举办权交易市场的存在,对民办高校行业的健康可持续发展是有利的。尤其是对一些存在债务压力的举办者和民办高校而言,由更有实力的举办者接手有利于盘活资金和化解潜在债务危机。而从弊端的一面看,举办者变更往往伴有原举办者与新举办者的资产置换行为。部分举办者带有强烈的营利动机,举办者变更的背后实际上是一种短期商业行为。若变更处理不当而产生法律纠纷,不仅干扰学校正常秩序,也削弱学校发展后劲甚至是侵犯学校法人财产权,一定程度上影响民办高校的社会形象。

(二)变更风险与挑战

1.现有涉及"实际控制人变更"的法律政策规定缺失

目前国家法律法规和地方政策规定对传统意义上的举办者变更,作出

了相关规定。但是，实践中民办高校举办者变更主要通过原实际控制人退出办学，转让举办者权益，即作为举办者的社会组织（企业）不变，而是将社会组织（企业）内部核心成员（实际控制人）发生变更或内部治理结构发生重大变化，规避法律政策风险，降低交易成本。

根据2016年《民办教育促进法》，举办者变更应有四个程序：一是原举办者（拟对外转让举办者身份）提出并签署举办者变更协议，按照约定支付转让价款；二是进行财务清算后；三是取得学校董事会同意；四是提交主管部门行政许可审核通过。在新型举办者变更中，因为主要是作为举办者的社会组织（企业）的内部控制人或内部治理结构变化，举办者身份转让可以跳过学校董事会和主管部门行政许可两个程序，间接实现对民办高校举办者的变更。尤其是在第三个环节，《行政许可法》规定了形式审查和实质审查两种审查方式，现实中教育行政主管部门对民办高校举办者变更一般进行实质审查，程序和要求较为严格。而新型举办者变更则只需召开股东会议，决议通过公司股权转让，并在市场监管部门登记备案，规避了相关审查，目前越来越多的民办高校举办者变更倾向于采取这种方式。无论是否有意为之，举办者变更中的实际控制人变更，都突破了既有的监管框架，增加了后续监管难度。

2.新的举办者资质审查存在漏洞

由于举办者变更涉及新举办者的进入，就调研情况看，目前新的举办者资质审查存在漏洞，主要存在以下三种情况：一是在实际控制人变更的情况下，2016年《民办教育促进法》关于"举办民办学校的个人，应当具有政治权利和完全民事行为能力"的规定也被架空。不符合法律规定的个人，也可以通过担任作为举办者的社会组织（企业）的股东，而实现对民办高校的出资和控制。二是新法新政实施后，多家教育企业赴境外上市（挂牌）实现股权融资。目前，全国几十家民办高校涉及上市或被上市集团收购，其中个别采取股权架构直接持有股份，而绝大部分通过"VIE架构"（variable interest equity，VIE，直译为可变利益实体）解决外资拥有权的限制问题。其中，全国政协委员、全国人大代表举办的民办高校联合上市或者被收购更值得玩味，例如江西科技学院、广东白云学院、郑州工商学院、山东英才学院等。实际上，无论是全国人大代表还是全国政协委员，他们只是优秀民办校或头部教育企业的代表,其背后仍然是分类管理改革导致举办者对其权益减损的恐慌。关于此类教育企业涉及民办非企业法人属性及非营利定位的问题,将在后续章节进行专门分析。三是新的举办者实际出资能力不足。有的民办高校举办者变更程序过于随意,学校董(理)事会形同摆设;有的情况是,尽管新的举办者纸面信用审核良好,但实际上动机不纯、实力不足,并不能实现通过举办者变更增强民办高校市场竞争能力的目的。

3.存在变相侵犯学校法人财产权的违法行为

按照有关法律精神,民办高校举办者能够赠予、继承或转让的,只有其原始出资及增值部分的相关权益。《民法典》对财产权利作出如下规定:"民事主体的财产权利受法律平等保护。民事主体依法享有物权。物权是权利人依法对特定的物享有直接支配和排他的权利,包括所有权、用益物权和担保物权。所有权人对自己的不动产或者动产,依法享有占有、使用、收益和处分的权利。"(第一百一十三条、第一百一十四条、第二百四十条)。2016年《民办教育促进法》也规定,民办学校举办者应依法履行出资义务。民办学校在取得"办学许可证"两年内,必须将出资用于办学的土地、校舍和其他资产足额过户到学校名下。学校存续期间,民办学校对举办者投入学校的资产、国有资产、受赠的财产以及办学积累享有法人财产权,任何组织和个人不得侵占、挪用、抽逃。未经批准,不得改变校园土地、校舍的教育用途,不得转让土地使用权(第十八条)。但实践中至少存在以下三种典型难题。

一是民办高校本身没有落实好法人财产权,举办者原始投入与学校法人财产权之间一直都没有理顺。在学校法人财产权虚置的情况下,举办者变更可能只是程序性依法,而无法准确判断其对学校办学投入的实质影响。新法新政实施以后,这种情况在由企业出资举办的民办高校,以及国资举办的独立学院案例中尤为突出。由企业出资举办或通过教育投资公司形式征地造房的民办高校,其学校资产与出资公司资产相混淆,土地校舍等仍然登记在出资公司名下。造成这种现象的主要原因,其一是举办者对落实民办高校法人财产权的认识不到位,认为公司资产过户到学校后,就失去了对学校的实际控制权;其二是学校资产过户变更登记涉及土地、房产、财务、税收等众多部门,手续复杂且资产评估费、土地增值税、契税和印花税等额外费用负担较重。

二是作为出资人的举办者，对其投入及相应增值部分的预期无法在现有政策条件下得到满足，往往采取私下协议方式变相变现。公证机构在审查举办权转让协议中会出现"0元转让""1元转让""原举办者放弃举办权"等条款，违背了诚实信用和等价有偿原则。[①] 出现这种情况的主要原因是，举办者（出资人）的投入及其相应增值如何处理，是历史性难题。由于部分民办高校是依靠滚动积累发展起来的，举办者的原始资金投入较少，但多年来主要靠办学情怀和精力投入，对其原始资产及资产增值的界定及处置是非常敏感又复杂的。在允许非营利性民办高校举办者通过举办者转让实现退出的情况下，是否允许存在营利（或分红），以及允许的标准和底线是什么，仍然尚未明确。

三是自然人举办者变更为公司举办者背后还可能涉及新的债务形成。自实施新法新政以来，教育部官网公示的民办高校举办者变更中，多涉及自然人举办者变更为公司举办者。我们注意到，在诸多案例中，原自然人举办者与新的公司举办者有明显关联。例如，山东协和学院举办者由盛振文变更为山东协和园林工程有限公司，而该公司曾是山东协和学院的股东，公司法人为原举办者盛振文的妻子王桂云，公司股东为王桂云、盛振文。据调研，为数不少的举办者认为，分类管理时代应该避免个人直接出资，而转化为由教育投资公司向民办高校出资和租赁。教育投资公司作为举办方依法不直接提取办学回报，而从对学校租赁融资（固定资产为主）或借贷等债务关系中获得间接回报。这也是行业律师倾向给予包括民办高校在内的民办学校的方案。值得注意的是，这种变更并不会增加民办高校的实收资本，反而可能形成新的债务负担，其影响有待跟踪观察。

4.法院拍卖"举办者排他申请权"存在一定的实施成本

两个法院拍卖非营利性民办高校的案例值得关注。一个案例是哈尔滨广夏学院。根据媒体信息，广夏学院自2000年创办以来，举办权历经多次变更转让，产权关系错综复杂：前期举办方从大庆广厦房地产公司变更为其

---

① 广东省东莞市南华公证处.民办学校举办权转让公证探析[EB/OL].[2021-02-06].http://webcache.googleusercontent.com/search? q = cache:40OJXpPP5PkJ: www.dgsnhgzc.cn/Modulars/gzwj.aspx％3Fid％3D143＋&.cd＝1&.hl＝zh-CN&.ct ＝clnk.

下属企业中科俊泰投资公司,2008 年北京北科昊月科技有限公司又以 1.93 亿元价格购得学校 80％的举办权,2014 年北京北科昊月因欠债,法院裁定对其持有的广厦学院的 80％举办权进行拍卖,北京华夏联合汽车网络技术有限公司以 2.24 亿元的价格竞得。学校管理方拒绝新举办方入驻学校,校党委书记、执行院长刘慧荔遭学校临时理事会议决议免职,举办方强行翻墙入校,让开锁公司打开学校办公室的保险柜,取走了学校财务印章证照,对学校办学和民办高等教育的行业声誉都产生了负面影响。①

　　第二个案例是郑州城市职业学院。2021 年学校法定代表人自身失信,学校被作为可供执行的财产被司法拍卖。② 河南省郑州市中级人民法院在淘宝网司法拍卖网络平台对学校进行整体拍卖(包括学校名下全部资产和作为出资人、举办者享有的一切权利),最终新高教集团以 6.735 亿元中标。根据拍卖公告,"郑州城市职业学院名下土地为划拨用地,拍卖成交后,仅对举办者主体予以变更。买受人应当致力于教育事业,确保学校的健康稳定和长远发展,不得对学校资产转让、拆分或变更土地性质改作他用"。尽管该拍卖公告未明确提出拍卖的是举办权,但将学院整体进行司法拍卖则意味着学校财产以及完整的组织架构、人事团队、教学体系等,共同构成了不一般的标的物,实际上还是基于学校的举办权。

　　从法律上讲,能拍卖的一般是财产或财产性权利。举办者认定是行政机关专属权力,是一种行政许可,不能拍卖。而且,非营利性民办高校举办权不是一种民事法律关系,是与办学者和教育事业发展紧密关联的法律关系,举办权也不具备被法院拍卖处置的条件。我们一般较为熟悉的是将学校名下的土地、房产等作为标的物。新冠肺炎疫情在全球大流行以来,世界范围内许多私立学校因贷款累积与银行等债权人发生纠纷。法院可以对非营利性民办高校的经营权、资产进行保全措施,包括查封、扣押、冻结等,而

---

① 南方周末.产权"一团乱麻",法律"不明不白"买卖民办高校[EB/OL].(2015-11-19)[2022-10-20].http://www.infzm.com/contents/113088.
② 根据《孟凡镰、孟祥智集资诈骗、非法吸收公众存款二审刑事判决书》,郑州城市职业学院法定代表人孟凡镰及他人注册成立若干关联公司,非法向社会不特定对象吸收公众存款,涉案资金包括向郑州城市职业学院的投资。在集资诈骗、非法吸收公众存款罪案中,学院名下的土地、房产、车辆等被强执,但是为了维持学院正常的教学、工作秩序,法院裁定将学院整体进行评估拍卖。

不是直接拍卖学校的举办权。法院拍卖的实际上是"举办者排他申请权"，即只能由竞得者与原举办者签署举办者变更协议，向主管机关申请变更为举办者。这对举办者变更提出了新的问题。

但是，对于已有的拍卖案例，"存在即合理"有很强的解释力。整体拍卖可以快速解决学校债务问题，有效保障学校的正常运转，维护师生权益，有效化解办学风险。可能带来风险的是，竞得者进行学校举办者变更还需要行政部门批准，法院并不对竞得者是否符合举办者资质进行审查，教育行政部门也不参与资质审查，拍卖本身不保证能得到教育行政部门批准举办者变更，竞拍者风险自担。

5.举办者变更实务仍存在制度与现实之间的矛盾

在非营利性民办高校举办者能否变更的问题上，《民法典》与2016年《民办教育促进法》的理念还存在冲突，这导致民政部门和教育行政部门的态度存在较大差异。教育行政部门依据2016年《民办教育促进法》予以审核非营利性民办高校举办者变更，但是，民政部门则认为民办非企业单位的举办者不能变更。依据民法典，民政部门普遍认为非营利性民办高校的举办者出资属于捐赠资产。完成捐赠行为后，此类资产应与出资者、举办者无关系，故不存在举办者变更的问题。实践中的矛盾可能影响民办高校的教育教学秩序。虽然这一问题并未造成实质性影响，但是未来仍需要跨部门间的沟通和共识，才能理顺非营利性民办高校的监管机制。

值得注意的是，2021年《民办教育促进法实施条例》第五条提出了"无举办者"的概念。根据该条规定，"国家鼓励以捐资、设立基金会等方式依法举办民办学校。以捐资等方式举办民办学校，无举办者的，其办学过程中的举办者权责由发起人履行"。2020年5月15日，教育部办公厅印发的《关于加快推进独立学院转设工作的实施方案》中提出，"对于无社会举办方的独立学院，如转为民办普通本科高校，须明确非营利性，可由地方政府设立教育投资公司、教育基金会或国有企业作为举办者，也可探索无举办者办学"。调研了解到，目前教育部明确上海杉达学院、浙江树人学院、宁夏理工学院等民办高校属于无举办主体学校，官方也鼓励一些民办高校探索无举办者办学。但是，我国民办高校的出资者与举办者并不完全一致。在学校章程的法定内容中要求说明开办资金（或注册资金）及其来源，但是法律上没有要求举办者一定是出资者,出资者并不一定是举办者。[①] 实践界有理由认为,捐资办学只是出资的一种形式,未必一定要与举办者绑在一起。捐资办学的举办者可以分为有举办者和无举办者两类,其中,有举办者的,可以是基金会为举办者,也可以是个人或公司等其他社会组织为举办者。有从业者透露,实际上不太可能有原发性的无举办者办学,一般是在运营过程中出现的变化。当制度上需要学校剥离原举办方(例如"校中校"类型的独立学院需要与母体学校剥离),一时也无社会方进来,就形成了学校自办自治的无举办者情况。从办学许可证看,无举办者办学则举办者一栏可以空着不填或者就写无举办者,也存在举办者一栏填写捐资办学或基金会办学,但捐资人多且零散,或者基金会基本停摆,导致举办者事实上等于没有的无举办者办学。无举办者的民办高校,要么是没有人最终承担责任,要么变成教育行政部门在掌管,这种情况与官方期望和理论构想有较大差距,侧面反映出目前缺乏对社会资产有效的管理和使用监管机制。

第三节　特殊与可能：学校组织属性变更的预判

2021年《民办教育促进法实施条例》肯定了所有民办高校,无论是营利性还是非营利性,举办者都可以变更。未来非营利性民办高校还有一种非常特殊的现象值得关注,即营利性举办者寻求将营利性高校变更为非营利性高校。这一变更既涉及举办者变更,也涉及组织属性变更。

一、地方自主："营/非转换"的制度空间

进入分类管理时代后,民办高校可设立为非营利或营利实体,由此带来民办高校组织属性变更的可能性。2016年《民办教育促进法》明确授权地方制定非营利性与营利性民办高校分类管理的实施方案。地方方案体现出

---

① 如有些人仅出资,并不参与学校的前期举办、后期决策与管理等工作,学校委托他人举办(他人可能出资,也可能不出资),在教育局登记的举办者也为他人。还有一些举办者并不一定会出资,他们可能以品牌、资源、管理、知识产权等方式参与办学,但这些并没有依法进行估价。

四种不同的倾向：(1)明确禁止两类组织属性变更。例如,云南省规定"民办学校一经完成非营利性或营利性登记,无特殊情况在学校1个办学周期内不得变更登记"。(2)明确禁止"非营利转营利"的组织属性变更。例如,河北、重庆、广西、贵州明确规定,"非营利性民办学校不得申请变更为营利性民办学校"。但是,营利性民办学校可申请变更为非营利性民办学校。(3)明确允许组织属性变更。例如,陕西省规定"营利性民办学校变更为非营利性的,先进行清产核资,经原审批机关审核批准,向原登记机关申请注销登记。核发新的办学许可证后,重新登记,继续办学。非营利性民办学校变更为营利性的,先进行清产核资,经有关部门依法明确土地、校舍、办学积累等财产的权属并缴纳相关税费,核发新的办学许可证后,重新登记"。(4)未明确规定组织属性变更问题。虽然安徽、湖北、浙江、上海、内蒙古、湖南、江苏、河南、广东、宁夏、山东、四川、江西、山西、西藏、吉林、湖南等省(区、市)对现有民办高校(即2016年11月7日前经批准设立的)的分类登记作出时间规定,但并未对分类登记后组织属性问题作出规定。根据我们的调研,有的地方在酝酿讨论允许第二次分类选择,意即选择了营利性还可以有一次机会再选择为非营利性,选择了非营利性也还有一次机会再选择为营利性。

从理论上讲,民办高校从营利转变为非营利,属于举办者的捐助行为,实践上可行,而且由于此举具有公益性,应当予以鼓励。而新法背景下选择登记为非营利性的民办高校,则不具备转变为营利性高校的法理基础。长期以来,针对非营利性民办学校与举办者之间产权关系不清、非营利属性不明显等问题,学界提出了财团法人化的改革理路。[①] 所谓财团法人,即是"将某部分私人财产隔离出来,专用于对整个社会或某个群体有益的目的"。[②] 简单地说,财团法人即是由捐助形成的"财产的集合"。实际上,财团法人化不仅仅是非营利性民办高校的改革思路,它更是整个民办非企业单位的改革思路。《民法典》第八十七条规定:"为公益目的或者其他非营利目的成立,不向出资人、设立人或者会员分配所取得利润的法人,为非营利法人。"《民法总则释义》进一步明确:"今后设立民办学校、民办医院等非企

---

① 卢威.论建立公私统一的高等学校法人制度[J].复旦教育论坛,2017(3):25-31.
② 吴开华,安杨.民办学校法律地位[M].南京:江苏教育出版社,2011:82.

业法人组织,设立人可以依据设立的目的,选择登记为营利法人,或者登记为社会服务机构。选择登记为营利法人的,法人存续期间可以分配利润,法人终止时,可以分配剩余财产。选择登记为社会服务机构的,取得捐助法人资格,享受国家财政、税收等各方面扶持,但法人存续期间不得分配利润,法人终止时,不可以分配剩余财产,剩余财产将继续用于公益目的。"[①]不难看出,包括非营利性民办高校在内的民办非企业单位,其改革方向就在于定位于非营利法人中的社会服务机构,成为捐助法人。从这一逻辑出发,新法意义下的非营利性民办高校,即为捐资举办的真正的非营利组织。由于举办者不能将已经捐出的学校再行收回,所以此类高校无论是在逻辑上还是在实践操作上,都不具有重新转变为营利性民办高校的可能性。

二、就地变更:"营转非营"的案例参考

在民办高校由营利转变为非营利的问题上,实践层面的复杂性超出理论层面的设想。美国已经有了这类案例,主要背景是美国法律严格划定了非营利性和营利性组织之间的界限,但并未禁止两类组织进行属性变更。近年来,美国私立高等教育领域频现营利性高校寻求向非营利转变,其中,大峡谷大学案例极具典型性和代表性。

(一)个案由来

大峡谷大学的前身是 1949 年 8 月 1 日成立的非营利性大峡谷学院(Grand Canyon College)。学院由三位浸信会牧师每人投入 1 美元创办,起步阶段是一所以宗教研究为重点的浸信会附属学院(Baptist-affiliated institution)。[②] 1984 年,学院升格为大学,治理权力也从亚利桑那南方浸信会(Arizona Southern Baptist Convention)移交给大学董事会。[③] 由于起步

---

① 李适时.中华人民共和国民法总则释义[M].北京:法律出版社,2017:280.

② One grand story: how GCU began rewriting its destiny 10 years ago[EB/OL].(2014-04-16)[2019-03-04].https://news.gcu.edu/2014/04/one-grand-story-how-gcu-began-rewriting-its-destiny-10-years-ago/.

③ History of GCU[EB/OL].[2019-03-08].https://www.gcu.edu/about-gcu/history-of-gcu.php.

卑微且缺乏捐赠资金,大峡谷大学主要依赖学费收入来实现发展,曾一度陷入资金短缺困境。2003 年底,学校负债 2000 万美元,濒临倒闭,为了吸引市场上的投资者资金用以自救,学校从非营利性转为营利性。营利性大峡谷大学由大峡谷教育股份有限公司(Grand Canyon Education,以下简称"大峡谷教育公司")持有和管理,并于 2008 年上市,学校的业务重点也转向针对在职成年学生的在线教育。随着财务能力逐渐强大,营利性大峡谷大学于 2014 年申请重新恢复其非营利性身份,并于 2018 年完成从营利性向非营利性的组织属性变更。

大峡谷大学从营利性转为非营利性,主要出于三方面的考虑。一是获得"非营利"之名。受市场因素和政治因素的双重影响,美国营利性高等教育行业的整体声誉欠佳。二是寻求针对非营利性高校的监管庇护。针对营利性高校,联邦政府出台了一些监管措施。[①] 虽然校方一再强调变更组织属性并不是为了规避监管,[②]但客观上却达到了自动解除以上限制的效果。三是争取政府对非营利组织的实质优惠。公立高校和非营利性私立高校均属于联邦税法第 501(c)(3)条所定义的免税实体,学校的相关慈善捐款和投资收入免缴联邦所得税,非营利性私立高校免征房产税。当时,营利性大峡谷大学并未遭遇经营困难和监管困境,其寻求转为非营利性具有一定的价值观基础。一方面,学校具有非营利基因。如上所述,学校始于非营利性,后因财务困难而不得不转为营利性,在一定意义上,从营利性转为非营利性是一种回归。另一方面,学校不进行利润分配。大峡谷教育公司虽然

---

① 例如,营利性高校必须符合"90/10 规则",即学校从联邦学生资助中获得的收入不得超过总经费收入的 90％;学生贷款违约率不得高于 25％;必须遵守"有偿就业"(gainful employment)规定,提供项目成本、学生就业和债务负担等关键信息,并证明其毕业生能够找到有收入的工作。如果营利性高校毕业生年均贷款支付额超过可支配收入的 20％或超过总收入的 8％,学校将面临失去联邦学生资助的风险。详见:U.S. Department of Education. Fact sheet:Obama Administration increases accountability for low-performing for-profit institutions[EB/OL].(2015-07-06)[2019-03-04]. https://www.ed.gov/news/press-releases/fact-sheet-obama-administration-increases accountability-low-performing-profit-institutions.

② GCU refutes testimony at NACIQI meeting[EB/OL].(2018-05-29)[2019-03-04].https://news.gcu.edu/2018/05/gcu-refutes-testimony-at-naciqi-meeting/.

是一家经营性的教育类上市公司,但该公司的全资子公司不向股东派发股息,而是将所有利润用于学校发展和校园扩张。① 这明显区别于其他追求股东价值最大化的营利性高校及控股公司。

(二)变更过程

2014 年,大峡谷教育公司董事会作出决策,拟申请将营利性大学变更为非营利性实体。在美国的法律体系下,组织由营利性转向非营利性的途径有两条:一是直接转换,即营利性组织修改其章程,直接转变为非营利组织;二是成立新实体,即营利性组织将资产和项目以捐赠或出售的方式转让给新成立的非营利性实体。大峡谷大学采取了第二种途径,但其变更方案有三个特点:一是新旧实体同名,新成立的非营利性私立高校,校名仍是大峡谷大学;二是剥离资产,将营利性大峡谷大学及其控股公司的部分资产和项目转让给新成立的同名非营利性实体,而部分资产和项目仍由大峡谷教育公司持有;三是签订服务协议,即完成资产剥离后的大峡谷教育公司与新成立的非营利性大峡谷大学签订教育服务协议,成为学校的服务提供方。

大峡谷大学首次向区域认证机构"高等教育委员会"(Higher Learning Commission,HLC)提出变更申请,并未获得批准。② 因为无论是将营利性高校直接转换为非营利性高校,还是创建新的非营利性私立高校,都需要通过高等教育委员会的"控制、结构或组织变更"(change of control, structure or organization)审核。依照程序,营利性大峡谷大学提出组织属性变更申请后,高等教育委员会组建评审团队开展材料审核和入校调研。③ 2016 年初,高等教育委员会经过董事会投票决议,驳回了大峡谷大学的组

---

① United States securities and exchange commission current report. Grand Canyon Education,Inc[EB/OL].(2019-01-22)[2019-03-04].https://www.sec.gov/Archives/edgar/data/1434588/000110465519019434/a19-7297_18ka.htm.

② CLAYTON K.GCU denied switch to nonprofit[EB/OL].(2016-03-04)[2019-03-04].https://www.abc15.com/news/region-phoenix-metro/central-phoenix/grand-canyon-university-denied-request-to-switch-to-nonprofit-status.

③ 评审团队成员既有高等教育委员会的工作人员,也有来自其他高校的同行和专家。他们与学校董事、教职工、学生代表以及参与学校组织属性变更的财务团队、律师顾问等进行交流,形成调查报告。

织属性变更申请。主要原因是,学校的变更方案涉及营利性教育服务公司
与非营利性私立高校之间的复杂协议,而高等教育委员会无法判断新成立
的非营利性私立高校是否充分独立于营利性教育服务公司。^① 根据 2009
年通过的《控制、结构或组织变更的相关监管》,高等教育委员会除了对高校
合并或资产转移进行监管外,还要对影响组织结构或功能的其他协议关系
进行监管。^② 然而,针对大峡谷大学这种"既剥离又关联"的变更方案,当时
并没有明确的规范条款可用于指导审批过程。

　　2017 年 12 月,大峡谷大学第二次向高等教育委员会提出变更申请。
此次的变更方案与第一次并无差异,但高等教育委员会于 2017 年 11 月出台
的《共享服务协议:高校与同行评议指南》(Shared Service Arrangements:
Guidelines for Institutions and Peer Reviewers)为之提供了政策依据。^③ 根
据新的认证指导方针,当"高校设有母公司或关联公司提供各项服务"时,高
等教育委员会将受理其组织属性变更。也就是说,对于"一所高校购买另一
所与其母公司或关联公司存在既存关系的认证高校的资产或与之合并,并
在此后通过与前母公司或关联公司的共享服务关系维持其与母公司或关联
公司的关系",高等教育委员会将全面审查高校组织属性变更中涉及的服务
功能外包,如果能够确定服务协议不影响高校的公益使命、董事会自主权、
学术项目质量和绩效等关键指标,则可予以批准。因此,依据高等教育委员
会的新规定,营利性大峡谷大学并不需要将学术项目和运营职能全部由营
利性转为非营利性,新成立的非营利性大峡谷大学可以将其运营职能外包

① Public disclosure notice on Grand Canyon University[EB/OL].(2016-02-25)[2023-04-01]. https://www. insidehighered. com/sites/default/server_files/files/Grand% 20Canyon%20University%20PDN.pdf.
② HLC Policy. Change of control,structure or organization [EB/OL]. [2019-03-04].https://www.hlcommission.org/Policies/change-of-control-structure-or-organization. html? highlight = WyJjdHJ1Y3R1cmUiLCJvcmdhbbml6YXRpb24iLCJvcmgdh bml6YXRpb24ncyIsImNvbnRyb2wiXQ==.
③ Shared Service Arrangements:Guidelines for Institutions and Peer Reviewers[EB/OL]. [2019-03-04]. https://webcache.googleusercontent.com/search? q=cache: BKmYRTvyYqwJ:download.hlcommission.org/SharedServicesGuidelines_OPB.pdf +&cd=1&hl=zh-CN&ct=clnk&client=firefox-b-d.

给独立的企业实体。

2018 年 3 月,高等教育委员会批准私立大峡谷大学由营利性转为非营利性。7 月,大峡谷教育公司与非营利性私立大峡谷大学签订《资产购买协议》,并完成相关交易。根据大峡谷教育公司披露的信息,此项交易主要包括三个方面:一是出售与支付,即大峡谷教育公司将其控股的原营利性大峡谷大学的有形资产(主要是房地产和相关学术资产)出售给新成立的非营利性大峡谷大学,总售价为 8.75 亿美元,新大学通过发行 7 年期优先担保票据向大峡谷教育公司支付这笔费用。二是人员分流与任命,原营利性大峡谷大学约 35％ 的全职职工(约 1400 人)和所有兼职员工(6000 余人)分流到新大学工作,其余全职职工(约 2600 人)继续受雇于大峡谷教育公司,大峡谷教育公司首席执行官、董事会主席、原营利性高校校长布莱恩·穆勒(Brian E. Mueller)同时继续担任新大学的校长。三是长期总服务协议,大峡谷教育公司与新大学签订为期 15 年的合同,为学校提供技术、营销、人力资源和财务管理等方面的支持服务,从大学每年的学费、杂费、住宿费和伙食费收入中提取 60％,作为提供以上服务的报酬。

(三)引发争议

1.属性变更是否正当

2015 年,参议院 7 位民主党参议员致函时任联邦教育部长邓肯(Arne Duncan)和美国国税局局长科斯基宁(John Koskinen),提出应当"暂停批准营利性教育机构获得免税、非营利身份"①。这一呼吁并未能阻止大峡谷大学组织属性变更的进程,但"应当禁止私立高校从营利变更为非营利"的观点被反复提出,产生了一定的影响。2018 年 4 月,参议院民主党参议员致函联邦教育部咨询机构——美国大学质量与诚信咨询委员会(National Advisory Committee on Institutional Quality and Integrity),呼吁要高度警惕这种变更行为,并敦促加强审查"已经摆脱营利标签,但仍以营利方式

---

① Carper signs letter to administration urging immediate action to stop for-profit education companies from defrauding taxpayers [EB/OL]. (2015-10-23) [2019-03-21]. https://www.carper.senate.gov/public/index.cfm/pressreleases? ID = EC39 F572-DAD4-4A64-AF31-F71E49F4B1C4.

运作的私立高校"①。

关于是否允许变更的讨论，涉及两个根本性问题。一是营利性组织与非营利组织的界限和区别。与其他国家不同，美国的非营利组织法律框架表现出明显的"税收中心主义"（tax-centric）特征。② 税收工具超越了其他政策工具，对非营利组织发挥着实质意义上的规范作用。《国内税收法》（Internal Revenue Code）明确了两类组织的界限和区别，也对非营利组织的行为范畴做出了明确规定：不能将扣除成本后的净收入分配给组织举办者和机构成员的，是非营利组织；不受此限制的是营利性组织。该法第501（c）条款列举了有资格获得税收减免的社会组织，并规定这些组织必须以增进公共利益和非营利为目的，不得进行利润分配。③ 其中，第501（c）（3）条款适用于私立高校，符合其规定的非营利性私立高校自动获得免税身份；而违反此条款的规定，则要受到税收处罚，甚至取消免税身份。由于税收政策在"营利性/非营利性"的二分法中发挥了重要的杠杆作用，因此，美国经济学家弗里德曼（Milton Friedman）认为营利性与非营利组织的区别可以简易描述为"纳税"（tax paying）和"免税"（tax-exempt）的区别。④ 二是免税组织是否等同于非营利组织。虽然"非营利组织"与"免税组织"作为术语可以在美国语境中互换使用，但是二者有不同的含义。非营利组织的核心要义在于为了非营利性目的而组织，而只有向国税局提出免税申请并获得认定的非营利组织才是免税组织。可以认为，非营利性是免税的前提要件，免税是非营利的政策结果。

基于以上两点，私立高校属性变更的正当性取决于其是否实现了"不以营利为目的"的组织再造。近年来，一些营利性私立高校强调其既追求股东

---

① RICHARD D.Senators to IRS on higher education conversions[EB/OL].（2018-04-09）[2019-03-21]. https://www. republicreport. org/wp-content/uploads/2018/04/2018.04.09-Senators-to-IRS-re-higher-ed-conversions.pdf.

② DIRUSSO A A. American nonprofit law in comparative perspective[J]. Washington university global studies law review，2011(10)：65-66.

③ 李虔.税收政策与私立高校分类管理：美国经验及其启示[J].国家教育行政学院学报，2015(8)：91.

④ RUCH R S. Higher Ed，Inc.：the rise of the for-profit university[M]. Baltimore：The Johns Hopkins University Press，2003：10.

价值最大化,也追求社会公益价值,但其与非营利性私立高校仍然有着本质区别。从营利性变更为非营利性,意味着股东所有权的放弃,也相应要求原有资产的重组和捐赠资金的进入。非营利性私立高校必须以慈善和公益为目标,必要的盈利行为也只是实现慈善目标的手段和途径。美国法律允许组织属性"就地变更"(in-place conversion),即将原组织的资产就地出售,形成同名新实体。但即便是通过出售途径变更组织属性,其行为基础也应当是慈善的、公益的。而在大峡谷大学的案例中,营利性教育公司可以获得非营利性新大学的大部分未来收入,而且,8.75亿美元的售价、年均4800万美元的利息以及未来15年"60/40"的收入分割比例,意味着新大学将被长期锁定在这项契约中,在这种债务关系下,新大学将缺乏足够的可支配资金,也难以确保将公益追求置于利润之上。[①]

2.变更方案是否合规

变更方案是否合规直接影响组织属性变更的合法性,合规性主要体现在三个方面:一是变更方案是否存在"私人获益"。《国内税收法》规定,501(c)(3)组织的净利润不得用于个人私益(private benefits),尤其禁止向内部人士(insiders)提供不正当私益(inure private benefits)。这里的内部人士,主要指能够影响或控制组织资产使用以实现不合理利益分配的个人,其可能是非营利组织的创始人及其家庭成员、董事、政府官员,也可能是直接或间接被私人利益控制的其他个人。但法律并不禁止非营利组织与内部人士进行交易,或给予内部人士奖金、补偿、遣散费和附带福利,只是相关费用金额不得构成不正当私益。[②] 违反此原则的501(c)(3)组织将会面临撤销免税身份的惩罚。但由于法律没有对"不正当"作出严格定义,所以,对不正当私益的判断更多依赖收益行为的逻辑而非收益金额的大小。二是变更方案是否引起"利益冲突"。所谓利益冲突,主要指涉及特定个人或组织的利

① BRIAN G. Conversions of for-profit to nonprofit colleges deserve regulations' scrutiny[EB/OL].(2018-04-03)[2020-10-10]. https://medium. com/whatever-source-derived/conversions-of-for-profit-to-nonprofit-colleges-deserve-regulators-scrutiny-1b9174cf534d.

② COLOMBO J D. In Search of Private Benefit[J].Florida law review,2006(58):1064-1079.

益可能对其服务第三方权益的义务产生不利影响。引发冲突的既可能是经济利益，也可能是非经济利益。认证机构发现，试图转变为非营利性身份的几所营利性高校都存在利益冲突，新的非营利性高校的相关人员可能从中获得经济利益。① 尤其是存在人事关联的变更方案，特定个体可能作出有利于一方的决策或行为，继而产生对另一方的利益冲突。三是变更方案是否形成"变相控制"。私立高校的经营性质变更，应当保证学校举办权的实质变更。原营利性高校作为退出方，应首先通过董事会决议，放弃并转让对学校的实际控制权。实际控制权是实际作出决策的权力，其本质是一种利益存在方式。在存在私人获益、利益冲突的变更方案中，原营利性高校可能通过协议等变相控制新大学，形成"隐蔽的营利性"。②

在大峡谷大学的案例中，其组织属性变更主要依赖资产转让和服务协议。在证券交易所披露的信息中，大峡谷教育公司明确表示：第一，大学不是公司的关联方。新大学为大峡谷教育公司转让资产支付的最终购买价格以及土地、建筑物和设施租赁价格都是基于公平市价的，双方的交易符合财务会计标准委员会（Financial Accounting Standards Board）《会计准则汇编》第850条关于"可变利益实体"正常范畴的规定。第二，大学是独立的非营利性实体。新大学设有独立的董事会，除校长以外的成员均未在公司担任过管理或公司董事会的职务。新大学的董事会已通过章程制度和相关政策，禁止大学受托人在公司拥有财务权益或与公司有任何关系。第三，公司在学校没有所有权权益或投票权。在2018年7月1日双方完成交易后，公司的经营结构发生根本变化，无论是根据主服务协议还是在运营实际上，公司都不再是大学的所有者和运营商，而是作为独立客户的第三方服务提供商，公司与大学之间不再是母公司和子公司的关系。

但该变更方案仍可能导致私人获益、利益冲突和变相控制等风险。具体来说，一是公司董事会与大学董事会存在重叠。两个董事会虽然独立运

---

① These colleges say they're nonprofit—but are they？［EB/OL］.(2018-08-22)［2019-03-21］.https：//tcf.org/content/commentary/colleges-say-theyre-nonprofit/.

② SHIREMAN R.The covert for-profit：how college owners escape oversight through a regulatory blind spot［EB/OL］.(2015-09-22)［2019-03-21］.https：//tcf.org/content/report/covert-for-profit/？agreed＝1.

行,但公司董事长和大学校长由一人兼任。大峡谷大学对此解释称,双重角色属于双方董事会独立决策的意外结果,大学也建立了防范利益冲突的制度,但是,质疑的观点认为,这种人事安排构成私人获益和利益冲突。[①] 二是新大学的财务压力巨大。资产转让与购买交易并不是一次性完成的,而是通过大学向公司发行优先担保票据(年利率为 6%)支付转让资产的购买价格,在未来的若干年里,大学的自由现金流被限制在剩余收益的偿债支付,大部分收入流向营利性公司。这种安排可能造成巨大的财务压力,也可能导致大学管理层对现金流的追求超越对教育本身的追求。[②] 三是公司对大学部分业务拥有决定权。理论上,大学外包给公司的业务属于非核心业务,但一所公司长期且广泛地参与大学活动和业务,可能会构成实际控制权隐患。

3.变更监管是否有效

监管的有效性决定了组织属性变更的真实性。"非营利性"具有标签意义和声誉效应,它使一所私立高校可以享受免税等政策待遇、获得更多的捐赠资金以及赢得社会公众的好感和信任。"非营利"的真实性取决于"非分配约束"的彻底性和治理结构的完整性。组织属性变更监管必须确保新的非营利性实体严格遵守"非分配约束"原则,并以此作为内部治理结构重组的基本原则。大峡谷大学案例的争议点之一是,政府本应对变更监管和规范负有主要责任,防止私立高校以欺诈行为骗取免税资格或公众捐赠,但此过程却存在"监管盲点和漏洞"[③]。

在大峡谷大学的案例中,组织属性变更主要涉及两个层级的监督审查:一是区域层级,监管主体是地区认证机构"高等教育委员会"和州监管机构

---

① Nonprofit in name only: Grand Canyon University's conversion criticized[EB/OL]. (2018-07-07) [2019-04-02]. https://www. phoenixnewtimes. com/news/nonprofit-grand-canyon-university-gcu-arizona-christian-10580235.

② Brian Galle's remarks to National Advisory Committee on Institutional Quality and Integrity(NACIQI)[EB/OL]. (2018-05-07) [2019-04-02]. https://sites. ed. gov/naciqi/files/2018/05/NACIQI-May-22-written-comments-of-Brian-Galle.pdf.

③ WONG A. Why for-profit colleges become nonprofits[EB/OL].(2015-10-08)[2023-04-01]. https://www. theatlantic. com/education/archive/2015/10/the-covert-for-profit/409477/.

"亚利桑那州私立高等教育委员会"（the Arizona State Board for Private Post Secondary Education）。二是联邦层级，监管主体是国税局和教育部。然而，这种两级监管系统存在漏洞：第一，监管主体相互独立，缺乏必要的综合执法。在变更过程中，大峡谷大学向高等教育委员会申请控制权变更，同时向国税局申请税法身份变更。在第一次（2014—2016 年），高等教育委员会驳回了控制权变更申请，而国税局却通过了免税身份申请；在第二次（2017—2018 年），高等教育委员会、国税局同期同步通过批准，而教育部批准其以非营利性身份获得联邦学生贷款项目则滞后于实际交易完成时间。由此可见，国税局和教育部是否予以批准，并没有对变更进程产生实质影响，三方在变更监管中各自为政，审议结果存在抵牾情况，整个监管体系缺乏沟通和合力。第二，审查方式相对滞后，缺乏必要的防范效力。在区域层面，大峡谷大学经历了文书审查和现场调研，而在联邦层面，国税局和教育部的审查主要依赖私立高校提交的书面材料。国税局的决定取决于私立高校的非营利性声明，如果审计抽查发现，非营利性私立高校的财务活动和治理结构具有营利性特征，国税局可以撤销对它的非营利性认定，并作出具有追溯性的税收惩罚。而教育部则依赖国税局的认定结果，给予非营利性私立高校相关待遇。整体来看，这些监管和审查方式主要基于私立高校的诚信、荣誉和自我证明。针对由此带来的监管宽松等问题，联邦教育部于2018 年 5 月专门召开"营利性向非营利性变更监管"听证会，听证人普遍认为，目前没有有效的监督机制可以确保这类私立高校真正遵循非营利性的核心要求。[①]

三、诚信风险："营转非营"的潜在问题

在美国语境下，非营利性和营利性两类私立高校泾渭分明，非营利性私立高校必须证明其服务于超越私人利益的公共目的，且不为特定的个人及其家庭成员直接或间接地控制。大峡谷大学案例提供了实践复杂性的例证。

---

① 听证会记录详见：National Advisory Committee on Institutional Quality and Integrity. Archive of meetings[EB/OL].[2023-04-01].https://sites.ed.gov/naciqi/archive-of-meetings/.

第一,美国的捐赠文化和非营利组织文化较为发达,但私立高校从营利向非营利的变更过程也并非基于举办者的完全的捐助行为。组织属性变更的外在表现及结果是获得免税身份和非营利标签,而如何确保此激励机制的有效性,即培育真正的不向实际控制人分配利润的非营利性私立高校,仍然存在制度性空白。第二,美国的私立高校分类管理体系较为成熟,但私立高校举办权变更仍然难以回避利益关联问题。私立高校组织属性变更涉及复杂的交易和协议。虽然非营利性私立高校作出禁止私人获益和利益冲突的制度安排和公开承诺,但其是否真正独立于原高校及其利益相关者则较难精准量化和衡量,对学校发展的潜在风险也较难评估判断。在私立高校举办权变更过程中,如何确保将学校最终控制权交到真正没有利益关联的人手中,仍然显得规范有余、预防不足。第三,美国对非营利性私立高校的多元监管声誉良好,但在应对营利转非营利的情况时却显得力有不足。长期以来,美国对非营利性私立高校的监管主要依赖学校自律和内部权力约束、第三方评估机构的质量监管,以及政府机构对其非营利属性的监督审查。由于美国私立高等教育系统产生了数量众多的世界级名校,一般认为美国私立高等教育的监管体系是有效且高效的。尤其是政府机构对非营利性私立高校的有限监管,被认为是值得参考借鉴的。但是,针对近年来私立高校组织属性变更的新趋势新问题,美国国内已经开始反思政府有限监管的内在缺陷,大量呼吁增加政府部门的审查力度和监管合力。

在我国语境下,非营利性民办高校也存在多重表现样态的关联交易,其中一些灰色关联交易构成民办教育宏观治理的盲区。[①] 营利性转为非营利性,是一种极为特殊的举办者变更形式,其可以作为营利性举办者从无利可图的学校退出的策略,也可以是规避相关监管的手段。未来,民办高校组织属性或举办权变更的过程,无法回避利益相关方对非营利性民办高校进行协议控制、实际影响或利益转移的可能性风险。

---

① 董圣足.民办学校"关联交易"的规制与自治[J].复旦教育论坛,2018(4):30-36.

第四节　转让中逐利：举办者变更的监管边界

民办高校举办者变更可以在程序上做到合法，未来应着重于内容合法的监管。对于非营利性民办高校而言，对其非营利性的监管取决于不同时期政府与社会组织制度化的互动关系。在民法典和分类管理时代，非营利性与营利性身份的背后附着着较大的经济利益差别，尤其是非营利性民办高校在理论上享有若干与公办高校同等的政策优待。规范非营利性民办高校举办者变更应当以规范变相逐利为重点，对非营利性民办高校举办者通过举办者变更实现套现和逐利的行为进行监管和限制。2021年《民办教育促进法实施条例》与此前多次向社会征求意见的版本相比，删除了"不得从变更中获得收益""不得以牟利为目的"等模糊表述，明确了"不得涉及学校的法人财产""不得影响学校发展，不得损害师生权益"的底线红线。未来相关政策中如何界定"通过举办者转让实现逐利"（重点是构成逐利的标准），自然构成了非营利性民办高校的监管边界。

一、纳入备案：增加对"实际控制人"变更的掌握

准确地说，实际控制人源自于公司治理，其要点在于"实际支配"。根据《公司法》第二百一十六条第三款的规定，实际控制人是指虽不是公司的股东，但通过投资关系、协议或者其他安排，能够实际支配公司行为的人。在非营利性民办高校治理中，与作为举办方的母公司有直接或间接股权投资关系而能够对公司股东大会决议及学校董（理）事会产生重大影响或产生实际支配行为的自然人、法人或其他组织，即构成非营利性民办高校的实际控制人。实践中，实际控制人可能并不是母公司的股东，而是基于投资关系、协议或其他安排形成"实际支配"。

鉴于社会组织内部核心成员（实际控制人）发生变更或内部治理结构发生重大变化，即转让举办权、具有出资行为的举办者变更，是当前民办高校举办者变更的主要类型，未来举办者变更应增加对"实际控制人"变更的监管。非营利性民办高校实际控制人变更，应履行必要的程序和信息披露义

务，增加对实际控制人发生变更及其原因、是否存在原实际控制人违规违法等信息的审查认定事项。但是，从作为举办方的社会组织（主要是企业）层面看，发生实际控制人变更的情形并不鲜见。较为可行的办法是，非营利性民办高校在举办者变更材料中，自行报告是否存在实际控制人变更，行政主管部门将非营利性民办高校实际控制人变更纳入备案管理。

二、穿透追踪：加强对举办权转让主体的资格审查

加强对非营利性民办高校举办权转让方的资格与身份审查，确保新的举办者符合非营利性民办高校举办者法定要求。一是在发生实际控制人变更情况下，对变更后的实际控制人资质提出明确要求。变更后的实际控制人除符合有关公司股东资质要求外，还须符合 2016 年《民办教育促进法》及相关政策文件关于民办高校举办者资质的规定。实际控制人为自然人，则应当具备政治权利和完全民事行为能力。二是加强对举办者外资背景的穿透监管和审查。2020 年 7 月，最高人民法院、国家发展和改革委员会《关于为新时代加快完善社会主义市场经济体制提供司法服务和保障的意见》（法发〔2020〕25 号）提出，"按照'穿透监管'要求，正确认定多层嵌套金融交易合同下的真实交易关系"。实际上，在教育、医疗等外资限制的行业，主管部门对穿透性思维并不陌生，只是对何种程度上向上穿透审查股东的外资占比存在差异。未来，高等教育行业监管部门可参考增值电信、医疗机构等行业进行外资穿透审查的经验做法，加大对股东外资背景的穿透审查力度。三是加强对举办者转让主体实际出资能力的审查，并追踪新的举办者的实际出资行为。尤其是海量资本涌入民办教育领域，并购、重组成为高等教育行业新常态，更要通过对举办权转让主体的资格审查，杜绝举办权频频变更的不良影响。

三、等价有偿：重点审查举办权转让交易条件

民办高校举办者变更若存在涉及学校的法人财产、损害师生权益、影响学校发展的情形，将构成违法行为。新法新政背景下，一是要加强分类指导，落实非营利性民办高校法人财产权。以不增加举办者负担和确保学校

平稳运行为前提，落实民办高校资产过户；加快健全民办高校财务资产管理制度，加强财务审计与财务信息公开。教育部门可以积极协商有关部门，做好民办学校年度检查等工作，完善相应制度，健全民办高校财务资产管理。非营利性民办高校作为非营利组织，必须执行民间非营利组织会计制度及其财务报表。二是要因地制宜，因校制宜，进一步明确非营利性民办高校法人财产最终归属。在尊重历史贡献的基础上，进一步明确举办者的存量资产安全，明晰资产增值及处置办法，避免因改革激发举办者频频寻求出售举办权、盲目转让套现的行为。放权地方研究制定政策，明确非营利性民办高校举办者出让举办权是否构成营利的标准。原则上，非营利性民办高校举办者转让举办权的利润率范围应有限制。三是重视自然人举办者变更为公司举办者案例背后的利益问题。主管部门应在受理非营利性民办高校举办者变更时，应进一步加强对举办权转让交易的审查，以维护学校法人财产权。在举办者变更程序合法的情况下，应考虑该转让条件是否在等价有偿的基础上进行，并要求原举办者与受让方作出诚实有信的承诺。如果原举办者转让举办权的市价或其履行的义务明显不足，则可视为非等价有偿交易，亦有可能具有侵害学校法人财产权的目的。

四、效率优先：建立举办者变更行为监管的联动机制

2017 年 8 月，国务院办公厅已批复同意建立由教育部牵头的民办教育工作部际联席会议制度，各省政府也相应成立了民办教育工作部门联席会议制度。民办学校举办者变更等重大问题可在此制度框架下加强部门间的沟通协作，建立政府部门间的联动机制。一直以来，我国对非营利组织的监管以政府为主导，而政府监管又以防范控制为主，反而引发非营利组织对政府的强行政依附性。[①] 就非营利性民办高校而言，一方面，举办者变更审查在程序上较为冗长，通过变更的时间成本不定，可能影响学校正常的教育教学秩序；另一方面，非营利组织要接受登记管理部门和业务主管部门的双头管理，而教育系统和民政系统在非营利身份及举办者问题上存在新的争议，

---

① 陈晓春，肖雪.非营利组织的法治化监管[J].上海师范大学学报（哲学社会科学版），2017(5):53.

是为新法实施过程中的新问题。教育部应会同民政、市场监管等部门做好民办学校分类管理工作,指导各地进一步优化举办者变更的核准流程,重点关注变更过程中学校法人财产权的落实,加强对违法违规行为的协同监管。

五、适度保守:谨慎学校控制权变更和组织属性变更

只要有营利性和非营利性民办高校的存在,就可能产生营利性举办者将学校从营利性向非营利性变更的情况。借鉴美国经验,规范关联交易是确保我国非营利性民办高校非营利属性的重要制度设计。然而,加强对非营利性民办高校与利益关联方签订协议的监管,对涉及重大利益或者长期、反复执行的协议的审查审计,对政府部门的工作负荷和专业能力提出更高要求。我国应吸取美国的经验教训,谨慎对待民办高校控制权变更,禁止变更中的私人牟利和变相控制,并建立行之有效的非营利性民办高校监管框架。在监管合力尚未形成的情况下,对民办高校组织属性变更持保守态度或将是一个最不差的选项。

第四章 非营利性民办高校的
直接融资监管

　　对于任何组织而言,充足的经费都是事业发展的物质基础。《教育法》规定,学校须有必备的办学资金和稳定的经费来源。一般认为,民办高校办学资金具有私有性,即其办学经费来源于社会组织和个人的私有财产,区别于公办高校以国家财政性经费作为办学资金。①

　　从社会资金角度看,高等教育办学属于"重资产模式",民办高等教育需要持续的、雄厚的资金投入。一是办学门槛高,前期投入大。以土地为例。土地是民办高校建校的核心资产之一。1993年《民办高等学校设置暂行规定》规定:"设置民办高等学校要有与建校相应的建设资金和稳定的经费来源。自行筹资建校舍尚有困难的,允许租借现有合适的校园或其他单位的适用土地。"但实际上,各地对民办高校土地和校舍都有一定的要求。2016年《国务院关于鼓励社会力量兴办教育 促进民办教育健康发展的若干意见》从国家政策层面放宽了办学准入条件,但实际情况是,各省厅年检对长期租赁办学、自有土地和校舍不足的民办高校往往提出整改要求。此外,《民办高等学校办学管理若干规定》第五条提出:"民办高校的办学条件必须符合国家规定的设置标准和普通高等学校基本办学条件指标的要求。"根据《教育部关于印发〈普通高等学校基本办学条件指标(试行)〉的通知》(教发〔2004〕2号),民办高校与公办高校在基本办学条件和监测办学条件

---

① 杨翔宇,民办学校的商事主体地位判定[J].河北法学,2018(7):147.

等方面的要求完全一致。[①] 二是运营成本高。学院土地、教学设备、住房等设施等不是一次性投入,其建设和维护对资金要求较高。高等教育办学需要一定的规模效应,即有充足的学生资源和学费收入。而生师比、具有研究生学位教师占专任教师的比例、生均教学行政用房、生均教学科研仪器设备值、生均图书等,又是衡量普通高等学校基本办学条件和核定年度招生规模的重要依据。民办高校的投入与产出处于"增加投入、保障和扩大招生规模、形成规模效应、得以继续增加投入"的循环中。三是盈利周期和回收成本期漫长。人才培养是长期而不是一蹴而就的事业。加上民办高校整体起步晚、底子薄,相对于公办高校处于明显的弱势地位。在国家高等教育建设项目,即 2015 年启动的"世界一流大学和一流学科建设"和 2019 年启动的"中国特色高水平高职学校和专业建设计划",共覆盖全国 379 所公立高校。民办高校遗憾缺席国家建设项目,且这种状态并不能在短期内改变。民办高等教育相对于其他行业的周期更长,更需要持续的资金支持。

第一节　消除不确定:直接融资作为现代信用形式

一、扩大渠道:直接融资的实践需要

直接融资是民办高校经费来源与筹资渠道之一。按照中国教育经费统计年鉴,民办高校的经费主要源于五个方面,分别是国家财政性教育经费、举办者投入、事业收入、捐赠收入以及其他收入等。抽取 2008—2019 年《中国教育经费统计年鉴》的相关数据,民办普通高等学校的经费总收入在2007—2018 年间增长了 253.54%,由 341.09 亿元增长至 1205.88 亿元,其中

---

① 基本办学条件指标包括生师比、具有研究生学位教师占专任教师的比例、生均教学行政用房、生均教学科研仪器设备值、生均图书等,是衡量普通高等学校基本办学条件和核定年度招生规模的重要依据;监测办学条件指标包括具有高级职务教师占专任教师的比例、生均占地面积、生均宿舍面积、百名学生配教学用计算机台数、百名学生配多媒体教室和语音实验室座位数、新增教学科研仪器设备所占比例、生均年进书量,是基本办学条件的补充。

财政性教育经费增长了近13.5倍,捐赠收入增长了近4倍,事业收入增长了近2.5倍,其他收入增长了3倍多,举办者投入减少了17.85％。(见表4-1)

表4-1　2007—2018年我国民办高校经费来源渠道变化

	2007年/亿元	2018年/亿元	增长率/％
总收入	341.09	1205.88	253.54
国家财政性教育经费	8.62	124.92	1349.19
举办者投入	31.88	26.19	−17.85
社会捐赠经费	1.24	5.98	382.26
事业收入	289.69	1006.75	247.53
其他收入	9.67	42.04	334.75

从经费结构的变化上看,事业收入占比由84.93％变为83.49％,而国家财政性投入的经费由2.83％增长至10.36％,举办者投入的占比减少了约7％。(见图4-1)从调研情况看,我国民办高校的收入结构较为单一,大多数学校主要依靠举办者自筹和学费、住宿费滚动发展。大多数民办高校自有资金有限、正常融资渠道不畅、财政拨款不足、资金稳定性不高。

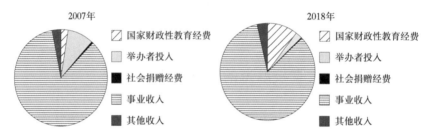

图4-1　2007、2018年我国普通民办高校经费结构变化

从筹资渠道看,目前主要途径有三。

一是学校自身收入积累和捐赠收入。民办高校自身收入主要来源是学费和住宿费,这是绝大多数民办高校的主要收入来源。实践界将依赖学费和住宿费的模式称为"滚动发展模式"。此外,民办高校也有一部分捐赠收入,只是我国社会发展阶段使然,目前并未形成社会捐资办学之风,捐赠收入增长乏力。

二是间接融资/借贷。主要有银行贷款和第三方担保贷款等方式,但都存在诸多不确定性。学校借贷需要担保,主要方式有抵押、担保或信用。受限于《担保法》关于"学校、幼儿园、医院等以公益为目的的事业单位、社会团体不得为担保人"的规定,民办高校不能通过自身担保从银行或其他金融机构借贷。《担保法》还规定"民办学校的教育设施不得设定抵押",所以,民办高校多以"非教育设施"作为担保,且一般要追加实际控制人、举办者或校长(或夫妻双方)提供担保。实际情况是,民办高校相对于其他社会组织有较好的资质条件,但较难在国有银行获得抵押贷款,通过第三方担保在非国有银行拿到的贷款利息也较高。在实践中,不乏举办者作为学校资金借贷活动担保人,甚至以个人名义获得高利贷投入学校发展,使举办者个人债务与学校债务混缠在一起。

三是直接融资。直接融资是相对于间接融资而言的,主要指没有金融中介机构介入的金融方式,通过在投资者和融资方之间建立直接的联系,提高信息的透明度和效率,减少融资成本。对于非营利性民办高校而言,直接融资是一种新型的现代信用形式,已有案例的方式有上市融资和资产证券化两种。一般的民办高校只能通过银行等金融机构申请债务融资,很难到资本市场进行直接融资。

二、鼓励探索:直接融资的政策定位

(一)非营利性民办高校作为非商人商事主体

非营利性民办高校通过资本市场直接融资,是我国民办高等教育发展的新现象。从筹资行为、资金来源看,非营利性民办高校具有了私主体性质;而从筹资目的、资金用途看,非营利性民办高校的公益性质并未改变。即使非营利性民办高校实施(举办公司)上市融资、资产证券化等商事行为,也是为了向社会募集办学资金,不具有职业性特征。这些行为是非营利组织的附属的非根本性行为,而非此类学校的主要或者目的性行为。一般认为,应将民办高校作为非商人商事主体对待,其商事行为的商法适用取决于具体情况,即实施了商事行为才可能导致公司法、证券法等商法适用,而在学校主要目的事业方面则遵守专门的教育法或相关职业准则。[①]

---

① 施天涛.商人概念的继受与商主体的二元结构[J].政法论坛,2018(3):82.

（二）教育领域的政策规定

国家层面出台政策，鼓励民办高校创新体制机制，拓展办学筹资渠道。2016年《国务院关于鼓励社会力量兴办教育 促进民办教育健康发展的若干意见》明确提出，"鼓励和吸引社会资金进入教育领域举办学校或者投入项目建设。创新教育投融资机制，多渠道吸引社会资金，扩大办学资金来源。鼓励金融机构在风险可控前提下开发适合民办学校特点的金融产品，探索办理民办学校未来经营收入、知识产权质押贷款业务，提供银行贷款、信托、融资租赁等多样化的金融服务。鼓励社会力量对非营利性民办学校给予捐赠"。2021年《民办教育促进法实施条例》第六十条第二款规定，"金融机构可以在风险可控前提下开发适用民办学校特点的金融产品。民办学校可以以未来经营收入、知识产权等进行融资"。

有的地方政策也对直接融资渠道作出了规定。例如，《浙江省人民政府关于鼓励社会力量兴办教育 促进民办教育健康发展的实施意见》（浙政发〔2017〕48号）提出，"鼓励金融机构在风险可控前提下开发符合民办学校资金运行规律的资产证券化、项目收益债、教育公益信托、融资租赁等金融产品，为民办学校提供多样化的金融服务"。这也是全国唯一明确提出并鼓励民办学校资产证券化的案例。

第二节　上市融资：股权控制或协议控制的探索

一、积极登陆：高教上市公司的总体轮廓

（一）基本数据

控股高校上市公司从狭义来讲是指以高等学历教育作为主营业务或发展方向且公司股票在证券交易所上市交易的股份有限公司。根据公开信息的不完全统计，已发现这样的公司有24家，其中在深圳证券交易所上市的公司有7家、在香港证券交易所上市的公司有16家、在全国中小企业股份

转让系统上市的有 1 家。(详见表 4-2)这 24 家公司累计控股持有高校为 67 所,主要分布在广东省、河南省、云南省、四川省、上海市等 15 个省级行政区。这些高校中本科层次院校有 42 所,专科层次高校有 25 所,在学规模达 97.05 万人,占 2019 年度中国民办高等教育在学规模 708.83 万人[1]的 13.70％。与 A 股上市公司都来自其他行业不同,港股上市公司均属教育行业,且均在 2016 年以后密集上市。

2016 年《民办教育促进法》对民办学校按照营利性与非营利性进行分类管理后,营利性教育机构在资产证券化道路上的政策障碍已被清除。[2] 就上市融资而言,目前,营利性教育机构在内地仍然无法上市,操作层面的障碍并未完全清除。2016 年《民办教育促进法》明确了高等教育及职业教育阶段兴办营利性院校的路径,确立了营利性高校市场化收费及价格调整机制,且配套颁布的《国务院关于鼓励社会力量兴办教育促进民办教育健康发展的若干意见》中的很多利好措施,都对民办高校集团登陆资本市场起到了积极作用。已在香港证券交易所上市的 16 家控股高校公司,就是对这一系列政策影响的诠释。

表 4-2　我国部分控股高校上市公司情况一览表

公司简称 (股票代码)	上市时间	上市地点	主营高校数/所	本专科在校生数/万人	主营高校名称
成实外教育 (01565)	2016 年 1 月	香港	1	1.69	四川外国语大学成都学院
宇华教育 (06169)	2017 年 2 月	香港	3	8.05	郑州工商学院、湖南涉外经济学院、山东英才学院

① 中华人民共和国教育部.2019 年全国教育事业发展统计公报[EB/OL].(2020-05-20)[2020-07-27].http://www.gov.cn/xinwen/2020-05/20/content_5513250.htm.
② 王磊.浪淘沙:教育＋金融[M].沈阳:辽宁教育出版社,2018:83.

续表

公司简称 （股票代码）	上市 时间	上市 地点	主营高校 数/所	本专科 在校生数/万人	主营高校名称
民生教育 （01569）	2017 年 3 月	香港	7	8.02	重庆人文科技学院、重庆工商大学派斯学院、重庆应用技术职业学院、重庆电信职业学院、云南大学滇池学院、内蒙古丰州职业学院（青城分院）、曲阜远东职业技术学院
新高教 （02001）	2017 年 4 月	香港	7	11.35	云南工商学院、贵州工商职业学院、兰州理工大学技术工程学院、湖北民族学院科技学院、哈尔滨华德学院、洛阳科技职业学院、广西英华国际职业学院
中教控股 （00839）	2017 年 12 月	香港	6	17.95	江西科技学院、广东白云学院、广州大学松田学院、济南大学泉城学院、重庆翻译学院、广州松田职业学院
新华教育 （02779）	2018 年 3 月	香港	3	3.96	安徽新华学院、南京财经大学红山学院、安徽医科大学临床医学院
21 世纪教育 （01598）	2018 年 5 月	香港	1	1.25	石家庄理工职业学院

续表

公司简称（股票代码）	上市时间	上市地点	主营高校数/所	本专科在校生数/万人	主营高校名称
希望教育（01765）	2018年8月	香港	15	13.18	西南交通大学希望学院、贵州财经大学商务学院、山西医科大学晋祠学院、贵州大学科技学院、银川能源学院、四川天一学院、四川希望汽车职业学院、四川文化传媒职业学院、贵州应用技术职业学院、四川托普信息技术职业学院、鹤壁汽车工程职业学院、苏州托普信息职业技术学院、瑞金文化传媒职业学院、湖南物流管理职业学院、樟树中医药职业学院
中国春来（01969）	2018年9月	香港	6	6.16	商丘学院、安阳学院、商丘学院应用科技学院、苏州科技大学天平学院、湖北健康职业学院、长江大学工程技术学院
银杏教育（01851）	2019年1月	香港	1	0.87	成都信息工程大学银杏酒店管理学院
中国科培（01890）	2019年1月	香港	1	3.06	广东理工学院
嘉宏教育（01935）	2019年6月	香港	2	3.44	长征学院、中原工学院信息商务学院
中汇集团（00382）	2019年7月	香港	2	3.47	广东财经大学华商学院、华商职业学院
华立大学（01756）	2019年11月	香港	2	3.75	广东工业大学华立学院、广州华立科技职业学院
辰林教育（01593）	2019年11月	香港	1	1.4	江西应用科技学院

续表

公司简称 （股票代码）	上市 时间	上市 地点	主营高校 数/所	本专科 在校生数/万人	主营高校名称
建桥教育 （01525）	2020 年 3 月	香港	1	1.98	上海建桥学院
阳光城 （000671）	1996 年 12 月	深圳	1	1.07	阳光学院
陕西金叶 （000812）	1998 年 6 月	深圳	1	0.92	西安明德理工学院
博通股份 （600455）	2004 年 3 月	深圳	1	0.87	西安交通大学城市学院
国脉科技 （002093）	2006 年 12 月	深圳	1	0.87	福州理工学院
科大讯飞 （002230）	2008 年 5 月	深圳	1	1.04	安徽信息工程学院
洪涛股份 （002325）	2009 年 12 月	深圳	1	1.2	四川城市职业学院
赛为智能 （300044）	2010 年 1 月	深圳	1	0.8	马鞍山学院
三一学院 （870999.0C）	2017 年 2 月	北京	1	0.7	湖南三一工业职业技术学院

注：数据来源分别根据香港证券交易所和深圳证券交易所相关上市公司公开年报及其他公开信息整理。本专科在校生人数主要根据上市公司 2019 年年报及 2020 年中报以及高校公开信息资料整理计算得出。

（二）上市方式

考虑到境内外股票交易市场的不同规则及上市公司信息披露所遵循的不同会计准则，为便于比较和研究，下文主要基于前述在香港证券交易所上市的 16 家公司做分析。

为规避国内政策监管及实现境外融资需求，这 16 家公司中，除民生教育以股权结构上市，其他 15 家均是通过搭建 VIE 架构方式上市。但是，除建桥教育名下高校明确选择营利性身份外，其余公司上市时其名下高校均是非营利性身份。VIE 是英文"Variable Interest Entities"的简称，中文翻译为"可变利益实体"。VIE 结构中包含一部分的"协议控制"，指的是境内业务实体实际控制人在境外注册上市实体,境外上市实体通过协议方式控制境内业务实体,进而取得境内业务实体主要收入和利润。协议控制也有不是 VIE 结构的,但目前我国控股高教上市公司倾向于采用协议控制方式。

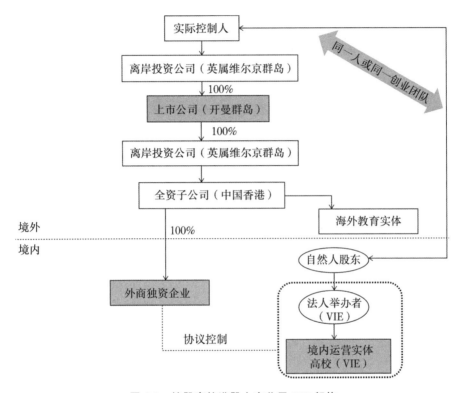

图 4-2　控股高校港股上市公司 VIE 架构

结合这 15 家教育类上市公司情况,其典型的 VIE 架构如图 4-2。该结构要点是:(1)实际控制人(通常是境内高校创始人或举办者)在离岸避税天堂英属维尔京群岛设立投资公司,再以该公司在开曼群岛设立在香港证券交易所上市的发行实体(简称上市公司);(2)上市公司通常会以再设立一个离岸投资公司的方式建立一个全资(香港)子公司,该公司主要用于控股海外教育实体①及设立境内外商独资企业;(3)该外商独资企业会通过与高校及其举办者签署包括股权质押协议、贷款协议、出资人及董事权利委托协议、顾问服务协议等系列协议,以实现对境内高校的控制并将其产生的经济利益转移至境外。由此,境内高校及法人举办者就成为境外(香港)上市公司的可变利益实体,根据会计准则要求,其资产可并入上市公司财务报表。

二、经营稳健:高教上市公司的财务业绩

(一)业绩概况

财务指标显示,控股高校上市公司业绩好、盈利能力高的特点突出。我们选取收入、毛利率、净利润、经营现金净流量、销售净利率等一组核心财务指标来衡量(详见表 4-3),为进一步考察其控股的高校对上市公司经营业绩的贡献度,也估算了高校的收入情况。从财务的角度而言,收入是指企业的收入总额,即列于上述香港上市公司财务报表——综合损益及其他全面收益表第一行的报表项目,一般而言收入是企业创造经营活动现金流量的源泉,其规模和成长性也是评价上市公司财务业绩的关键所在。② 毛利率是收入减去销售成本后的销售净额与收入的比率,主要用于揭示企业主要业务活动的获利能力;由于毛利率是企业净利润的基础,所以毛利率的高低在一定程度上代表了企业核心竞争力强弱。净利润是"税前利润"扣除"所得税开支"后的余额,主要代表企业经营的最终成果,是评价企业盈利质量最重要的指标之一。销售净利率是净利润与收入的比率,反映每元收入对净利润的贡献度,用来衡量收入的收益水平。

---

① 在香港上市的民办教育发行人大多会在境外以新设或合作办学的方式设立教育机构以示其已达到或正在努力达到海外教学经验的资质要求。详见王宁远.民办教育机构搭建 VIE？ 今天谈谈几个有意思的发现[N/OL].(2018-04-11)[2020-08-07].https://m.sohu.com/a/227912010_530597.典型如 21 世纪教育集团设立的新安投资有限公司在香港百分百控股的新天际教育,详见 21 世纪教育集团公司招股说明书。
② 黄世忠.财务报表分析 理论·框架·方法与案例[M].北京:中国财政经济出版社,2007:335.

上市公司中报或年报显示,11 家上市公司截至 2019 年 12 月 31 日全年、3 家公司截至 2019 年 8 月 31 日的 12 个月、2 家公司截至 2020 年 2 月 29 日的六个月,①共产生收入 128.25 亿元,其中来自高校的收入约 96.77 亿元(估算值),占比收入总额的 75.45%。16 家公司在此期间产生的净利润总共为 46.09 亿元,销售净利率平均为 35.94%。从盈利的规模和质量来看,2019 年规模较大、质量较好的是希望教育集团、新高教集团、中国科培、成实外教育和中教控股集团,其收入总额和净利润总额都表现亮眼。从盈利能力来看,新华教育集团、中国科培集团的毛利率和销售净利率都接近或超过 60%,远超其他企业。从高校主体对收入贡献的规模来看,中教控股、希望教育集团、新高教集团和宇华教育位列前四,其控股高校所产生的收入额分别是 12.78 亿元、12.51 亿元、10.69 亿元和 10.64 亿元。

表 4-3 我国部分控股高校上市公司经营业绩情况一览表

上市公司名称	收入/亿元	净利润/亿元	经营现金净流量/亿元	高校收入/亿元	高校收入占总收入之比/%	毛利率/%	销售净利率/%
中教控股*	19.55	6.87	11.41	12.78	65.37	57.34	35.14
宇华教育*	17.14	5.55	12.50	10.64	62.08	58.34	32.38
成实外教育	14.93	4.08	9.16	2.23	14.94	38.66	27.33
希望教育集团	13.31	4.90	6.97	12.51	93.99	51.40	36.81
新高教集团	10.89	4.30	8.30	10.69	98.16	49.80	39.49
民生教育	10.05	3.34	3.90	8.67	86.27	51.37	33.23
中国科培	7.14	4.56	5.38	6.50	91.04	67.51	63.87
中汇集团*	7.04	2.23	4.23	7.04	100.00	48.58	31.68
建桥教育	5.01	1.25	2.79	4.96	99.00	55.80	24.95
嘉宏教育	4.85	2.27	3.18	4.71	97.11	53.20	46.80
新华教育集团	4.38	2.71	1.53	3.66	83.56	59.68	61.87
华立大学**	3.94	1.38	−1.19	3.43	87.06	57.40	35.03

---

① 通常,半年的收入不能和全年的收入简单相加。对于新上市公司,还可参考招股书中以前的收入。

续表

上市公司名称	收入/亿元	净利润/亿元	经营现金净流量/亿元	高校收入/亿元	高校收入占总收入之比/%	毛利率/%	销售净利率/%
中国春来**	3.51	0.66	0.99	3.51	100.00	49.10	18.80
辰林教育集团	2.51	0.84	1.83	2.44	97.21	68.13	33.47
21世纪集团	2.34	0.83	1.19	1.41	60.26	51.80	35.47
银杏教育集团	1.66	0.32	0.48	1.59	95.78	40.80	19.28
合计	128.25	46.09	——	96.77			

注：数据来源分别根据香港证券交易所公布的上述公司 2019 年年报和 2020 年中报数据整理计算，其中 * 所标示的公司年报数据截至 2019 年 8 月 31 日，** 所标示公司数据为截至 2020 年 2 月 29 日 6 个月的中报数据，其他公司年报数据截至 2019 年 12 月 31 日。

（二）盈利模式

从会计的角度而言，企业利润的增加不外乎两个途径，一是扩大收入，二是节约成本和费用。以上控股高校上市公司正是从这两个方面入手不断扩大其盈利能力。

在收入方面，首先是通过不断兼并新高校增加学生数量和大幅提高学费和住宿费的方式实现。以希望教育集团为例，其 2019 年就收购了贵州大学科技学院、河南鹤壁汽车工程职业学院、苏州托普职业技术学院及银川能源学院等 5 所院校，同时还启动了 3 所高校筹建和 1 所高职院校的本科升格建设活动。[①] 希望教育集团的外延并购策略带来了显著效应，其 2019 年在校生规模较上一年增加了 57.3%，同时人均本科学生的学费和住宿费上限从 2018 年的 16080 元上涨至 2019 年的 19800 元，2019 年财报显示其收入较上一年增加了 29.3%。其次是围绕高校主体进行其他收入途径的拓展，如民生教育集团 2019 年共为 112847 人提供了线上专科教育和职业培

[①] 希望教育集团有限公司. 2019 年年报［EB/OL］.（2020-04-27）［2020-08-06］. https://www1.hkexnews.hk/listedco/listconews/sehk/2020/0427/2020042701135_c.pdf.

训教育;^①新高教集团则明确企业将围绕学生在商业、培训及产教融合方面拓展提升收入。^②

在成本费用方面,对控股高校上市公司最大节约的部分首先来自税收优惠。有相当数量的公司财报揭示其所控股高校享受与公办校一样的税收优惠待遇,并没有缴纳所得税费用。如新高教集团 2019 年报表说明:"根据《中华人民共和国民办教育促进法实施条例》,学校举办者不要求合理回报的民办学校有资格享受与公办校相同的税收优惠待遇……贵集团并无就云南学校、贵州学校、东北学校、广西学校及华中学校计提企业所得税。"^③其次成本费用节约来自集团规模效应的发挥。以中国科培集团为例,尽管其学生人数从 2018 年的 45118 名增至 2019 年的 57924 名,其收入从 2018 年的 5.76 亿元增至 2019 年的 7.14 亿元;但其行政开支并未增加,反而从 2018 年的 7746.2 万元降至 2019 年的 7729.7 万元;其他开支也从 2018 年的 460.3 万元降至 2019 年的 78.9 万元。^④ 中国科培名下高校固定开支被摊薄,高校空间利用率提升,都为净利润的增加作出了贡献。

三、高度集中:高教上市公司的股权结构

股权结构是"指不同的所有者所持股份占公司总股本的比例,具体就是公司的股权类型和比例配置",^⑤对公司治理、公司绩效等方面影响深远。

---

① 民生教育集团有限公司.2019 年年报[EB/OL].(2020-04-27)[2020-08-06].https://www1.hkexnews.hk/listedco/listconews/sehk/2020/0427/2020042701017_c.pdf.

② 中国新高教集团有限公司.2019 年年报[EB/OL].(2020-04-16)[2020-08-07].https://www1. hkexnews. hk/listedco/listconews/sehk/2020/0416/2020041600580_c.pdf.

③ 中国新高教集团有限公司.2019 年年报[EB/OL].(2020-04-16)[2020-08-07].https://www1. hkexnews. hk/listedco/listconews/sehk/2020/0416/2020041600580_c.pdf.

④ 中国科培教育集团有限公司.2019 年年报[EB/OL].(2020-04-29)[2020-08-07].https://www1. hkexnews. hk/listedco/listconews/sehk/2020/0429/2020042901226_c.pdf.

⑤ 冯毅.股权结构与董事会效率关系研究:基于公司复杂性的调节效应视角[M].北京:中国金融出版社,2016:35.

上述 16 家公司的股权结构分析详见表 4-4。

（一）股权类型

股权类型主要是指股东性质，根据终极控制人[①]视角，将前述 16 家公司划分为家族控股性质的上市公司和非家族控股性质的上市公司。其中，家族控股性质的上市公司是指公司的多数股权（一般是 30％以上[②]）属于某一家族的上市公司。在上述 16 家控股高教上市公司中，有 14 家上市公司属于家族控股性质的上市公司，且有多家公司的家族成员进入上市公司董事会及管理层担任相应职务。就其影响而言，家族控股企业以血缘和亲缘为强凝聚力纽带所实施的所有权和经营权合一经营模式降低了代理成本，但也可能带来家族治理损害企业治理效率、产权相对封闭、代际传承风险及管理科学化、制度化缓慢等问题。

（二）股权比例配置

股权比例配置主要用股权集中度，即控股股东的持股比例来衡量，通常用第一大股东[③]持股比例、前五大和前十大股东持股比例来衡量，我们主要用第一大股东持股比例 H 来分析。一般认为当 H＜30％时，被视为股权分散；当 30％≤H＜50％，被视为股权适度集中；当 H≥50％时，被视为股权高度集中。在上述 16 家控股高教上市公司中，第一大股东持股比例超过 50％的公司有 9 家，持股比例在 30％至 50％之间的有 4 家，小于 30％的有 3 家，整体而言股权集中度较高。

---

① 股份终极控制人是指股份未登记在其名下，通过在证券交易所股份转让活动以外的股权控制关系、协议或者其他安排等合法途径，控制由他人持有的上市公司股份的自然人、法人或其他组织。杨棉之.企业集团内部资本市场配置效率研究：基于中国系族企业的经验证据[M].北京：中国经济出版社，2010：57.

② 国际上的一般标准是，对股权相对分散的上市公司，一般家族控制投票权在 30％以上。详见：马立行.中国公司股权集中度趋势研究[M].上海：上海交通大学出版社，2013：24.

③ 大股东是指直接或者间接持有上市公司发行在外股份的 5％或者以上的上市公司股东。详见徐莉萍，辛宇，陈工孟.股权集中度和股权制衡及其对公司经营绩效的影响[J].经济研究，2016（1）：90-100.

　　股权高度集中,尤其是第一大股东及其家族成员等终极控制人拥有绝对控股权时,其带来的激励效应和侵害效应明显。激励效应是指大股东因持股比例高,有较强的动力和较多资源监督职业管理者,其因此产生的对减少经理人员"机会主义"行为的积极效应。[①] 而侵害效应是指"终极控制人可通过关联交易、内幕消息交易、过度报酬和在职消费等形式获得额外收益,侵占中小股东利益的情况"[②]。由于并未在该方面开展系统的实证研究,其所带来的激励效应和侵害效应未明,但上述公司存在的大量关联方交易,其影响值得关注。

表 4-4　我国部分控股高校上市公司股权结构情况一览表

公司名称	总股本/亿股	实际控制人(关系)	实际控制人设立的离岸公司(持股比例)	离岸公司持股上市公司股数/亿股	离岸公司持股上市公司比例/%
成实外教育	30.89	严玉德 严弘佳(女)	Visccend Holdings Company Limited(100%) Happy Venus Limited (100%)	13.09 1.81	42.37 5.85
宇华教育	33.39	李光宇	光宇投资控股有限公司(100%)	21.36	64.6
民生教育	42.18	李学春 李宁(女)	民生集团公司(90%) 民生集团公司(10%)	30.00	74.67
新高教	15.41	李孝轩 李孝轩 李耀红(姐) 杨旭维(妻妹)	Aspire Education Management(100%) Aspire Education Technology(53.35%) Aspire Education Technology(14.28%) Aspire Education Technology(14.23%)	5.06 1.96	32.85 12.72

---

① 谢玲芳,朱晓明.董事会控制、侵占效应与民营上市公司的价值[J].上海经济研究,2005(1):63-69.

② GROSSMAN S J, HART O D.One share one vote and the market for corporate control[J].Journal of financial economics,1988,20(94):175-202.

续表

公司名称	总股本/亿股	实际控制人（关系）	实际控制人设立的离岸公司（持股比例）	离岸公司持股上市公司股数/亿股	离岸公司持股上市公司比例/%
中教控股*	20.20	谢可滔 于果	白云教育国际(100%) 蓝天教育国际(100%)	7.5 7.5	37.125 37.125
新华教育	16.09	吴俊保 吴迪(子)	吴俊保有限公司(95.70%) 吴俊保有限公司(0.97%)	11.50	71.5
21世纪教育	11.67	李雨浓 罗心兰(岳母)	新安控股有限公司(88.96%) 新瑞有限公司(11.04%)	7.55 0.93	61.82 7.60
希望教育	67.55	汪辉武 陈育新夫妇	Hope Education Investment Limited(38.95%) Hope Education Investment Limited(23.22%)	41.40	62.11
中国春来	12.00	侯春来	春来投资有限公司(100%)	9	75
银杏教育	5	方功宇	Vast Universe Company Limited(97.75%)	3.67	73.31
中国科培	20	叶念乔 舒丽萍(妻) 叶浔(子)	Qiaoge Company Limited(100%) Shuye Company Limited(100%) Chenye Company Limited(100%)	6.75 3.75 3.00	33.74 18.74 14.99

续表

公司名称	总股本/亿股	实际控制人（关系）	实际控制人设立的离岸公司（持股比例）	离岸公司持股上市公司股数/亿股	离岸公司持股上市公司比例/%
嘉宏教育	16.01	陈馀国	Guos Investment Holdings Limited（100%）		
		陈澍（子）	Shus Investment Holdings Limited（100%）	3.78	23.61
		陈凌峰（子）	Fengs Investment Holdings Limited（100%）	2.16	13.49
				2.16	13.49
		陈馀春（兄）	Chuns Investment Holdings Limited	1.2	7.49
				1.2	7.49
		张旭丽（弟媳）	ZXL Investment Holdings Limited	0.9	5.62
		陈馀曹（弟）	Caos Investment Holdings Limited		
中汇集团	10.18	廖榕就	德博教育投资控股有限公司（50%）	7.5	73.64
		陈练瑛（妻）	德博教育投资控股有限公司（50%）		
华立大学	12	张智峰	华立教育控股有限公司（100%）	9.00	75
辰林教育	10.00	黄玉林	Huangyulin Holdings Limited（100%）	4.875	48.75
		黄媛（女）	Huangyuan Holdings Limited（100%）	0.975	9.75
		黄冠迪（子）	Huangguandi Holdings Limited（100%）	0.975	9.75
建桥教育	4.15	周星增	She De Limited（100%）	0.66	16.5
		周星增	Gan En Limited（100%）	0.39	9.86
		郑祥展	Ze Ren Limited（100%）	0.31	7.65
		赵东辉	Ai Xin Limited（100%）	0.30	7.5

　　注：数据来源分别根据香港证券交易所相关上市公司招股说明书、2019 年年报、2020 年中报其他公开信息整理。以上股东之间关系均以第一大股东为核心，对与其和其他股东间的关系进行说明，其中女代表女儿，子代表儿子。

四、战略导向：高教上市公司投融资活动

（一）投资活动

财务视角的投资活动主要是指企业长期资产购建和不包括现金等价物范围的投资及处置活动，其中长期资产主要是指固定资产、在建工程、无形资产、其他资产等持有期限在一年或一个营业周期以上的资产。对于企业的投资活动，人们主要关注其投资活动流出的战略性与投资活动流入的盈利性。前者通过分析企业对内固定资产类投资与对外股权、债权投资情况来看企业究竟是采用何种扩张或收缩战略；后者关注其持有期间收取收益（如收到股利）以及处置资产收益（如处置子公司）情况来判断投资收益的质量和可持续性。

总体而言，这16家控股高校上市公司大多处于扩张的战略发展阶段，尤其是在公司上市之后，对外投资的规模显著增加（详见表4-5）。中教控股、宇华教育和希望教育的对外投资规模引人注目。如宇华教育2017年2月上市后，在2018和2019财年分别投资6.85亿元和15.6亿元用于收购子公司，从而控股了湖南猎鹰集团名下的湖南涉外经济学院（还有培训中心和技工学校）[1]、济南双胜集团名下的山东英才学院[2]以及美国劳瑞德教育集团（Laureate Education,Inc）名下在泰国设立的斯坦福国际大学的2所分校等[3]。宇华集团还在这两年分别花费了0.58亿元和1.79亿元用于对内

① 中国宇华教育集团有限公司.主要交易—收购 LEI LIE YING LIMITED[EB/OL].(2018-01-18)[2020-08-09].https://www1.hkexnews.hk/listedco/listconews/sehk/2018/0118/ltn20180118556_c.pdf.
② 中国宇华教育集团有限公司.主要交易—收购济南双胜教育咨询有限公司[EB/OL].(2019-07-19)[2020-08-09].https://www1.hkexnews.hk/listedco/listconews/sehk/2019/0722/ltn20190722032_c.pdf.
③ 中国宇华教育集团有限公司.须予披露交易—收购目标公司[EB/OL].(2019-02-19)[2020-08-09].https://www1.hkexnews.hk/listedco/listconews/sehk/2019/0212/ltn20190212686_c.pdf.

的固定资产投资,体现了其主要以权益性对外投资为主的发展扩张战略。①
另外,上述公司中仅中汇集团在 2019 年投资活动现金流量净额为正,主要
由于其短期投资赎回所致,其带来的现金流入净额为 6.16 亿元。②

表 4-5　控股高校上市公司 2017—2019 年投资活动现金流量净额变化趋势

单位:亿元

上市公司简称(上市时间)	2019	2018	2017
成实外教育(2016 年 1 月)	−14.14	−2.54	−5.03
宇华教育(2017 年 2 月)*	−17.28	−5.62	−10.76
民生教育(2017 年 3 月)	−6.34	−4.61	−3.05
新高教(2017 年 4 月)	−6.04	−10.81	−6.97
中教控股(2017 年 12 月)*	−22.56	−16.56	1.20
新华教育(2018 年 3 月)	−9.07	−1.47	−1.31
21 世纪教育(2018 年 5 月)	−2.25	−2.22	−0.41
希望教育(2018 年 8 月)	−18.65	−7.69	−9.65
中国春来(2018 年 9 月)	−2.15	−0.21	−3.63
银杏教育(2019 年 1 月)	−3.82	−0.49	−0.39
中国科培(2019 年 1 月)	−4.14	−5.14	−1.71
嘉宏教育(2019 年 6 月)	−2.35	−2.07	−1.37
中汇集团(2019 年 7 月)*	4.32	−8.39	−1.79
华立大学(2019 年 11 月)	−1.39	−3.34	−0.49
辰林教育(2019 年 11 月)	−1.35	−0.29	−0.68
建桥教育(2020 年 3 月)	−3.34	−0.52	−1.61

注:数据来源分别根据香港证券交易所、公司官网及同花顺公布的上市公司各年年
报等信息整理,其中表格"−"代表现金流量流出,* 代表其年报截止时间为当年 8 月 31
日;中国春来、华立大学 2019 年数据来源于 2020 年中报。

---

① 中国宇华教育集团有限公司.年度报告 2019[EB/OL].(2019-12-31)[2020-08-
10]. https://www1. hkexnews. hk/listedco/listconews/sehk/2019/1231/20191231
00026_c.pdf.

② 中汇集团控股有限公司.2019 年度报告[EB/OL].(2019-12-26)[2020-08-10]. ht-
tps://www1. hkexnews. hk/listedco/listconews/sehk/2019/1216/2019121600336_
c.pdf.

（二）融资活动

财务视角的筹（融）资活动主要是指来自导致企业资本及债务规模和构成发生变化的活动。其中"资本"指企业的实收资本（股本）、资本溢价（股本溢价）；"债务"指企业所借入的款项。对于企业的筹资活动，人们一般重点关注其融资活动与企业现金流量周转活动的适应性、融资方式的合理性及融资行为的恰当性等方面。其中适应性是指企业筹资活动能够适应企业不同生命周期经营活动与投资活动现金流量的情况；合理性是指企业可以根据实际需要选择合适的筹资方式；恰当性是指企业较少有超过需求的过度融资或无效占用的不良融资等行为。

从融资的总体规模来看，16 家上市公司仅通过上市当年就共向资本市场募集了 150.63 亿元资金，且有 9 家公司在 2019 年共计发放了 13.71 亿元股利（详见表4-6）。从融资的适应性来看，仅以 2019 年的数据分析来看，大部分公司都通过融资活动来弥补其经营活动现金流量的不足并支持扩张性投资活动所需资金。从融资活动净现金流量变化趋势来看，宇华教育、新华教育、21 世纪教育及中国科培等公司连续 3 年都保持了融资活动现金流入大于流出的态势，表明企业具有较强的资金筹措能力且一直积极筹措资金。但也有成实外教育、民生教育、中教控股等公司在上市后第二年马上就出现融资现金净流量为负的情况。经分析发现，成实外教育主要支付股息和利息，2017 年和 2018 年共支付 4.86 亿元（其中股息 3.97 亿元，利息 0.89 亿元）。[①] 民生教育集团和中教控股集团主要用于偿还借款，2018 年前者偿还了 1.38 亿元，后者偿还了 6.14 亿元。[②] 在融资方式上，除发行股票进行股权融资外，上述企业也积极运用债权融资，如宇华集团 2019 年通过可转换

[①] 成实外教育有限公司.2019 年度报告［EB/OL］.（2020-04-20）［2020-08-11］. https：//www1.hkexnews.hk/listedco/listconews/sehk/2020/0429/2020042900600_ c.pdf.

[②] 民生教育集团有限公司.2019 年年报［EB/OL］.（2020-04-27）［2020-08-06］.https：// www1.hkexnews.hk/listedco/listconews/sehk/2020/0427/2020042701017_c.pdf；中国教育集团控股有限公司.2018/2019 年度报告［EB/OL］.（2019-12-19）［2020-08-10］. https：//www1.hkexnews.hk/listedco/listconews/sehk/2019/1219/201912190 0278_c.pdf.

股贷款 1.68 亿元,发行可转换股债券 8.11 亿元,同时借款 8.47 亿元,累计融资流入 18.26 亿元。[①] 尽管有部分企业在现金流量表上保持了较高额度的现金及现金等价物,但由于上述公司均处于扩张发展阶段,其是否存在过度融资或超额占用问题,需进一步研究。

表 4-6　控股高校上市公司 2017—2019 财年融资活动现金流量净额情况

单位:亿元

公司简称(上市时间)	2019			2018 融资	2017 融资	备注	
	经营	投资	融资			上市所得净额	2019 年发放股利
成实外教育(2016 年 1 月)	9.16	−14.14	2.53	−1.06	−2.86	16.57	2.23
宇华教育(2017 年 2 月)*	12.50	−17.28	10.13	7.64	9.13	13.25	3.64
民生教育(2017 年 3 月)	3.90	−6.34	1.39	−1.65	10.48	12.23	——
新高教(2017 年 4 月)	8.31	−6.04	−0.18	8.54	3.50	3.33	0.83
中教控股(2017 年 12 月)*	11.41	−22.56	28.10	−2.75	21.75	26.64	1.90
新华教育(2018 年 3 月)	1.53	−9.07	2.50	10.38	0.61	10.38	0.79
21 世纪教育(2018 年 5 月)	0.11	−2.25	0.97	2.92	0.09	3.67	
希望教育(2018 年 8 月)	6.97	−18.65	−0.65	23.69	5.03	27.05	1.05
中国春来(2018 年 9 月)**	0.99	−2.15	−1.94	−1.39	0.43	5.23	
银杏教育(2019 年 1 月)	0.48	−3.82	4.47	0.87	−0.14	1.42	
中国科培(2019 年 1 月)	5.39	−4.14	5.43	0.68	0.55	7.40	1.76
嘉宏教育(2019 年 6 月)	3.18	−2.35	2.59	−0.51	0.08	5.05	1.51
中汇集团(2019 年 7 月)*	4.23	4.32	3.32	4.32	−1.48	6.29	0.09
华立大学(2019 年 11 月)**	4.45	−1.39	7.44	−0.26	0.83	8.57	
辰林教育(2019 年 11 月)	1.84	−1.35	3.29	−1.18	−0.13	3.55	
建桥教育(2020 年 3 月)	2.79	−3.34	−0.52	2.47	−1.21		
合　　计						150.63	13.71

注:数据来源分别根据香港证券交易所、公司官网及同花顺公布的上市公司各年年报等信息整理,其中表格"—"代表现金流量流出,* 代表其年报截止时间为当年 8 月 31 日;中国春来、华立大学 2019 年数据来源于 2020 年中报。

---

① 中国宇华教育集团有限公司.年度报告 2019[EB/OL].(2019-12-31)[2020-08-10]. https://www1.hkexnews.hk/listedco/listconews/sehk/2019/1231/2019123100026_c.pdf.

五、资教联姻：高教上市公司的风险评议

控股高校公司上市办学开启了民办高等教育联姻资本市场的新时代，有助于提高民办高校的市场竞争力，也可以为校企合作提供便利，具有积极意义和重要作用。这种上市融资模式也存在一定的风险点，需要关注。

（一）VIE 架构的运营风险

已有研究认为 VIE 架构本身至少面临协议违约与道德风险、合规风险、合同可执行风险、操作风险、外汇管制风险及税务风险等各类风险。[①]这些风险一旦爆发，都会给相关投资者带来损失，并对其控股高校产生不利影响。最典型的是法律和政策风险。例如，2018 年《外商投资准入特别管理措施（负面清单）》已将高等教育机构列入其中；且 2021 年《民办教育促进法实施条例》提出"同时举办或者实际控制多所民办学校的，应当保障所举办或者实际控制的民办学校依法独立开展办学活动"，蕴含着对负面清单中的教育行业将加强监管的倾向。可以预见，随着外商投资、民办教育法律法规政策的出台，税收法规的进一步完善，控股高校上市公司将面临较大的政策环境变化风险，可能引发的是否保留 VIE 架构、是否明晰民办高校法人属性为营利性以及是否剥离非营利性质的义务教育学校，都将对公司产生重大影响。2023 年 2 月 17 日，证监会发布《境内企业境外发行证券和上市管理试行办法》，在证监会答记者问中提到，对于采取 VIE 架构境外上市企业，"证监会将征求有关主管部门意见，对满足合规要求的 VIE 架构企业境外上市予以备案"[②]。同时，VIE 架构还存在一定的治理风险。目前控股高校上市公司家族控股且股权高度集中特征明显，容易造成公司治理围绕家族成员核心利益展开，增大公司决策失败风险且容易降低公司治理的科学

---

① 沈恂.浅析 VIE 模式的法律监管及《外商投资法》对 VIE 架构的影响[J].银行家，2017(1)：123-125.

② 证监会有关部门负责人答记者问[EB/OL].(2023-02-17)[2023-06-20].http://www.csrc.gov.cn/csrc/c100028/c7124481/content.shtml

性和规范性。[①]

控股高校上市公司家族控股、股权高度集中的特点,反映了我国民办高校家族治理色彩浓重的实际状况。家族治理以血缘关系和利益关系交织在一起的治理方式,可能导致公司财产、学校法人财产权和股东个人财产之间的实际界限不严格,公司内部制衡和财务管理等高危风险存在制度性漏洞,间接影响到学校的财务安全。上市公司的家族治理模式也会随外界要求而不断变化,引入职业经理人、实现经营权和管理权分离是不可逆的规律。随着这类企业的发展壮大,控股家族和中小股东、家族成员和职业经理人之间的双重委托代理关系是否良性,将影响到民办高校的治理结构。

(二)境外上市投融资活动的不确定性

投资本质上是将资本分配在不同项目,以求未来实现收益,是助力实现企业经营目标的重要行为。而融资行为则通过资本结构,即不同的债务融资和股权融资安排来降低企业融资成本或委托代理成本,从而提升企业绩效。显然民办高校登陆资本市场,不但破解了以往融资渠道窄,融资机制不顺畅、融资规模小等制约其做大做强的瓶颈问题,而且极大地提升了其债务融资体量,发挥了资本结构优化对提升企业价值的积极作用。投资方面,控股高校上市公司通过并购等行为不仅实现了从不同区域、不同层次和不同类型教育版图的扩充,还实现了进军境外高等教育市场,参与高等教育国际化竞争的战略意图。但不容忽视的是境外上市后,公司比以往掌握了更多资本,且有更多投融资选择,也面临着更大的风险与挑战,如复杂的跨境投融资业务等。

(三)资源筹集资本化的负面影响

控股高校上市公司面临的问题主要集中在资源筹集与运用、办学理念与方向、办学实践与规范三个方面。在资源筹集与运用上体现为"快资本"

---

① 周明生.家族企业股权结构与治理机制的分析[M]//刘永佶.经济中国第2辑.北京:中央民族大学出版社,2006:165-166.

和"慢教育"的冲突。[①] 具体表现如大幅提高学费、住宿费以快速提升公司业绩,压缩行政开支并控制高职称教师比例来节约成本、增加利润等。办学理念与方向上表现为"营利性"和"公益性"的冲突。具体表现如公司上市后募集资金马上用于分配股利、频繁进行大笔关联方交易输送利益,但鲜有财报显示用于提升教育内涵和质量,如引进高层次人才、大力投资建设实验室及推进研究等。为筹集境外资本,高比例质押公司股权,[②]一旦发生资金链断裂,则会有境外资本控股高校的风险,这将涉及教育主权或突破现有监管政策底线。办学实践与规范上则集中体现为"公司治理"与"教育治理"的冲突。具体表现为积极贯彻更稳定的收入增长、更低的运营成本控制、更高的利润创造以及为股东创造最大价值的公司治理理念与规范,其必然会侵蚀教育的质量,与现代大学的教育治理目标背离。

第三节　资产证券化：收费权转换可流通证券的探索

一、高优先级：民办高校 ABS 的发行情况

资产证券化(asset-backed securitization,简称 ABS)是指发起人将缺乏流动性但可以产生稳定现金流的资产(或资产集合)出售给 SPV(即 special purpose vehicle,特殊目的载体),并由 SPV 通过一定的结构性安排分离和重组资产的收益和风险并增强其信用,最终将上述资产转化为可以自由流通的证券并销售给投资者的过程。[③] 资产证券化在我国金融市场已有二十年的发展历史,但其与民办高校发展相结合的案例却并不多见。2015 年 8

---

① 钟秉林,周海涛.民办高校集团化办学的发展态势、利弊分析及治理路径[J].中国高教研究,2020(2):29-32.

② 2018 年宇华教育名下的中国香港宇华教育与国际金融公司签订贷款协议,以质押西藏元培公司 40%的股权为担保,借入 7500 万美元。详见宇华教育集团 2019 年年报[EB/OL].(2019-12-31)[2020-08-10].https://www1.hkexnews.hk/listedco/listconews/sehk/2019/1231/2019123100026_c.pdf.

③ 洪艳蓉.资产证券化法律问题研究[M].北京:北京大学出版社,2004:6.

月份,上海证券交易所发行了首单以学费住宿费收费权作为基础资产的证券化产品"津桥学院(一期)资产支持专项计划",标的学校为昆明理工大学津桥学院。2016年《民办教育促进法》正式实施后,教育资产证券化的不确定性逐渐消除。此后,资产证券化与民办高校发展相结合的案例陆续出现。

根据中国资产证券化分析网(CNABS)数据,截至2021年1月31日,市场上发行的民办高校资产证券化产品共6个,发行规模共计41.1525亿元(如表4-7所示)。这6项产品的标的学校均为法律意义上的非营利性民办高校,如果不设定民办高校范畴,教育资产证券化产品主要分为非学历教育和学历教育两类。例如,2017年发行的"开源-乘驾校学费信托受益权资产支持专项计划"即为非学历项目。学历教育类产品的标的学校又分为高校和基础教育类。例如,2021年发行的"中信证券-二十一世纪国际学校信托受益权资产支持专项计划"即为基础教育类学校。此外,高校类产品又分为公办高校和民办高校,目前已发行的公办高校资产证券化产品仅有2017年"中联前海开源-昆明工业职业技术学院资产支持专项计划"一例。此处的讨论不涉及非学历教育、基础教育和公办高等教育资产证券化产品。

整体而言,民办高校资产证券化产品发展势头良好,在教育类资产证券化产品中优先级较高。以津桥学院资产支持计划为例。该产品发行金额为10.40亿元,发行利率普遍位于4.3%至6%,均高于发行参考理论。其资产服务机构为昆明理工大学津桥学院,担保人为云南省城市建设投资集团有限公司。从资产服务机构角度分析,昆明理工大学津桥学院位于云南昆明,是由昆明理工大学申办,云南省城市建设投资有限公司投资,是功能齐全,以工为主,经、管、文、法、理协调发展的多科性全日制本科院校。现有2个校区,校区占地总面积1289亩,在校学生10000余名,违约风险相对较小。从担保人角度分析,云南省城市建设投资集团有限公司作为云南省人民政府批准组建的现代化大型国有企业,不仅是云南省城市基础设施建设投融资及运营管理主体,还是云南省人民政府授权的城建投资项目出资人代表和实施机构,经营范围包括城市基础设施建设、房地产、水务、旅游服务、物流和医药,所处行业在云南省具有较大的垄断或领先地位,竞争优势明显,市场前景广阔,持续盈利能力有保障,可以获得长期稳定的经营性现金流入。从产品结构角度分析，该产品本金超额覆盖率为199.22%，流动性风险较小，且外部增信项目比较全面。

表 4-7　民办高校资产证券化产品

产品简称	产品全称	产品类型（细分）	发行总金额/亿元	原始权益人
重艺 2019－1	重庆艺术工程职业学院及重庆传媒职业学院信托受益权资产支持专项计划	学费收益权	2.5000	重庆传媒职业学院、重庆艺术工程职业学院
厦工院 2017－1	厦门工学院信托受益权资产支持专项计划	学费收益权	6.7725	青岛国信资管
希望 2017－1	西南交大希望学院信托受益权资产支持专项计划	学费收益权	6.2300	四川希望教育集团有限公司
阳光学院 2016－1	阳光学院一期资产支持专项计划	学费收益权	6.3000	阳光集团
学费 2016－1	武汉理工大学华夏学院及武汉大学珞珈学院 2016 年信托受益权资产支持专项计划	学费收益权	8.9500	武汉理工大学华夏学院及武汉大学珞珈学院
津桥 2015－1	津桥学院资产支持专项计划	学费收益权	10.4000	昆明理工大学津桥学院

二、信用增级：民办高校 ABS 的主要优势

虽然目前资产证券化与民办高校结合的产品并不多，但是，民办高校资产证券化仍然显现出一定的优势。第一，就高等教育本身而言，我国高等教育体制与西方国家不同，严格的审批和招生指标限制使得高等教育是门槛颇高、相对稳定的行业。中国证券监督管理委员会发布的《证券公司及基金管理公司子公司资产证券化业务管理规定》第 2 条规定："资产证券化业务，是指以基础资产所产生的现金流为偿付支持，通过结构化等方式进行信用增级，在此基础上发行资产支持证券的业务活动。"一般认为，现金流是资产证券化的重要基础，能够产生现金流的资产也被称为基础资产。就学历高

等教育机构而言,学费和住宿费收入是极具稳定性和可预期性的现金流,这恰好是资产证券化最重要的条件。第二,在高等教育内部,民办高校资产证券化相对于公办高校具有一定的优势。如上所述,目前公办高校资产证券化仅昆明工职院一例,主要原因是公办高校开展资产证券化业务需要得到教育主管部门同意,否则可能有被暂停的风险。而昆明工职院则获得了教育主管部门关于学费住宿费收入质押的授权。而民办高校(包括非营利性民办高校)在支配其学费收入及住宿费收入时,则不具备此类限制。

　　资产证券化是介于传统的直接融资和间接融资之间的一种新型融资模式。[①] 对于民办高校而言,资产证券化更是一种创新融资模式。学界将资产证券化的流程公式化为"(基础资产)输入(inputs)—资产的结构化(structure)—输出证券(outputs)"三步骤。[②] 以目前发行的 6 项民办高校资产证券化产品看,产品类型均为学费收益权,即均以学校的学费住宿费收入为基础资产。一般而言,高等教育办学有较高的门槛,在存续办学期间,只要没有严重的生源危机或招生指标缩减,学校就有学费住宿费收入带来的稳定现金流。通过资产证券化,民办高校将未来学费住宿费收入这种缺乏流动性但预期能够产生稳定现金流的资产,转化为资本市场上的可流通证券。这一方式至少有两个优点:一是增加了民办高校融资渠道。长期以来民办高校一般较难通过银行贷款融资,而学校通过资产证券化的方式可以避免银行贷款对抵押担保的要求。资产证券化以资产信用方式进行融资,通过结构化等方式进行信用增级,较好地规避了传统融资模式下民办高校因自身主体信用偏弱而融资成本较高的问题。我们认为,这也是资产证券化对于非营利性民办高校的最大优势和最核心价值。二是资产证券化的融资规模更大。如以上 6 项民办高校资产证券化产品所示,发行金额均以数万亿元计。主要原因是在资本市场上融资能够获得更多投资群体的关注,比向单一银行贷款融资的范围要大得多。综合来看,资产证券化增加了民办高校的资产流动性,拓宽了融资渠道,降低了融资风险,提高了学校发

---

① 李小文.论"类证券化"与"类期货化"互联网金融平台的刑事治理[J].上海政法学院学报(法治论丛),2019,34(6):65-74.

② 朱晓喆.资产证券化中的权利转让与"将来债权"让与:评"平安凯迪资产支持专项计划"执行异议案[J].财经法学,2019(4):142-160.

展资金充足率,同时也给予了社会资本一个了解和进入教育行业的新机会。

三、未来学费:民办高校 ABS 的基础资产

基础资产是资产证券化法律关系的客体,民办高校资产证券化的起点即筛选并确定可证券化的基础资产。2004 年《关于证券公司开展资产证券化业务试点有关问题的通知》第 2 条明确规定:"基础资产应当为能够产生未来现金流的可以合法转让的财产权利,可以是单项财产权利,也可以是多项财产权利构成的资产组合。基础资产为不动产收益权或特许经营收益权的,收益权的买卖不得违反法律、行政法规的规定,收益权应当有独立、真实、稳定的现金流历史记录,未来现金流保持稳定或稳定增长趋势并能够合理预测和评估;基础资产为债权的,有关交易行为应当真实、合法,预期收益金额能够基本确定。"可见,基础资产在法律上指的是能够产生未来收入的、特定的财产权利,而非实物资产。[①]

民办高校资产证券化产品的基础资产,一般是学校未来一段时期的学费收入(部分学校含住宿费收入)。主要原因有三。第一,就民办高校而言,学费收入是极具稳定性和可预期性的现金流,这恰好是资产证券化的基础性条件。第二,未来学费收入(及住宿费收入)是民办高校的一项财产权利,是可证券化的基础资产。《证券公司及基金管理公司子公司资产证券化业务管理规定》第三条规定:"基础资产,是指符合法律法规规定,权属明确,可以产生独立、可预测的现金流且可特定化的财产权利或者财产。基础资产可以是单项财产权利或者财产,也可以是多项财产权利或者财产构成的资产组合。"民办高校收费权是一种能够产生未来收入的、特定的财产权利,符合资产证券化基础资产的法律要求。第三,学费收入与住宿费收入属于同一类型资产,即基于学校办学资质而获得的财产权利,可以组合起来作为基础资产。[②] 并且,这一组合符合《资产证券化业务基础资产负面清单指引》关于基础资产不能是"法律界定及业务形态属于不同类型且缺乏相关性的

---

① 徐昕,黄海波,郭翊."基础资产"界定中的法律问题及其解决[J].中南大学学报(社会科学版),2008(5):674-678.

② 邹建,王少剑,申挚,等.中国资产证券化项目剖析与实操指南[M].北京:法律出版社,2018:190.

资产组合"的监管要求。因此,民办高校资产证券化往往被称为"学费资产证券化",但实际上,能够收取住宿费的民办高校往往将住宿费收入也纳入基础资产,有利于增加资产规模。

四、信托架构:民办高校 ABS 的交易结构

(一)单一交易结构

单一交易结构指的是直接以学费住宿费未来债券为基础资产的交易结构,这种交易结构是没有增加信托架构的。根据证监会机构监管部《关于证券公司开展资产证券化业务试点有关问题的通知》,可证券化的基础资产有两类,一类是收益权,一类是债权。[①] 未来学费收入具有权益类资产的属性,与之类似的包括景区门票收入、租赁公司的租金和物业收入、医疗机构的服务收入、高速公路的收入等。但是,学费住宿费收入作为基础资产的法律属性尚无明确规定,且"除了那些签订合同法律关系明确的交易外,更多的是未来不确定的交易,不能满足基础资产的特定化要求""这些可能产生的经营收入属于将来债权",[②]所以,目前市面上民办高校资产证券化产品中,仅"津桥学院(一期)资产支持专项计划"直接以学费住宿费未来债券为基础资产,采用的单一结构如图 4-3 所示。

根据《津桥学院资产支持专项计划说明书》,该计划的基础资产系指原始权益人(昆明理工大学津桥学院)在专项计划设立日转让给计划管理人(国海证券)的、原始权益人(昆明理工大学津桥学院)基于提供全日制大学本科学历教育及住宿服务于自基准日起的特定期间内对在籍学生及住宿学生享有的学费住宿费债权。其中,"特定期间"系指自 2015 年 9 月 1 日起(含 9 月 1 日)至 2015 年 10 月 31 日止,以及 2015 年 11 月 1 日起(含 11 月 1 日)至 2024 年 10 月 31 日止的每年 11 月 1 日(含)至次年 10 月 31 日(含)的期间,其中第一个特定期间系指 2015 年 9 月 1 日起(含 9 月 1 日)至 2015

① 洪艳蓉.资产证券化法律问题研究[M].北京:北京大学出版社,2004:7.
② 洪艳蓉.双层 SPV 资产证券化的法律逻辑与风险规制[J].法学评论,2019,37(2):84.

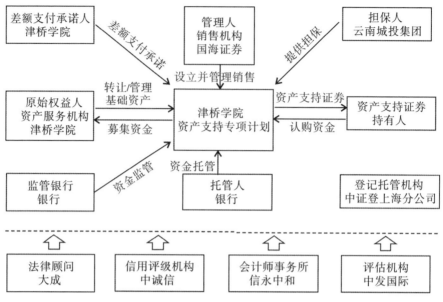

图 4-3 津桥学院资产支持专项计划交易结构

年 10 月 31 日(含)的期间。根据预测,特定期间内基础资产的预期现金流对该专项计划优先级资产支持证券本息的覆盖倍数在 1.3 倍以上。

(二)双层 SPV 结构

双层 SPV 结构指的是在民办高校未来学费住宿费收入上,增设了一层信托架构,由此将未来债券转化为信托受益权。除"津桥学院(一期)资产支持专项计划"外,其他民办高校资产证券化计划多采取双层 SPV 结构,以信托受益权为基础资产。采取这一做法的主要原因是,学费收入住宿费收入属于未来债权,具有不确定性,并不能满足财产权利"可特定化"的要求。采用双层 SPV 的架构"将信托受益权这一特定化资产作为基础资产,换取专项计划募集资金向企业发放信托贷款,并将其未来经营收入按照《应收账款质押登记办法》的规定质押给信托,锁定现金流作为企业偿还信托贷款的来源,完成证券化过程"[①]。这实际上是将未来收益转化为现实权益的一种方案。

[①] 洪艳蓉.双层 SPV 资产证券化的法律逻辑与风险规制[J].法学评论,2019,37(2):84-98.

　　以"西南交大希望学院信托受益权资产支持专项计划"为例。西南交大希望学院与昆明理工大学津桥学院同属独立学院,但资产证券化的交易结构有所不同。根据《西南交大希望学院信托受益权资产支持专项计划说明书》,希望教育集团是希望学院的实际控制人,该计划的基础资产系指由原始权益人在专项计划设立日转让给管理人的、原始权益人根据《信托合同》的约定和中国法律的规定而享有的单一资金信托计划项下的信托受益权。如图 4-4 所示,实际控制人及原始权益人(希望教育集团)通过受托机构(中粮信托有限责任公司)管理的单一资金信托计划,对借款人(希望学院)发放信托贷款,同时,将信托受益权转让给计划管理人(恒泰证券)设立并管理的"希望学院信托受益权资产支持专项计划"。

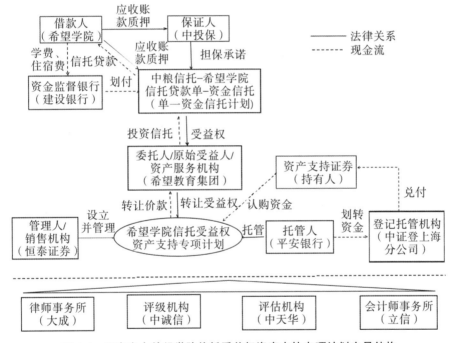

图 4-4　西南交大希望学院信托受益权资产支持专项计划交易结构

　　再看"阳光学院一期资产支持专项计划"的结构。阳光学院前身也是一所独立学院,2015 年转设为独立设置的民办普通本科学校。该计划是国内首单独立设置民办高校的资产证券化计划。根据《阳光学院一期资产支持专项计划说明书》，阳光集团是阳光学院的实际控制人，该计划的基础资产系指原始权益人（阳光集团）在专项计划设立日转让给专项计划的、原始权益人根据《五矿信托—阳光学院信托贷款单一资金信托之资金信托合同》对五矿信托—阳光学院信托贷款单一资金信托享有的信托受益权。如图4-5所示，实际控制人及原始权益人（阳光集团）通过受托机构（五矿国际）管理的单一资金信托计划，对借款人（阳光学院）发放信托贷款，并将信托受益权转让给计划管理人（东兴证券）设立并管理的"阳光学院一期资产支持专项计划"。

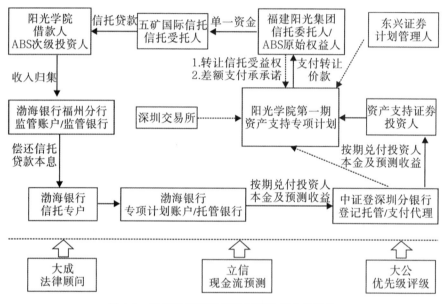

图4-5　阳光学院资产支持专项计划交易结构

　　如图4-6和4-7所示，比较两种交易结构发现，双层SPV结构较之单一结构，嵌套了信托受益权，增设了一层信托架构。就民办高校资产证券化产品而言，双层SPV主要是指信托发起的单一资金信托计划和资产支持专项计划，前者实现了借款人（如希望学院、阳光学院）基础资产的转让，后者实现了未来学费及住宿费收益的法律界定。在双层SPV结构中，基础资产名义上是信托受益权，但穿透到底层资产仍然是民办高校的学费住宿费收入，是将未来收益转化为现实权益的方案。实际上，无论是哪种交易结构，实际债务人都是民办高校，都以其学费住宿费收入为还款来源。

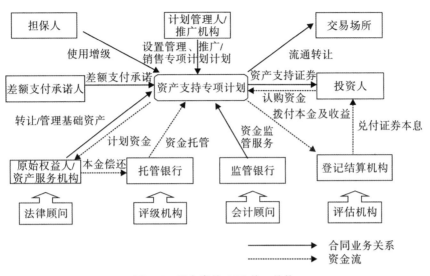

图 4-6　民办高校 ABS 单一结构

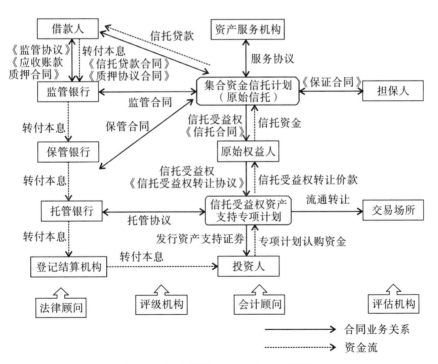

图 4-7　民办高校 ABS 双层 SPV 结构

五、资金缺口：民办高校 ABS 的风险评议

与债权融资相比，资产证券化以资产信用而非融资人的主体信用为基础，而将资产信用独立出来的关键在于通过一系列法律安排实现基础资产和融资人的"风险隔离"，使基础资产脱离融资人的控制和影响。但具体到民办高校资产证券化，无论采用"单层 SPV"还是"双层 SPV"结构，基础资产能否产生持续、稳定的现金流，归根结底仍取决于民办高校经营活动的正常开展。实际上，民办高校资产证券化很难实现真正意义上的"风险隔离"。对于投资者而言，民办高校资产证券化产品的主要风险仍然是融资人的经营风险，即融资人能否实现预期的学费住宿费收入的风险。例如，《津桥学院资产支持专项计划风险揭示书》提出，该计划与基础资产相关的风险包括原始权益人被限制招生或停止办学的风险、原始权益人破产风险、现金流预测风险、在籍学生及住宿学生违约风险。已有研究也提出，学费资产支持证券的主要风险是发行主体学校被限制招生或停止办学、产品端未来学费住宿费现金流预测的风险。[①] 而从民办高校健康可持续发展的角度看，目前资产证券化这种融资方式还有一些值得注意的风险点。

（一）资产证券化期间民办高校运营成本可能不足

民办高校作为资产证券化的实际融资人和原始权益人，负责学校的日常运营和管理，学费住宿费收入的产生依赖于原始权益人的持续运营。从目前已获得的计划说明书看，一般会将民办高校在特定时间段内的全部学费住宿费收入证券化。例如，《西南交大希望学院信托受益权资产支持专项计划》提出，"基础资产归集安排，一是以银行转账汇款等非现金形式归集至资金监管账户，二是收取的现金形式的学费及住宿费收入全部存入借款人现金收款账户，随后于现金划付日向资金监管账户划付借款人现金收款账户中归集的全部学费及住宿费收入"。从资产证券化计划的角度看，加强底层资产的现金流回收实属必要；但从民办高校自身发展看，专项计划存续期

---

① 梁杰.FM 教育投资集团资产证券化双 SPV 模式设计[D].昆明：昆明理工大学，2020：60-62.

间,全部学费及住宿费收入纳入基础资产池,学校在偿还信托贷款本息、支付日常经营费用后可能存在资金缺口。

实际上,一些资产证券化计划是考虑到了学校在特定时间内无法支配学费住宿费收入可能引起的经费不足问题。一个解决思路是,学校需要学费住宿费以外的收入来源,以确保日常运转不受影响。例如,《西南交大希望学院信托受益权资产支持专项计划说明书》提出,"希望教育集团出具《流动性支持承诺函》承诺,在信托计划存续期间,若因希望学院将质押财产产生的现金流作为信托贷款的主要还款来源导致希望学院现金流紧张或者不足,从而对希望学院日常教学经营活动、教学设备设施的建设、维护以及向西南交通大学支付《合作举办西南交通大学希望学院协议书》项下约定的相应回报款的能力产生影响,希望教育集团将给予一定的现金流支持,以保证希望学院有足够的资金维护学院日常经营活动及按希望学院学费收入总额15%、科研事业收入总额5%的比例于每年的12月向西南交通大学支付回报款"。从目前可获得的各计划说明书看,民办高校举办者也只是承诺在特殊情况下可给予学校一定的现金流支持,而并无具体可兑现的制度设计。

(二)集团公司的影响超出传统分析框架

大部分民办高校的主体资质较弱,其资产证券化产品需要根据信用评级机构的要求进行增信处理。我们关注到,目前发行的 6 项民办高校资产证券化产品,有的做了内部增信措施,如通过优先/次级结构分层实现风险再分配,以及基础资产回收款大于拟发行证券的超额覆盖设计;同时也增加外部增信措施,由融资性担保机构提供担保。外部增信实际上增加了民办高校资产证券化的融资成本。在这种情况下,如果民办高校的股东为上市公司或政府机构,则增信效果明显。也就是说,民办高校背后有一个强有力的集团公司做支撑,有利于外部增信,也可以适当减少向其他融资性担保公司寻求增信的成本。但同样的,母公司其他经营板块的运营会对学校产生一定影响。未来,现金流稳定、盈利能力强大的教育集团或将成为资产证券化产品的主要发行主体,但教育集团尤其是上市教育集团对未来民办高等教育发展的影响,是一个不得不引起充分关注的议题。

（三）项目募集资金用途不受限制

就目前各专项计划说明书看，各计划普遍未披露募集资金用途，也就是说，民办高校作为实际融资人可以将募集资金用于学校运营，也可以用于偿还银行贷款或其他事项。从资产证券化本身而言，其募集资金用途不受监管部门限制，实际上是资产证券化相对于债权融资等方式的一个优势。但从民办高校运营与发展的角度看，一方面没有明确留出资金补充民办高校的运营资金，可能导致前述运营成本不足的问题；另一方面通过资产证券化融资提前预支未来数年的学费（及住宿费）收入，可能助长民办高校的盲目投资、盲目扩张行为，不利于民办高校的内涵式发展。

第四节　教育资本化：直接融资的监管边界

一、目标控制：创新融资模式与监管融资行为统一

资本市场和教育之间的关系具有复杂性和多面性。在民办教育分类管理改革的政策选择过渡期，政策和资本的结合引发了人们的强烈关注，也在不断地颠覆着我们的传统思维。民办高校内生性地存在对社会资金的需求，加上迎接新经济、新业态和新产业发展所需的劳动力素质提升和结构转变，高等教育的发展还需要创新融资模式，进一步扩大经费来源和规模。直接融资提供了传统融资以外的新途径。就上市融资而言，目前已经有超过30所民办高校通过海外上市获得了融资，但上市融资仅适用于规模较大、发展成熟的民办教育集团，对于大多数民办学校而言，上市融资仍然是可望而不可即的。就资产证券化而言，目前发行的民办高校资产证券化产品仍不多，且以具有政府背景、教育集团背景的民办高校为主，未来前景有待进一步开拓。我们认为，创新融资模式与监管融资行为是相互促进的关系，目标是发挥好资本市场对于民办高等教育创新、高质量发展的支持作用。创新融资模式的发展必然伴随着一定的风险，如市场风险、操作风险等，可以在技术层面予以解决。更为重要的是，要避免资本消极地介入教育，明确资

本参与教育的定位是赋能而非凌驾。对于将高等教育作为资本投资和快速盈利的工具,以资本化、市场化手段干预和主导教育资源配置的,予以纠正和扭转。资本市场的作用在何种程度属于合理发挥,何种程度属于扭曲滥用,不在于利润率或相关定量指标的设定,而在于怀有什么样的初心、秉持什么样的理念。这方面的监管更多依赖定性指标的设定,以及控制扩张、注重内涵的承诺。

二、制度建设:金融中介、第三方评估与自律相配合

直接融资与间接融资不同,其监管逻辑和框架应有所不同。间接融资的监管和控制相对严格和保守,主要是因为金融机构在其中扮演了代理机构的角色。而直接融资是由投资者直接承担较大风险,从资本市场角度看,监管机构介入太深不利于资本市场健康发展,也可能使各项监管措施异化为政府管制措施。就民办高校直接融资活动本身而言,因为投资人要直接承担一定风险,所以资本市场投入民办高校是较为谨慎的。基于此情况,直接融资中应更加强调优化自律监管和第三方评估机构监管,而监管机构主要承担制度建设责任。就上市融资而言,一是要加快细化营利性与非营利性分类管理办法,创设良好发展环境。目前分类管理登记的标准不同、具体程序不明确、配套政策不完善都影响了控股高校上市公司办学的合法性和合理性,也造成了事实上以非营利之名谋营利之实的局面。二是理顺企业家族关系和民办高校治理结构之间的关系,密切关注高教上市公司的公司治理结构和股权结构,鼓励上市公司根据高等教育特殊性质不断优化股权结构,避免股权过于集中间接影响学校治理的现代化进程。就资产证券化而言,虽然大多数产品是通过双重 SPV 架构来解决未来学费及住宿费收入非特定化的问题,但要进一步拓展资产证券化途径,有必要对民办高校基础资产的法律性质作出明确界定,这也有利于信用评级机构作出增信处理,降低民办高校资产证券化产品的融资成本。

三、增列条款:教育发展逻辑与金融市场逻辑相融合

监管政策的制定需要充分考虑教育行业的特殊性。资本市场对民办高

等教育市场的运作和成长具有一定的影响力，资本市场可能更加关注教育组织的收入增长速度、市场占有率、教育创新能力、市场满意度等指标。在落实资本市场的监管制度以及保障教育市场公平公正的同时，要平衡好资本方式与教育价值的关系。目前对非营利性民办高校直接融资的监管主要是基于经济和资本逻辑的金融行为监管，而监管框架中的教育逻辑有明显缺失。例如，在资产证券化项目中，有必要对举办者实际支持民办高校作出具体要求，以避免民办高校在资产证券化存续期间出现资金缺口。这需要站在保障和促进教育事业发展的角度，而非保障市场投资安全性的角度，增加针对性的监管条款。目前我们关注到，2021年《民办教育促进法实施条例》第十三条规定："同时举办或实际控制多所民办学校的，举办者或实际控制人应当具备与其所开展办学活动相适应的资金、人员、组织机构等条件与能力，并对所举办民办学校承担管理和监督职责。"此外，该条例第四十四条规定："非营利性民办学校收取费用、开展活动的资金往来，应当使用在主管部门备案的账户。有关主管部门应当对该账户实施监督。"这意味着今后在操作非营利性民办高校资产证券化项目时，监管账户必须在主管部门备案并接受主管部门的监督。从实践层面看，以上条款都需要现有金融监管机构与教育主管部门充分沟通协调，形成教育逻辑与金融市场逻辑相融合的监管框架。

第五章　非营利性民办高校的
关联交易监管

关联交易的本质是一种中性经济行为,其特殊之处在于交易方之间既有业务关系,也有利益往来。关联交易本身是合法的,很多组织也愿意与熟悉的或有共同利益的关联方进行业务交易。在实际操作中,关联交易既可以是协助一个组织的有效工具,也可以是从一个组织转移利益的常用工具。[①] 关联交易虽然有其规则和标准,但往往难以审计,直接证据很难获得。所有者和管理者有责任披露关联方及其利益,如果出于个人利益而不披露,事实上也难以区分。民办高校作为一个教育组织,也需要与不同的市场主体签订合同、展开一般交易,故而营利性和非营利性民办高校中都会存在关联交易。非营利性民办高校的部分关联交易,可能影响到非营利办学的真实性,因而教育法律法规政策提出额外的监管要求。

第一节　重申重视:学校关联交易的普遍存在

一、中性立场:关联交易的法律定位

最早对关联交易作出法律界定和处理,主要是针对企业财务和经营决策问题。1997 年,财政部颁布的《企业会计准则——关联方关系及其交易的披露》(财会字〔1997〕21 号)第八条规定:"关联方交易是指在关联方之间

---

① TONIOLO A. Regulating related party transactions during the COVID-19 crisis [J]. Christ ULJ, 2021(10): 1.

发生转移资源或义务的事项，而不论是否收取价款。"根据该准则，关联交易发生在关联人之间，而关联方的判定主要在于是否存在直接或间接控制，或者是否存在施加重大影响，即第四条规定"在企业财务和经营决策中，如果一方有能力直接或间接控制、共同控制另一方或对另一方施加重大影响，本准则将其视为关联方；如果两方或多方同受一方控制，本准则也将其视为关联方"。同时，该准则还提出，"判断关联方交易是否存在的基本标准，判断关联方交易的存在应当遵循实质重于形式的原则"，也就是说，是否存在关联方关系需视其关系的实质而定，这对实务中界定关联交易设置了较高的门槛。

2007年施行的《上市公司信息披露管理办法》规定，"上市公司的关联交易，是指上市公司或者其控股子公司与上市公司关联人之间发生的转移资源或者义务的事项"，并要求"上市公司应当履行关联交易的审议程序，并严格执行关联交易回避表决制度。交易各方不得通过隐瞒关联关系或者采取其他手段，规避上市公司的关联交易审议程序和信息披露义务"。《公司法》第二十一条明确提出，"公司的控股股东、实际控制人、董事、监事、高级管理人员不得利用其关联关系损害公司利益"，并进一步对关联关系作出界定。该法第二百一十六条提出，"关联关系，是指公司控股股东、实际控制人、董事、监事、高级管理人员与其直接或者间接控制的企业之间的关系，以及可能导致公司利益转移的其他关系。但是，国家控股的企业之间不仅因为同受国家控股而具有关联关系"。这些规定进一步明确了特定关联方的范围，对相关关联主体作出了规定。

2009年《关于非营利组织免税资格认定管理有关问题的通知》（财税〔2009〕123号，已废止）首次在成文法中对非营利组织的关联交易作出规范。2018年《关于非营利组织免税资格认定管理有关问题的通知》（财税〔2018〕13号）明确规定，已认定的享受免税优惠政策的非营利组织"通过关联交易或非关联交易和服务活动，变相转移、隐匿、分配该组织财产的"，应自该情形发生年度起取消其资格。

综上来看，我国成文法承认关联交易的客观存在，对非营利组织的关联交易也持有中性立场，并未有明确的禁止性规定。据此，无论是非营利性还是营利性组织，一般意义上的关联交易是具有合法性的。

二、一般共性:关联交易的主要样态

《企业会计准则——关联方关系及其交易的披露》提供了 11 项企业关联方交易的例子:(1)购买或销售商品;(2)购买或销售除商品以外的其他资产;(3)提供或接受劳务;(4)代理;(5)租赁;(6)提供资金(包括以现金或实物形式的贷款或权益性资金);(7)担保和抵押;(8)管理方面的合同;(9)研究与开发项目的转移;(10)许可协议;(11)关键管理人员报酬。

有研究者梳理了民办教育领域的关联交易类型与形式。例如,董圣足(2018)提出,民办学校关联交易的样态体现在八个方面:(1)学校与关联方之间的固定资产租赁行为;(2)学校与关联方之间的商品(服务)购买与销售行为;(3)学校与关联方之间的资金借贷行为;(4)学校与关联方之间的劳务购买行为;(5)学校与关联方之间的代理、协议及许可行为;(6)学校与关联方之间的局部资源使用行为;(7)学校与关联方之间的担保及抵押行为;(8)学校与关联方之间的其他成本调节行为。[①] 田光成(2020)从办学实际出发提出,较为常见的民办学校关联交易有以下七类:(1)租赁,主要是学校向关联方租赁办学场地,也涉及少量的设备和资产租赁;(2)餐饮住宿服务,由关联方向学校的师生提供餐饮和住宿服务;(3)后勤物业管理,由关联方为民办学校提供采购、保安、保洁、维修等服务;(4)教育教学类服务,学校将课题研发、教师招聘培训、学生出国留学、游学、冬夏令营等工作外包给关联方,并向关联方支付相应的费用;(5)委托管理,关联方委托团队对学校进行管理,并收取相应的管理费;(6)品牌授权,关联方拥有某 个独立的教育品牌,授权学校使用,学校依照双方约定缴纳品牌使用费;(7)资金借贷,学校向关联方借款用于学校发展,并按照双方借款约定支付相应的利息。[②]

对比发现,无论是民办教育领域还是其他领域,主要的关联交易形式可以进一步归纳为以下类别:(1)购买与出售;(2)租赁;(3)服务协议;(4)贷款协议。结合部分民办高校人事安排及高额年薪问题,构成关联交易的还应

---

① 董圣足.民办学校"关联交易"的规制与自治[J].复旦教育论坛,2018,16(4):30-36.

② 田光成.非营利性民办学校关联交易的法理分析和实践探索[EB/OL].(2020-12-26)[2023-02-28].https://www.163.com/dy/article/FUPFF9AA0518RSPT.html.

包括(5)管理层薪酬。理论上讲，民办高校与关联方之间的合法关联交易具有积极价值，例如，民办高校与关联方之间的购买与出售行为、服务协议、贷款协议等，可以是节约交易成本和更有效率的，而民办高校与关联方之间的租赁合同可以是更为稳定的，这也可以构成民办高校体制机制灵活的重要原因。

第二节 问题导向：学校关联交易的监管动态

一、年度审查：反复讨论后的政策确定

无论是非营利组织还是营利性组织，其关联交易中都包含部分正当性的因子，也包含部分非正当性的因子。就消极方面而言，关联交易可能构成利润输送，导致利益相关人利益受损，尤其是非公允关联交易可能产生"掏空"行为，影响组织的持续经营能力，而对组织构成致命打击。[①] 就非营利组织而言，这种非正当性的关联交易就是"以非营利之名行营利之实"的途径。虽然《关于非营利组织免税资格认定管理有关问题的通知》中规定，非营利组织从事关联交易后将取消免税资格，但是并未对非营利组织关联交易的场域以及从事关联交易后的其他法律后果作出明确规范。

针对民办教育办学实践中大量存在的关联交易问题，《民办教育促进法实施条例》的修订工作已经将此问题纳入规范考虑。2018年4月，教育部公开征求意见的《民办教育促进法实施条例(征求意见稿)》新增第四十三条，提出，"非营利性民办学校与利益关联方发生交易的，应当遵循公开、公平、公允的原则，不得损害国家利益、学校利益和师生权益。违反本款规定造成损失的，应当承担赔偿责任或者依法承担其他法律责任。非营利性民办学校应当建立利益关联方交易的信息披露制度。理事会、董事会或者其他形式决策机构审议与利益关联方交易事项时，与该交易有利益关系的决策机构成员应当回避表决，也不得代理其他成员行使表决权。利益关联方是指民办学校的举办者、实际控制人、理事、董事、监事等以及与上述组织或个人之间存在互

---

① 高玥.关联交易的正当性分析及法律规制[J].研究生法学,2016(2):26.

相控制和影响关系、可能导致民办学校利益被转移的组织或个人"。

2018年8月司法部公开征求意见的《民办教育促进法实施条例（送审稿）》在此基础上作出修订："第四十五条　民办学校与利益关联方发生交易的,应当遵循公开、公平、公允的原则,不得损害国家利益、学校利益和师生权益。民办学校应当建立利益关联方交易的信息披露制度。教育行政部门、人力资源社会保障部门应当加强对非营利性民办学校与利益关联方签订协议的监管,对涉及重大利益或者长期、反复执行的协议,应当对其必要性、合法性、合规性进行审查审计。理事会、董事会或者其他形式决策机构审议与利益关联方交易事项时,与该交易有利益关系的决策机构成员应当回避表决,也不得代理其他成员行使表决权。前款所称利益关联方是指民办学校的举办者、实际控制人、理事、董事、监事等以及与上述组织或者个人之间存在互相控制和影响关系、可能导致民办学校利益被转移的组织或者个人。"

2018年11月,司法部再次就《民办促进法实施条例（送审稿）》征求意见,但此次征求意见的新版本主要面向行业协会和专家学者,并未向社会公众公布。最新版本将关联交易的规范条款调整如下："第四十五条　民办学校与利益关联方发生交易的,应当遵循公开、公平、公允的原则,不得损害国家利益、学校利益和师生权益。民办学校应当建立利益关联方交易的信息披露制度。教育、人力资源社会保障以及财政、税务等有关部门应当加强对非营利性民办学校与利益关联方签订协议的监管,对涉及重大利益或者长期、反复执行的协议,应当对其必要性、合法性、合规性进行审查。前款所称利益关联方是指民办学校的举办者、实际控制人、理事、董事、监事、财务负责人等以及与上述组织或者个人之间存在互相控制和影响关系、可能导致民办学校利益被转移的组织或者个人。"

对比来看,司法部版本比教育部版本更为严格,一是将关联交易的规范对象从非营利性民办学校扩大到所有民办学校,二是专门提出对非营利性民办学校关联交易的协议监管。2020年8月17日,教育部等五部门印发《关于进一步加强和规范教育收费管理的意见》的通知（教财〔2020〕5号）（以下简称《收费管理意见》）提出,"要加强教育收费治理,严禁非营利性民办学校举办者和非营利性中外合作办学者通过各种方式从学费收入等办学收益中取得收益、分配办学结余（剩余财产）或通过关联交易、关联方转移办学收益等行为"。对非营利性民办高校关联交易的监管要求更加明确。

2020年11月10日，教育部在《关于政协十三届全国委员会第三次会议第3379号（教育类343号）提案答复的函》教发提案〔2020〕132号（以下简称《政协提案答复函》）中，进一步就非营利性民办学校关联交易作出说明："为保障非营利性民办学校举办者权益，回应举办者诉求，教育部对合法合规的关联交易持开放态度。同时，为切实保障非营利民办学校的法人财产权不受侵害，避免相关方'以非营利之名行营利之实'，在《民办教育促进法实施条例》修订中，对关联交易作出规定，要求关联交易应该公开、公平、公允，合理定价，不得损害学校利益，建立信息披露制度，相关部门加强监管、按年度对关联交易进行审查等。"据此，官方认可非营利性民办高校的合法关联交易，但对通过关联方转移办学收益、分配办学结余、从学费收入等办学收益中取得收益等行为作出明确限制，并将加强相关监管和审查。

2021年4月，新修订的《民办教育促进法实施条例》确定了民办学校与利益关联方发生关联交易应当遵循公开、公平、公允的原则，保留了建立信息披露制度，删除了回避表决制度。根据正式施行的条例，利益关联方是指"民办学校的举办者、实际控制人、校长、理事、董事、监事、财务负责人等以及与上述组织或者个人之间存在互相控制和影响关系、可能导致民办学校利益被转移的组织或者个人"。与此前征求意见的几个版本相比，2021年《民办教育促进法实施条例》明确提出禁止实施义务教育的民办学校与利益关联方进行交易，细化关联交易的审查规定，增加事后责任和相应法律后果等条款规定。① 在审查规定方面，第四十五条提出"教育、人力资源社会保障以及财政等有关部门应当加强对非营利性民办学校与利益关联方签订协

---

① 值得注意的是，一系列实操上的问题还需要进一步予以讨论和定调。一是已有的VIE结构是否需要马上拆除？二是尚在有效期的关联交易是否需要提前终止？三是举办者与学校之间的校舍土地租赁合同是否允许继续存在？四是举办者与学校之间的借款合同是否允许继续存在？根据2021年《民办教育促进法实施条例》，义务教育民办学校已有的VIE结构需要马上拆除，尚在有效期的关联交易也需要提前终止，这应当是较为明确的。但是，涉及校舍土地等办学基础设施、办学经费的关联交易，如果尚在有效期，即使是义务教育学段也应当允许继续存在。这主要是基于办学稳定的角度考虑。这些问题虽然并不直接影响民办高等教育，但也强化了监管预期。

议的监管,并按年度对关联交易进行审查",这意味着今后对非营利性民办高校的所有关联交易都按年度审查,但对涉及重大利益或者长期、反复执行的协议不做强制审计要求。

二、是否三公:关联交易的监管要点

(一)避免不合理的关联交易

从形式上看,违反"公开、公平、公允"之"三公"原则的关联交易即为不合理关联交易。从结果看,只要是侵犯学校法人财产权、构成以非营利之名行营利之实、损害学校利益的关联交易,都是不合理的关联交易。实际上,这种关联交易并不是新现象、新事物,而是长期存在于民办高校办学实践中的。主要原因是,我国民办高等教育以投资办学为主,举办者普遍对取得办学回报有诉求。2002年《民办教育促进法》提出了"合理回报"的制度安排,但在实践过程中遇到了诸多障碍。2016年《民办教育促进法》取消了"合理回报"的规定,明确要求非营利性民办学校的办学结余全部用于办学,避免非营利性民办高校分配或变相分配利润,强化了非营利导向。虽然存量民办高校在过渡为新法框架下的非营利性民办高校时,往往对办学过程中而非终止办学时的补偿或奖励提出诉求,但分类管理改革的根本在于能否真正解决变相逐利的问题,以培育真正的非营利办学。结合民办教育新法新政精神及相关配套政策看,对非营利性民办高校关联交易的监管主要是为了避免通过关联方变相转移办学收益,这等于宣告非营利性与营利性民办高校分类管理改革流于形式或实质失败。正如有学者所言,一旦各种灰色关联交易存在,不仅使得有关非营利法人的法律规定形同虚设,也使得相当一部分所谓的非营利举办者,既可以凭非营利之名获得税收减免及财政扶持等政策便利,又可以凭"左手与右手签订协议"和各种关联交易方式获得"超额利润",这在某种程度上导致宏观层面所推导的分类管理失去了现实意义。[①]

---

① 潘奇,董圣足.VIE架构在教育领域的应用、问题及其对策[J].教育发展研究,2018,38(5):17-22,74.

（二）规制 VIE 架构中的关联交易

目前，控股高教上市公司主要采取股权控制和 VIE 协议控制两种架构。对比分析发现，股权控制模式的最直接特征是穿透，即民办高校举办者与学校之间的关系是清晰和直接的；而 VIE 架构的最直接特征在于协议控制，即通过签署一系列协议的方式控制境内实体。第四章已经对我国控股高教上市公司情况做了具体分析，此处不再赘述。从监管要点看，至少需要结合外商投资和实际控制两个方面来看。

其一，VIE 最初是为了规避经营业务在中国境内受到外资准入限制而创设的。据调研，此前仅民生教育采取了股权控制模式，主要原因是其上市架构动手早，当时还没有受到《关于外国投资者并购境内企业的规定》（2006年首次颁布，2009年修订）的规制。截至目前，在境外上市的中国高教公司的架构基本都是采用了协议控制模式。近期也有个别地区放宽对外商投资高教行业的政策限制，中汇教育也开始采用股权控制模式在港股上市。针对这一情况，2021年《民办教育促进法实施条例》第五条提出，"在中国境内设立的外商投资企业以及外方为实际控制人的社会组织不得举办、参与举办或者实际控制实施义务教育的民办学校；举办其他类型民办学校的，应当符合国家有关外商投资的规定"。《中华人民共和国外商投资法》提出的负面清单中包括："学前、普通高中和高等教育机构限于中外合作办学，须由中方主导（校长或者主要行政负责人应当具有中国国籍，理事会、董事会或者联合管理委员会的中方组成人员不得少于1/2）。"这实际上也是民办高等教育 VIE 架构受到严肃监管的主要原因之一。

其二，VIE 架构通过实际控制人投资设立外商独资企业，再通过一系列控制协议（股权质押协议等 VIE 协议），对境内运营实体（即采用纯内资股权结构的 VIE 公司）进行非股权控制（即协议控制）并合并财务报表。境内实体与境外实体之间签订了大量的关联交易协议，而该类关联交易在本质上并无经营实质。这一做法涉及新形式的利润转移，而这恰恰是不正当的关联交易。[①]除了实质性的利润转移,VIE架构下的关联交易还触及了"控制关系"和"影响关系",这实际上也就是《企业会计准则——关联方关系及其交易的披露》中所提出的构成关联方的标准和标志。因此,禁止协议控制非营利性民办高校既约束了非营利性民办高校转移利润的行为,也是维护民办高等教育可持续健康发展的重要举措。

三、判定执行:关联交易的监管难点

(一)"实质合法"较难界定

就关联交易本身而言,是否合法的标准是较容易界定的。例如,田光成提出,民办学校合法关联交易应具备三个条件:"一是经营的组织或个人具有为学校提供服务或产品的合法资质;二是为学校所提供的服务或产品符合国家和行业标准,不能有假冒伪劣商品;三是关联交易的行为要遵行市场行为相关管理规范,不能弄虚作假、偷税漏税。"[②]基于非营利组织禁止分配利润的限制,非营利性民办高校的学校财产不得经由举办者以各种形式非法转移。那么,就非营利性民办高校而言,在形式合法的基础上,举办者是否可以获利?

从理论上看,非营利组织的财产应当与举办者个人的财产做严格切割,但一直以来,民办高校多以民办非企业单位的法人身份开展活动,民办非企业单位本身就是民办高校长期以来法人财产权难以落实的制约因素之一。有学者从民办非企业单位财产制度的角度提出,"关联交易是单位财产的反向使用……举办者通过关联交易将民办非企业单位的利益直接输送到个人或者其他单位……损害了民办非企业单位债权人的利益,在特定情形下,法

---

① 关于这一点,资本市场有不一样的看法。有投资方认为,2021年《民办教育促进法实施条例》禁止的是通过关联交易实现办学收益的关联方转移,而不是禁止上市公司关联交易。他们认为上市公司收取的是服务费,是学校办学成本而非办学收益。这也是2021年《民办教育促进法实施条例》公布后,教育股在资本市场再度大涨的原因。对于资本市场的这一观点,我们持不同看法。

② 田光成.非营利性民办学校关联交易的法理分析和实践探索[EB/OL].(2020-12-26)[2021-02-03].https://www.163.com/dy/article/FUPFF9AA0518RSPT.html.

官会适用《公司法》上的'法人人格否认'规则,否定民办非企业法人的法人资格。但是,受历史因素影响,将民办非企业单位的法人财产与举办者或者投入者的财产作区隔,并不容易。关联交易是民办非企业单位财产对外输送利益的主要途径"①。

从我国民办高校办学实际看,举办者的作用是非常突出的。早年,国家财政性教育经费投入保障不足,一批举办者白手起家、滚动发展形成了今天具有体量优势的民办高等教育。可以认为,举办者的创业精神和身心投入,为改革开放以来民办高等教育的快速发展作出了积极的、难以量化的贡献。随着学校度过艰难的初创期,一些白手起家的举办者及其接班人开始举办其他产业。例如,黄河科技学院的创办人、董事长胡大白教授在 1980 年代以 30 元起家,成了全国第一所民办高校。如果按照新法新政精神,30 元的举办者投入无论如何补偿与奖励,都无法匹配胡大白教授几十年的精力投入和情感投入。在黄河科技学院调研了解到,近年起,胡大白教授及其家族举办了黄河科技学院附属医院,定位为集预防、保健、医疗、康复、健康教育、教学、科研等为一体的三级甲等综合性教学医院。这也是我国民办高等教育进入发展稳定期后的一种新趋势。允许举办者及相关公司为学校提供服务而取得合法的经营收益,可能会挤压相关服务提供中市场竞争的空间(政府及事业单位采购须公开招标,民办高校不必须公开招标,但也有民办高校建立了本校的公开招标制度)②,但却能够稳定举办者办学信心,满足其合理的利益诉求。因而,也有观点认为,"关联交易合法化实质上也是保障财产权益的重要方式⋯⋯关联交易正如过去的'合理回报'一样,是民办教育新法的一个制度创新"③。在这种情况下,什么是形式合法且实质合法的关联交易,什么是基于常理性利益诉求的、不构成恶意利润转移的关联关系,实践中就较难界定。

---

① 方志平.民办非企业单位财产制度研究:以行政与司法的对接为中心[EB/OL]. (2018-07-10)[2021-01-03].https://www.jianshu.com/p/fadb4a09b416? utm_cam-paign=maleskine&utm_content=note&utm_medium=seo_notes&utm_source=recommendation.

② 按照《招标投标法》的规定,必须采用招投标的只有三种用途。

③ 黄洪兰.非营利性民办高校支持政策研究[D].长春:东北师范大学,2019:127.

(二)"非公平/非公允"关联交易难以判定

基于关联交易的消极影响,可区分公平/公允关联交易和非公平/非公允关联交易。其中,非公允关联交易指关联方"违反市场经济规律或交易规则,以转移资源或义务为目的而进行的交易"[①]。公司法领域的研究发现,我国的非公平/非公允关联交易主要体现为控制股东自我交易,其危害远不限于表面上的利益输送,[②]还可能损害其他市场主体的信心。"公司控制权人进行关联交易的主要动机是获取股息之外的额外收益——控制权收益",这种控制主要体现在"决定公司资源管理机制的权利"。[③] 也就是说,在一些情况下,关联交易还构成了一种委托代理关系,使出资人可以不直接参与经营管理而维系一种控制权。

按照《企业会计准则——关联方关系及其交易的披露》提出的"实质重于形式"的原则,实践中需要结合关联交易的实质,判断其是否实质公平/公允。目前,这一问题并无统一的判断标准。有观点认为,应以是否存在利益输送为判定标准;[④]有观点认为,应以是否有利益受损、权益受损为判断标准;[⑤]也有观点认为,应结合非公平/非公允关联交易产生的动机和原因,看其是否违背了正常交易条件,破坏了组织经营的独立性与持续经营的能力。[⑥]

从民办高校办学实践看,我们或许也需要综合关联交易的形式、影响和动机等多方面因素,对公平/公允关联交易和非公平/非公允关联交易作出区分。一是在形式上,关联交易是否存在利益输送。一个显性的指标是价格是否公允,但也可能存在学校实际控制人利用貌似公允实则不合理的价格,从学校直接或间接获取不合理利益。二是在影响上,关联交易是否损害

---

① 王文海.论上市公司公平性关联交易的法律规制[J].云南大学学报(法学版),2007(6):82.
② 李建伟.规制关联交易的法律规范体系及其展开[J].人民司法,2014(19):31-36.
③ 钟凯.公司法实施中的关联交易法律问题研究[M].北京:中国政法大学出版社,2015:129.
④ 刘建民.商事公司非公平关联交易研究[M].北京:经济管理出版社,2008:15.
⑤ 孙爱林.关联交易的法律规制[M].北京:法律出版社,2006:91.
⑥ 高玥.关联交易的正当性分析及法律规制[J].研究生法学,2016(2):26.

了学校利益和师生等主要利益相关者权益，甚至是损害了高等教育的公益性。非公平/非公允关联交易减少的是学校法人的财产和学校运营可支配的盈余，造成学校办学成本增加，或者是间接分红。一个典型的争议问题是，民办高校向部分董事、管理者发放高额薪酬，是否构成不合理薪酬，就需要结合学校利益、主要利益相关者权益和非营利性教育事业的公益性进行考量。三是在动机上，关联交易是否违背了正常交易条件，影响了学校决策的独立性和学校自身持续运营的能力。也就是说，学校与关联方之间的交易实际上由一方（主要是关联方）决定，而学校自身的意愿被关联方的意志和利益所取代。

受监管政策趋严的影响，一些民办高校的办学模式和关联交易方式呈现新动向，对相关部门监管非公平/非公允关联交易提出挑战。第一，从办学模式上看，民办高校倾向于采取"轻资产发展＋结余控制"的策略。举办者不再做大额投入，学校法人名下的资产达到国家要求的最低门槛。同时，进行收入分流和成本还原。收入分流主要指非营利性民办高校的业务范围做分类，其中，非教育教学类服务由关联方公司而非学校本身提供，收取费用相应地归关联方公司而非学校收入。成本还原主要指关联方公司向学校收取房屋或设备租赁、借款利息等费用，而这些对于学校来说是办学成本。亦可以理解为学校（左手）的租金成本，实际上构成关联方公司（右手）的利息收入。第二，从关联交易本身看，学校实际控制人利用"壳公司"、业务分解或其他隐性手段将关联交易"非关联化"，最典型的做法是关联交易的链条加长、层级复杂化，关联交易更加隐蔽，仅凭交易合同很难甄别出实际关联方。

（三）外部监管成本高、难执行

相对于关联交易的普遍存在，我国对关联交易的立法规范相对滞后，仅《企业会计准则——关联方关系及其交易的披露》《公司法》《独立审计具体准则第 16 号——关联方及其交易》等几部法律法规有所涉及。并且，监管规定较为分散，相关条款多是原则性的，实际规范力度不强。

具体到非营利领域，针对性的规范条款仍有缺失。1998 年《民办非企业单位登记管理暂行条例》规定，"民办非企业单位不得从事营利性经营活动",但如何界定经营活动、由什么部门进行监管等并无具体规定。2009年《关于非营利组织免税资格认定管理有关问题的通知》(财税〔2009〕123号)中规定,"通过关联交易或非关联交易和服务活动,变相转移、隐匿、分配该组织财产的,取消其享受免税优惠的资格",但现实中较难做出取消免税资质甚至非营利资质的监管。

在民办高等教育领域,对关联交易的监管要求是以问题为导向而提出的。新的监管动向会使以往通过关联交易直接挪用学校资金、不顾学校发展实际"强买强卖"、设置过高借款利息加重学校财务负担等恶性行为大幅减少,与此同时,一些关联交易会在形式上"升级改造"而更使其实质更加难以判定。在常规年审之外,加强对非营利性民办高校与利益关联方签订协议的监管,对涉及重大利益或者长期、反复执行的协议的审查审计,对政府部门的工作负荷和专业能力提出了更高的要求。关联交易双方的关联性可能是股权、经济利益或管理利益关系,仅是准确全面地识别真正的关联方,根据实质重于形式的原则确定存在关联关系,实际监管的执行成本高,也超出了教育行政部门的传统业务范畴。而VIE架构下的关联交易审查更需要多部门的协同,非教育部门一家所能达成。在缺乏部门协同、专业人员配备和执法支持的情况下,非营利性民办高校关联交易的实质合法合规或将仅是一种程序化的要求。根据2021年《民办教育促进法实施条例》第四十五条对关联交易进行审查的具体含义和要求,审查结果的认定以及审查后果的可诉性,对监管部门来说也是一个棘手问题。

第三节 加强监管：应对关联交易的美国案例

一、独特典型：案例选择的主要原因

关联交易是一种普遍性存在,但在很长一段时间内,关联交易都没有从实践问题转变为政策问题,也没有进入学术讨论的重点范围。政策问题来自实践问题。当政策制定者察觉到学校关联交易存在一些风险问题,并制定了相关政策旨在解决这些问题时,关联交易才正式进入教育领域的政策议程。因此,有必要去看看私立教育制度较为成熟的国家是如何看待和应对非营利性高校的关联交易。在很多国家,公立与私立的划分是高等教育机构的主要区别,而在美国,非营利性与营利性的划分,比公立与私立的划分更有价值和意义。近年来,有很多国家放开高等教育的营利性办学,但我们很难找到美国以外的其他国家,公立、非营利性私立、营利性私立高校这三个类别,各自有着鲜明的法律属性、组织特征和行为模式。这里似乎美国经验最有参考价值,美国非营利性私立高校是一种独特性的存在。

美国体制产生了数量众多的世界闻名的非营利性私立大学,哈佛、耶鲁等顶尖私立大学常年占据 QS、U.S. News、TIMES、ARWU 等世界大学排行榜榜首。对 QS 大学排行榜上(2017—2018 年世界 500 强大学)美国各大学的办学年限进行统计发现,300 年以上校龄的有 2 所,分别是哈佛大学(382 年)和耶鲁大学(317 年),而公立高等教育系统只有 200 余年历史。[①]几乎所有新英格兰和东北中部的州,在加入联邦的时候都已有一所著名的私立大学。唯一的例外是佛蒙特州,其于 1791 年成立了公立的佛蒙特大学,而州内私立的明德学院成立于 1800 年。整体上看,美国公、私立世界一流大学的平均办学年限分别为 171.11 年和 171.43 年,这明显区别于大多数国家私立晚于公立的情况。私立高等教育系统的先发优势,使其能够遵循自身逻辑演进出最适切的制度体系。其中,最为核心的是较早实现了产权社会化和出资人职能替身化。排行榜上美国 39 所私立大学的举办资金,无一例外地通过社会捐赠或募捐形成。一种情况是倡议人或创始人(包括宗教机构或牧师)先成立校董会或类似法团机构,以之名义募集资金,如麻省理工学院、哈佛大学、哥伦比亚大学、西北大学等;另一种情况是大企业家、慈善家意在以办学回馈社会,通过基金会等中间组织完成注资和大学筹建,如斯坦福大学、杜克大学、莱斯大学、伦斯勒理工学院等。份额较大的出资方,或通过董事会,或通过基金会贡献于学校发展,这从源头上保证了进入高等教育领域的资金有且仅有捐资性质。同时,他们不直接担任大学校长或其他高层管理职务,但多利用自身影响力邀请贤能之士到校任职,保证了

---

① 关于美国公立高等教育的开端,一般认为是成立于 1785 年的佐治亚大学。在 QS 2017—2018 世界大学排行榜中,美国公立高等教育系统的特拉华大学可以追溯到 1743 年长老会牧师创立的自由学校和后来的纽瓦克学院。

大学管理的专业性和纯粹性。除了一些宗教组织举办的大学,私立大学的发展几乎都得益于知名企业家、慈善家的慷慨捐赠和支持,如芝加哥大学于创办初期获得石油大王约翰·洛克菲勒 60 万美金捐资,其首任校长威廉·哈珀也由洛克菲勒选中并高薪诚聘。又例如,埃默里大学在内战期间被战火摧毁,因可口可乐公司几大高管家族鼎力支持,顺利迁址并继续发展,上世纪 70 年代末学校获得 1.05 亿美元的可口可乐股票,突破了美国当时高等教育机构单项捐额纪录,很快进入最好的研究型大学行列。

正是因为这些私立大学较早建立了保障非营利办学的制度,并以其独立性和卓越性对美国高等教育发展贡献了独特的经验和价值,美国社会对非营利性私立大学是有着极高的信任和崇敬的,一般认为非营利属性保障了私立大学能够专注于教育使命和公共利益。

二、利益冲突:关联交易的监管策略

(一)外部监管:以税收工具为中心

任何非营利组织都会与其他市场主体签订合同,都会存在关联交易的情况。在美国,对关联交易的关注点在于是否存在利益冲突(conflict of interest,COI)。美国国税局(Internal Revenue Service,IRS)向符合严格申请程序的非营利组织授予联邦免税地位,并对这些非营利组织有监管责任。[①]国税局认为,"当个人促进组织的慈善宗旨的义务与他们自己的财务利益不一致时,就会发生利益冲突",因此,利益冲突的一般性问题存在于所有类型的非营利组织中。目前,国税局对非营利组织的监督策略之一是"利益冲突政策",目的是"帮助确保在发生实际或潜在的利益冲突时,非营利组织具有适当的流程,要求受影响的个人将在该流程中向理事机构提供有关该情况的所有相关事实的信息"[②]。这主要是采取书面形式,即非营利组织需要填

① 美国国税局并不是对所有非营利组织都有监管责任,仅对联邦免税身份的非营利组织进行监管。也有一些非营利组织在州一级注册,而没有申请联邦免税身份。

② IRS. Form 1023:Purpose of conflict of interest policy[EB/OL].[2018-10-07].https://www.irs.gov/charities-non-profits/form-1023-purpose-of-conflict-of-interest-policy.

报免税地位申请表。为填报此表格，非营利组织通常会制定自己的利益冲突政策，并执行年度信息披露，要求董事会成员甚至高层管理人员填报他们认为可能存在的潜在利益冲突。可以看出，利益冲突政策的重点在个人的私人利益和不当的财务收益上。

在美国体制下，私立高校首先作为"营利性组织"或"非营利组织"存在，其次才被赋予高等教育组织的意义。[①] 因此，对于非营利性私立高校的关联交易问题，主要利用税收工具进行外部监管。以薪酬问题为例。有研究发现，私立高校校长薪酬与学校此后获得的捐款之间存在负相关关系，私立高校的薪酬设定应当是政府监管的内容之一。[②] 按照美国税法，营利性私立高校为管理者或董事提供高薪报酬，只需要董事会的同意，而不受外部限制；而非营利性私立高校提供同类高薪报酬，则可能是变相的利润分配，构成税法意义上的"禁止的私人利益"(forbidden private inurement)。在美国法律框架里，非营利组织不得进行超额利益交易(excess benefit transactions)，而提供超过市场公平价值的超额薪酬(excessive executive pay)被认为是超额利益交易的一种。国税局据此对非营利性私立高校开展不定期审查，若发现非营利性私立高校的净收入以任何私人或利益相关者为受益人，或存在其他违背"非分配约束"原则的行为，学校将被撤销联邦所得税免税资格和非营利组织身份。由于免税资格和非营利身份是高校获得联邦教育部相关资助(主要是学生资助、研究资助等)的前提要素，一旦被国税局追溯违反税法的组织行为，将对学校声誉和相关资源支持产生连锁的负面影响。

(二)校内监管：披露、排除与审查

非营利性私立高校是非营利组织的重要类型，且大学是典型的利益相关者组织，当个人的私人利益与其对大学的职责义务之间产生分歧，就会发生利益冲突。随着现代大学的社会触角越来越广，大学治理无法避免利益

---

① 李虔.税收政策与私立高校分类管理：美国经验及其启示[J].国家教育行政学院学报，2015(8)：90-95.

② GALLE B, WALKER D I. Nonprofit executive pay as an agency problem：Evidence from US colleges and universities[J]. Boston university law review, 2014(94)：1881.

冲突问题。由于现代大学使命任务的多元性，包括非营利性私立高校在内的高等教育机构，其利益冲突更具多维性。一是教学和科研活动中的利益冲突。主要是指教师从事教学与科研的主要价值取向，可能受到经济利益、伦理道德等方面的挑战和冲突。最典型的是学术的独立性与外部资助的倾向性之间、学术真理与伦理道德之间的冲突。这并非本节议题关注的重点。二是行政职责中的利益冲突。主要是指关联方的组织的财务利益可能与学校的利益产生分歧，或学校相关人员直接参与，或有能力影响从关联方购买商品或服务或向关联方提供商品或服务的决定或要求。美国大学教授协会（American Association of University Professors，AAUP）认为，"利益冲突并不意味着要有不法行为……而是个人对大学的主要利益和责任可能会受到次要利益（通常是经济利益）的不当影响……并非所有的利益冲突本质上都是经济问题，但财务上的利益冲突（financial conflicts of interest）最有可能破坏公众对高等教育的尊重和信任"①。例如，哈佛大学专门制定了财务利益冲突政策，并提出"大学在维护和促进机构诚信、道德操守以及公众对所有学术和研究活动的信任方面具有首要利益，这是每位教师所共有的利益。教职员工也不可避免地拥有合法的次要利益，从职业发展到获得或更新赞助的研究经费。尽管这些次要利益通常与大学的核心使命和价值观相一致，但有时可能会偏离大学和教职员工的共同首要利益"②。

　　虽然国税局等监管机构并未有正式要求，但绝大多数美国非营利性私立高校都有自己的财务利益冲突政策（financial conflicts of interest policy）。除制定与利益冲突有关的政策，要求主要利益相关者作出说明并签名外，一般性的举措有三：一是披露政策。固定时期内要求利益相关者（主要是董事会成员、管理者、教师等）填报相关表格，以表明他们认为未来存在的潜在利益冲突。二是排除政策。在涉及重大交易合同时，将存在潜在利益冲突的利益相关者排除在讨论和表决之外。三是审查政策。一些学

---

① AAUP. Policy documents and reports[M]. Baltimore，Maryland：Johns Hopkins University Press，2015.

② Office of the vice provost for research of Harvard University. Financial conflicts of interest policy[EB/OL].[2022-09-13].https://vpr.harvard.edu/pages/financial-con-flict-interest-policy.

校会设立利益冲突委员会,有专门的利益冲突审查程序。例如,斯坦福大学在大学利益冲突政策(university policies on conflict of interest)中提出,"尽管就对个人履行职责的能力的潜在影响而言,大多数财务利益披露被认为是微不足道的或不重要的,但超过阈值的财务利益将自动被视为重大利益冲突,需要接受进一步的审查"。

三、中间制裁:最新方案与引发争议

美国的一系列制度安排,以及顶尖非营利性私立高校的卓越可能使学术界和实践界产生一种错觉:美国私立高等教育代表了世界一流私立大学,哈佛大学(或其他美国知名私立大学)发展经验代表了世界一流私立大学发展经验。但实际上,美国私立高等教育系统是庞大且复杂的系统,其中既孕育了优秀且纯粹的非营利性私立高校,也伴生着大量的默默无名或存在多种问题的非营利性私立高校。根据美国联邦教育部国家教育数据中心(The National Center for Education Statistics,NCES)统计,2017年美国共有学历高等教育机构4313所,其中公立高校1626所,非营利性私立高校1689所,营利性私立高校998所(如表5-1)。粗略浏览各类美国高校排行榜,能够上榜的优质私立高校主要是进入世界一流大学排名的顶部高校,美国非营利性私立高校的数量优势并没有转化为质量优势。

表 5-1　美国高等教育机构数

单位:所

	4 年制	2 年制	总数
总数	2828	1485	4313
1.公立	750	876	1626
2.私立	2078	609	2687
①非营利性	1590	99	1689
②营利性	488	510	998

近年来,美国高等教育中的利益冲突问题引发争议。其中,非营利性私立高校关联交易更加微妙,虽然履行了信息披露等例行程序,且通常未必上升到法律层面,但仍然无法消除对高校及其师生的潜在风险,有些还引发了

有关高等教育领域信誉与道德的讨论。以下列举两个典型案例。

一是涉及第三方供应的高等教育实践。一些大学及相关人员从第三方供应商、承包商、贷款方等处获得利益的程度，可能构成不合法交易。有调查发现，在学生资助领域，纽约大学等采取了收益分享安排（revenue sharing arrangements），由大学向学生推荐某些贷款公司的学生贷款，并收取贷款公司一定的回扣，或者大学行政人员在发放学生贷款的公司持有股份。这些涉及第三方供应的高等教育实践存在很多非法诱因，可能将大学最重要的资产——公共信任置于危险之中。①

二是非营利性私立高校与前所有者及董事会成员的关联交易。据悉，美国1/4的非营利性私立高校与董事的公司有业务往来，所以高等教育委员会（Higher Education Commission）专门提出非营利性私立高校的利益冲突问题。以凯泽家族（the Keiser family）为例。1977年，亚瑟·凯泽（Arthur Keiser）与其母亲共同创建了营利性的凯泽大学（Keiser University）。2011年，凯泽家族以创始人兼所有者身份，将凯泽大学出售给同样由其创建的非营利性的埃弗格莱兹学院（Everglades College）。主要争议点在于：(1)当时，凯泽大学的估值为5.21亿美元，估值是由两名独立审计师得出的。(2)创始人亚瑟·凯泽担任埃弗格莱兹学院的校长，年薪甚至高出同期哈佛大学校长。(3)凯泽家族虽然出售了学校，但仍保留了土地和物业的所有权，每年从埃弗格莱兹学院获得租金收入。(4)凯泽大学与埃弗格莱兹学院的管理团队几乎为同一班人马，且非营利性埃弗格莱兹学院的九名董事会成员多与学校有关联交易。其中一位董事会成员的企业为学院提供无纸化档案系统的业务，一位董事会成员的家庭成员为学院提供招聘咨询服务业务，还有的董事会成员从学院获得游泳池维护、水生工程等业务收入。② 由于学校出售与收购经过了形式合法的审查，且相关财务安排被申

---

① Conflict of interest issues in Higher Education in the spotlight[EB/OL].[2020-03-20].https://www.uah.edu/images/administrative/legal/pdf_files/Conflict%20of%20Interest%20Issues%20in%20Higher%20Education%20in%20the%20Spotlight.pdf.

② Patricia Cohen. Some owners of private colleges turn a tidy profit by going nonprofit[EB/OL].(2015-03-02)[2019-04-04].https://www.nytimes.com/2015/03/03/business/some-private-colleges-turn-a-tidy-profit-by-going-nonprofit.html.

明"均符合公平的市场价值条款和条件"，相关质疑和声讨并没有产生实质性影响。其至，创始人亚瑟·凯泽公开表态，其目的就是"建立家族遗产"。这似乎颠覆了传统意义上美国非营利性私立高校的价值形象，但在一定程度上代表了部分私立非营利性高校的世俗倾向。

原则上，以上问题正受到严格的审查，但实际效果并不理想。以第一个案例为例。1986 年美国高等教育法修正案将贷方向大学或借款人提供任何付款或其他"收益"定为非法，且联邦教育部也就"构成非法诱因"多次与贷方和大学进行了沟通，但真正采取执法行动是非常少的。以第二个案例为例，虽然有相关人员向国税局投诉新非营利实体的董事会成员违反税收法规、利用非营利组织谋取个人利益，但并没有引发国税局的实质性审查。国税局作为非营利组织监管的"看门人"，近年来也被认为是"非营利性程序的不可靠执行者"。根据《美国国内税收法》，非营利组织从事"超额利益交易"（excess benefit transactions）将面临一系列中间制裁措施（intermediate sanction regime），其中之一就是向非营利组织征收"惩罚性消费税"（penalty excise taxes）。所谓中间制裁，是指对非营利组织作出制裁，而非对实施过量利益交易的关键人作出制裁。一般认为"这种制裁被认为是严厉的措施，通常是作为撤销免税资格制裁的替代"。[①] 也有观点提出，"中间制裁措施并没有使国税局对非营利组织采取更严格的措施，反而产生了相反的效果，即为高管人员获得报酬、促进董事会成员与非营利组织的业务往来提供了避风港。也许是由于有了避风港，私立非营利性高校的校长薪酬增长更快"。[②]

为了填补国家层面的监管缺失，州层面的相关监管举措有了新的进展和突破。一般而言，州检察官、慈善委员会统一管理包括非营利性私立高校在内的所有非营利组织。例如，纽约州要求非营利性私立高校要参照营利性私立高校进行详细的信息披露；马里兰州颁布《2019 年私立非营利高等

---

① 魏建国.关联交易与非营利性民办学校的"非营利"地位[C]//王蓉,魏建国.中国教育财政政策咨询报告(2015—2019).北京:社会科学文献出版社,2019:8.

② ROBERT SHIREMAN. How for-profits masquerade as nonprofit colleges［EB/OL］.（2020-10-07）［2021-11-11］. https://tcf. org/content/report/how-for-profits-masquerade-as-nonprofit-colleges/? agreed＝1♯easy-footnote-bottom-1.

教育机构保护法》(Private Nonprofit Institution of Higher Education Protection Act of 2019)，要求所有非营利性私立高校报告和解释内部交易，州高等教育委员会将据此判断这些交易是否构成非法关联交易。[①] 此外，加利福尼亚州也在考虑采取这一措施，对非营利性私立高校加强监管。[②]

第四节　不当获益：学校关联交易的监管边界

一、声誉制约：常规信息披露与非关联化关联交易披露

(一)建立强制性披露规则，并鼓励学校以自愿性信息披露作为沟通利益相关者、展示核心竞争力的有效途径

目前，《公司法》等成文法规范中关于营利性组织的关联交易监管措施，可以为包括民办高校在内的非营利组织所借鉴。其中，信息披露被认为是规范关联交易的利器，是监管机制的核心内容之一。[③] 信息供给是有成本的，但信息披露是非营利性民办高校的义务。在信息不对称的情况下，非营利身份可以带来更多的信任，享有更多的政策优待(至少是在税收方面)。同时，非营利文化规范的实际作用往往被高估，披露潜在的利益和风险问题既有利于非营利性民办高校的自我监管，保护利益相关者的充分知情权，也打开了部分黑箱，使政府部门、行业组织等的外部监管有据可依。当然，目前各方面机制尚未形成，相关监管力量或无法从公开信息中识别关联交易

---

① 详见美国马里兰州议会关于该法案的立法信息：http://mgaleg. maryland. gov/mgawebsite/Legislation/Details/SB0400? ys=2019rs.

② 详见美国加利福利亚州关于该法案的立法信息：https://leginfo.legislature.ca.gov/faces/billHistoryClient.xhtml? bill_id=201920200AB1341.

③ 在关联方交易披露方面，《企业会计制度》和相关会计制度要求，企业应当在会计报表附注中披露关联方关系的性质、交易类型及其交易要素。要素一般包括：交易的金额或相应比例、未结算项目的金额或相应比例、定价政策(指关联方之间进行交易时确定交易价格的原则)。

是否合法合规，但是，在非营利性民办高校提供给教育部门年度财务报表时，仍应提前做好信息披露要求，以备日后监管力量成熟时审查。

2016年《民办教育促进法》第四十一条规定："教育行政部门及有关部门依法对民办学校实行督导，建立民办学校信息公示和信用档案制度，促进提高办学质量；组织或者委托社会中介组织评估办学水平和教育质量，并将评估结果向社会公布。"但是，非营利性民办高校如何进行关联交易信息披露尚无明确规定。基于此，第一，要规定非营利性民办高校和税务部门强制披露信息的范围，并对披露文件的格式与内容进行定式化。就非营利性民办高校监管需要看，强制性信息披露至少应包括以下三部分内容。一是现有关联方与关联交易价格披露。此类信息披露应包括生产性交易（如物资采购）、非生产性关联交易（资金融通、劳务派遣等）和资产重组中的相关交易。二是薪酬构成披露。主要是学校关键管理人员的薪酬信息，其目的是让政府、公众和其他利益相关者了解学校的薪酬激励机制是否合理、有效。三是可能存在或未来可能出现的利益冲突披露。值得注意的是，存在利益冲突的关联交易并不一定构成利益冲突交易，要求学校披露可能存在的利益冲突，主要目的是建立一种信誉原则，保障利益相关者的知情权。

第二，要鼓励非营利性民办高校就关联交易开展自愿性信息披露。自愿性信息披露作为强制性信息披露的细化和补充，其范围应比强制性信息披露更广。主要原因是一些关联交易信息的内部性很强，强制披露的信息在监管实务中难以执行，一些涉及动机的内容也难以观测。可参考美国非营利性私立高校的信息披露政策，关联交易须经过内部审核报告程序，并由学校管理机构定期与董（理）事会成员共享。尤其是在学校举办方或董（理）事会成员涉及学校重大采购（商品或服务）的情况下，则需要提供有竞争力的书面投标，确保价格可比性，并不得参与交易决策。重大关联交易及时向监管机构报告。关联交易信息披露应作为当前及未来民办高校内部治理的重要部分，也应作为学校沟通利益相关者、向相关群体或更广泛公众描绘学校未来的有效途径。

第三，探索建立关联交易信息披露评级制度，提高信息披露质量。对强制性和自愿性披露信息的及时跟踪与公布，使信息披露质量高的民办高校得到良好的声誉，并形成强有力的声誉制约机制，引导非营利性民办高校不断提高其信息披露质量。

（二）重点关注关联交易非关联化问题，对故意将某些关联交易信息隐藏不报或拒不披露的作惩罚性规定

"关联方的直接认定应依据法律形式，但新会计准则'实质重于形式'的原则要求从交易的商业实质来反推，识别关联方关系。"[①]由于旧会计准则仅要求披露有直接控制的企业，实践中出现通过间接控制的（或有影响的）上下两级以上的公司进行牟利交易而免受披露要求的"钻空子"现象。借鉴营利性组织关联交易监管新进展，非营利性民办高校关联交易也应该重点关注隐性关联交易、关联交易非关联化问题。

一是非营利性民办高校会计核算和报表披露中，也要将"实质重于形式"作为一项重要原则。按照此要求，重点关注是否披露了"关联＋无交易"或"非关联＋交易"相关信息。二是对故意隐瞒或严重弄虚作假的民办高校，必须给予严厉的处罚。目前实践中采取的一些形式，如未主动进行信息披露和潜在风险研判，或可认定为非公平公正情况。例如，明显属于关联交易而不列入关联交易；法律上放弃关联方身份，而通过产品上下游的关联作为第三方实际控制人；人为地利用过桥公司，使关联方交易非关联化，规避关联方交易会计及信息披露；潜在关联方（主要是上市公司）通过多重参股间接控制学校治理。针对可能出现的非公平公正情况，制定详细可操作的处罚条例细则，加大对关联交易信息披露违规高校的处罚力度。

二、实质审查：真实履行作为免税资格认定管理的依据

（一）重点审查关联交易实际履行能力

企业类营利性组织一般会通过注册会计师对关联方关系及其交易的审计，审查是否符合公平公正公开的原则，看是否存在利用关联交易变相转移利润的现象。但对于民办高校而言，全面要求实行审计可能并不是最好的方式。其间还会涉及审计费用由谁负担、审计方能否恰当地表达审计意见

---

① 马明明.关联方交易及其审计要点探讨[J].中国注册会计师，2010(8)：74-79.

等问题。目前及未来一段时间，在做好信息披露要求的前提下，对非营利性民办高校与相关第三方的关联交易进行程序审查，意义和效果不大。

就实践需要看，实质性审查具有必要性。由于实质性审查的成本较高，可主要做好关联交易实际履行能力审查，也就是审查关联交易是否是真实发生的，这也应当是非营利性民办高校关联交易合法合规的最基本要求。其中，经常性关联交易相较于非经常性关联交易，更容易产生非公允交易风险，在监管力量有限的情况下，可聚焦经常性的关联交易实际履行能力审查，主要是学校日常购销等交易往来的真实性。在有条件的情况下，可同时审查是否存在明显没有必要进行的关联交易。

（二）定期抽查价格决策、价格执行的实际情况

如上所述，非营利性民办高校的很多关联交易是在日常业务过程中进行，关联方关系既以一种微妙的方式影响交易，也可能是学校通过社会关系降低交易成本的一种方式。是否走招投标程序、是否具备竞争性的自由市场交易条件，并不能作为判断交易遵循公开公平公允之原则的依据。《企业会计准则——关联方关系及其交易的披露》第七条规定："关联方交易，是指关联方之间转移资源、劳务或义务的行为，而不论是否收取价款。"存在关联方关系时，价格是判断关联交易是否公平公正的一个重要因素。

价格转移是了解涉及资源或义务转移之关联交易的关键。对价格转移的审查应以抽查为主，而非全面审查。审查结果应具有强追溯力，即作为追溯期内非营利性民办高校免税资格乃至非营利资格认定管理的依据。一是以定价明显偏高或明显偏低于市场公平价格的关联交易为抽查重点，审查该关联交易的目的、定价的依据、定价偏高偏低的理由，价格协商过程和决策程序。较为常见的是，相关关联交易是否订立书面协议，协议内容是否明确、具体、可执行，交易对价的确定原则及定价方法是否合理，是否遵循平等、自愿原则等。二是以价格执行的实际结果为要点，审查关联交易的定价政策和计价方法是否造成学校会计信息失真、关联交易与市场公平价格之间的差异是否形成不正当竞争或导致不同形式的利润转移，以及过分偏离市场价格的关联交易是否对学校资源配置效率、国家税收等造成负面影响。

三、疏堵结合:加强办学结余管理与重点交易审查结合

规范非营利性民办高校关联交易的根本目的,在于保护学校法人财产权,保障高等教育的强公益性。但是,规范关联交易犹如治水,只垒坝拦洪无法实现阻截洪水的目的,必须采取"堵"与"疏"相结合的方法。在"堵"的举措上,应走出计划体制下的思维惯性,一方面是明确关联交易存在的合理性,将重点放在重大关联交易、经常性关联交易和价格过度偏离市场价格的关联交易上。二是结合实践进展灵活理解关联交易。鉴于关联交易本身的隐蔽性,相应的监管安排可考虑明确关联交易范围及比例限制,如民办高校对单一关联方的总金额,合计占学校年度结余的比例可听取专业人士意见给予指导。这将较大约束许多民办高校通过关联交易获取回报的常规渠道。

在"疏"的举措上,应将着力点放在民办高校办学结余的管理上,确保非营利性民办高校健康可持续发展的物质基础。安徽、陕西、广东、海南、黑龙江等省相继提出,鼓励设立学校发展基金;浙江专门出台《浙江省民办学校财务管理办法》(浙财科教〔2018〕7号),提出,"根据结余资金形成的来源不同,分为限定性收支结余和非限定性收支结余……民办学校可提取并设置职工福利基金、医疗基金、学校发展基金等。要健全民办学校风险应对机制,建立风险基金,凡在学校名下没有独立校舍的民办学校,教育行政部门要督促其在学校生源较好、资金充足之时,按学费年总收入的5%计提风险基金。风险基金用于保障办学过程中产生的非正常损失及相关费用,风险基金累计提取额达到当年度学费收入20%及以上的,可不再提取"。这在全国层面率先作出了探索。此后,2021年《民办教育促进法实施条例》第四十六条提出,"非营利性民办学校应当从经审计的年度非限定性净资产增加额中,营利性民办学校应当从经审计的年度净收益中,按不低于年度非限定性净资产增加额或者净收益的10%的比例提取发展基金,用于学校的发展"。这在全国层面设定一个安全"阈值",指导非营利性民办高校构建一定储量的"货币池",将保障学校未来发展的储备金放入其中,预防办学结余转移可能引发的系统性风险。此规定的落地实施将有利于对非营利性民办高校关联交易的监管,从制度动议阶段推进到制度建设与实质监管并重的阶段。

第六章 非营利性民办高校的运营监管

随着非营利性和营利性民办高校分类管理改革的推进,关于"要不要分类管理"的争议逐年减少,而关于"如何实施分类管理"的讨论呈几何级增长。民办高校无论是继续选择非营利性学校,还是选择营利性学校,学校运营管理的标准更高,相关监管要求也更加细致。对于非营利性民办高校而言,"不以营利为目的"应是基本的原则和坚守。但是,民办高校发展中的路径依赖,以及不断浮出水面的组织管理新形态,使民办高等教育的历史遗留难题和改革新生问题交织凸显。

第一节 综合适用：学校运营管理及合规理念

一个组织需要有效的运营。运营管理(operations & management)作为管理学的分支,广义上指对业务实践的管理。企业管理领域做了更具体的职能分工,其中,运营管理、市场营销、财务管理、人力资源与运营是四个基本职能领域。[1] 与其他三个职能相区分,运营管理聚焦于运营过程的计划、组织、实施和控制,是与产品生产和服务创造密切相关的各项管理工作的总称。[2] 把运营管理作为专门的管理学分支,是为了明确具体环节的管理责任。事实上,管理过程的职能划分不是绝对的,业务实践中总有相互交叉。

在教育管理领域,学校运营是一个综合性的概念,包括了学校建设、财

---

① 任建标.战略运营管理[M].北京:清华大学出版社,2004:1-3.
② 李震,王波.运营管理[M].成都:西南财经大学出版社,2010:2.

务考虑、董事会治理、公共关系、人力资源、教育计划、课程开发、招生、评估和专业发展等各个方面。综合性概念是指能够涵盖和代表相关若干事务、概念或现象的概念。与前面章节不同的是,本章节以学校运营管理为主题,主要考虑是这一概念较为抽象和普遍,能够概括和描述非营利性民办高校的若干方面,不仅有助于理解和分析监管主题,同时也能够提供一个更为全面和系统化的思考框架。一般认为,学校运营对实现学校的使命、愿景和核心价值观至关重要,因而学校运营管理一般与质量控制、质量管理、学校整体绩效等概念相关联。民办学校运营管理是一个细分市场,涉及学校的日常运作、资源开发、适当规划和合规管理。随着新法新政的落地实施,"合规"一词对于非营利性民办高校来说已经不再陌生。合规之"规"不仅包括法律法规和相关监管规定,也包括教育行业准则和道德规范,不仅包括外部监管要求,也包括学校内部的制度规范。若不合规,学校组织及相关责任人可能遭受法律制裁、监管处罚,也可能遭遇财务损失和声誉损失。集团化办学、章程修订、资金管理、教师权益是目前争议较大且普遍需要进一步规范的问题,也是非营利性民办高校运营的热点问题。

第二节　组织模式：民办高等教育集团化办学

一、三维观察：集团化办学的特征与实践复杂性

自 2016 年《民办教育促进法》颁布实施以来,新法新政的政策红利还未充分释放,一些民办高校举办者对举办者权益保护有疑虑,期望提前获得办学收益和补偿。加之单体民办高校抗风险能力弱,有一定实力且选择长期办学的教育集团利用这个机会,加速上市,利用资本优势,在扩大招生规模和自建高校的同时,逆势加快投资并购以扩大集团化办学规模,采取集团化办学模式统一管理运营旗下高校,民办高等教育集团化办学快速兴起,成为民办高等教育的重要办学模式之一。

"集团化"的概念源自经济学领域,指将分散的、生产规模比较小的实体以集团的形式有机地结合起来,形成规模较大的经济运行实体,并以规模优

势实现企业经营中的规模效益。[①] 例如,1998 年国家工商行政管理局颁布的《企业集团登记管理暂行规定》(工商企字〔1998〕第 59 号)第三条提出"企业集团是指以资本为主要联结纽带的母子公司为主体,以集团章程为共同行为规范的母公司、子公司、参股公司及其他成员企业或机构共同组成的具有一定规模的企业法人联合体",对集团化模式的组织结构、章程规范、规模性特征等作出了界定。延伸到高等教育领域,民办高教集团应至少具有三个特征:(1)组织结构具有层次性,即其实质为集团公司与成员学校(单位)共同组成的民办高校法人联合体;(2)组织结构间有联结,即以资本、品牌或协议为主要联结纽带,以集团章程或结构性合约为共同行为规范;(3)具有一定规模性,例如钟秉林等学者将民办高校集团化定义为"通过各种形式,将多个民办高校有机结合形成集团,借助规模优势实现人才培养的规模效应,是民办高校规模化、集约化办学的重要模式",而"举办或实际控制 2 所及以上民办高校的集团或公司"即为民办高教集团。[②] 但是,民办高教集团的实际运营存在较大复杂性,不妨从三个维度加以观察。

(一)集团类型

从集团类型看,按集团创办主体数量划分,目前一般是单一主体民办教育集团。单就规模性看,据不完全统计,北京北方投资集团(非上市公司)旗下高校 19 所(17 所本科院校和 2 所高职院校),[③]是全国最大的民营教育集团。而上海中锐教育也是集团化办学机构,在 10 余所下属直营院校中,国内学历高等教育机构仅 1 所(无锡南洋职业技术学院),其他为基础教育学校(含国际学校)和非学历教育培训学校。这两种情况下,集团化办学的运

---

① 涂三广.职业教育集团化办学研究综述[J].职教论坛,2009(1):8-11.

② 钟秉林,周海涛,景安磊,等.民办高校集团化办学的发展态势、利弊分析及治理路径[J].中国高教研究,2020(2):29-32,39.

③ 17 所本科院校分别是燕京理工学院、首都师范大学科德学院、北京工商大学嘉华学院、重庆大学城市科技学院、武汉工程科技学院、云南师范大学商学院、桂林理工大学博文管理学院、华南农业大学珠江学院、延安大学西安创新学院、成都文理学院、中国矿业大学银川学院、哈尔滨广厦学院、温州商学院、中南林业科技大学涉外学院、南京航空航天大学金城学院、西安工商学院、上海立达学院。2 所高职院校分别是云南城市建设职业学院和明达职业技术学院。

营管理存在较大的差别。

(二)集团成员单位资产性质

从集团成员单位资产性质看,目前所知的民办高教集团均属于纯粹民办型教育集团。值得注意的是,一个举办者或实际控制人举办多家高校,与一个企业主举办多家企业,不完全相同。而且目前并没有准确的数据可以涵盖全国所有的民办高教集团,主要原因是很难准确查询全国700余家民办高校的举办者及其实控人。从实际运营看,很多民办高校并不是直接以集团公司为名义举办者,而是单独设立项目公司为名义上的举办者。据我们统计,举办高等教育的集团公司至少有25家,分别是北京北方投资集团、四川希望教育产业集团、新高教集团(香港)、中国教育集团控股有限公司(香港)、民生教育集团、河南商丘春来教育集团、新华教育集团、吉林控股集团有限公司、镐京国际教育集团、宇华教育集团、云南瀚文教育投资集团有限公司、当代科技集团、中汇集团控股有限公司(香港)、重庆瀚恒教育科技发展有限责任公司、广东南博企业集团、浙江嘉宏教育科技有限公司、21世纪教育集团、成实外教育、东华教育集团、中国首控集团有限公司、四川现代教育集团、湖北天有集团、上海中锐教育、中国职业教育控股有限公司(香港)、卓雅教育集团等。

(三)集团成长壮大方式

从集团成长壮大方式看,目前主要有资本控制型和股权融资型两类。资本控制型以新高教集团为代表,股权融资型以四川希望教育集团(光大控股基金)为代表。但总体上都是采取并购整合的方式,这一方式涉及集团公司之间收购能力和整合能力的竞争。一些教育集团公司依靠自身品牌优势进行并购整合,例如新高教集团、中国教育集团控股有限公司,而也有一些是依托教育集团背后的集团公司,例如四川希望教育产业集团背后有希望集团、新华教育集团背后有新华集团,可以在优质资源标的的接洽、资源对接与谈判和资金保障等方面有明显优势。我们也看到,不同集团公司并购高校后的资源整合和品牌输出能力不同,对旗下高校的运营管理方式有所不同。例如,单就薪酬体系看,新高教集团强调结果导向,对旗下高校设置了年度绩效考核,校内职工薪酬中含有集团拨付的绩效工资,而民生教育集团没有采取集团对旗下高校绩效考核的管理方式。这些管理方式的差别并无绝对优劣,只有适合与不适合的差别。总体上看,运营能力强的集团公司对并购高校的治理水平和整体质量有明显的促进作用,旗下院校的发展也反过来促进了集团的成长与壮大。

二、两点质疑:围绕规范集团化办学条款的争鸣

2018 年 8 月,司法部关于《中华人民共和国民办教育促进法实施条例(修订草案)(送审稿)》公开征求意见,其中有关集团化办学的条款引发了轩然大波。主要体现在第十二条"同时举办或者实际控制多所民办学校、实施集团化办学的社会组织应当具有法人资格,具备与其所开展办学活动相适应的资金、人员、组织机构等条件与能力,并对所举办民办学校承担管理和监督职责。实施集团化办学的,不得通过兼并收购、加盟连锁、协议控制等方式控制非营利性民办学校","集团化办学的社会组织向集团内民办学校提供教材、课程、技术支持等服务以及统一组织教育教学活动的,应当符合国家有关规定并建立相应的质量标准和保障机制","集团化办学的社会组织不得滥用支配地位,排除、限制竞争,所属民办学校应当依法独立开展办学活动,存续期间所有资产由学校依法管理和使用"。对于上述条款,一些民办高校从业者和专家学者发出了不同的声音。[①] 2021 年正式颁布的《民办教育促进法实施条例》没有采纳司法部送审稿对"集团化办学"的定义,代之以"同时举办或者实际控制多所民办学校的举办者或者实际控制人"的概念表述,业内认为在法律意义上更加准确。为方便表述,以下讨论仍使用"集团化办学"的朴素概念。另外,由于 2021 年《民办教育促进法实施条例》是对包括民办高校在内的民办学校进行整体规范,以下讨论暂且使用"民办学校"的概念,但同样适用于民办高校。

---

① 下文对这些质疑观点的列举来自国金证券《民促法(送审稿)专家深度解读会议纪要》(2018 年 8 月 11 日)、中国教育发展战略学会《民办教育促进法实施条例修订建议座谈会会议记录》(2018 年 8 月 16 日)。

(一)质疑之一:为什么国家政策一贯鼓励"集团化办学",但新法新政却旨在规范、约束"民办学校的集团化办学"?

《国家中长期教育改革和发展规划纲要(2010—2020 年)》首次提出"以推进政府统筹、校企合作、集团化办学为重点,探索部门、行业、企业参与办学的机制"。自获得首肯以来,集团化办学一直受到政策的鼓励和推动。2012 年 9 月,《国务院关于深入推进义务教育均衡发展的意见》提出"发挥优质学校的辐射带动作用,鼓励建立学校联盟,探索集团化办学"。此后,《国务院办公厅关于规范农村义务教育学校布局调整的意见》《国务院办公厅关于加快转变农业发展方式的意见》《国务院办公厅关于加快中西部教育发展的指导意见》《国务院关于统筹推进县域内城乡义务教育一体化改革发展的若干意见》《国务院关于印发国家教育事业发展"十三五"规划的通知》《国务院关于印发"十三五"促进就业规划的通知》等文件都明确表示鼓励探索"集团化办学"。自司法部送审稿首次针对民办学校集团化办学提出规范,很多业内人士质疑其中是何道理。有人提出:"无论公办学校集团化办学,还是民办学校集团化办学,都符合社会需求,也符合教育规律。尤其是民办学校集团化,往往是因为办得好,满足了群众日益多元的教育需求,才能够不断扩大办学。"也有人声称:"《民办教育促进法》规定民办学校和公办学校具有同等法律地位,而在办学模式上,大加鼓励公办学校集团化办学,遏制民办学校集团化办学,势必造成明显的公民办不公平待遇。"同时,"公办学校可以举办或参与举办民办学校,其中不乏有通过集团化方式实现'名校+民校',限制民办学校采取集团化办学方式,属于一刀切思维,不合情理也违背立法初衷"。

(二)质疑之二:既然新法新政并没有禁止民办学校集团化办学,为什么对非营利性民办学校集团化办学予以约束?

2021 年《民办教育促进法实施条例》第十三条明确要求"同时举办或者实际控制多所民办学校的,应当保障所举办或者实际控制的民办学校依法独立开展办学活动,存续期间所有资产由学校依法管理和使用;不得改变所举办或者实际控制的非营利性民办学校的性质,直接或者间接取得办学收益；也不得滥用市场支配地位，排除、限制竞争。任何社会组织和个人不得通过兼并收购、协议控制等方式控制实施义务教育的民办学校、实施学前教育的非营利性民办学校"。为避免包括举办者、实际控制人、理事、董事、监事等以及与上述组织或者个人之间存在互相控制和影响关系、可能导致民办学校利益被转移的组织或者个人等利益相关方对非营利性民办学校进行协议控制，第四十五条还明确提出"教育、人力资源社会保障以及财政等有关部门应当加强对非营利性民办学校与利益关联方签订协议的监管，并按年度对关联交易进行审查"。对此，一些业内人士明确表示了不同意见。他们认为：(1)对非营利化民办学校集团化办学近乎禁止的规定于法无据。兼并收购、协议控制是民办学校扩大办学过程中的常规途径，尤其是可变利益实体即"VIE结构"的协议控制是一种通行做法，现在并无法律法规也没有专门政策加以规范，对此应遵循"法无禁止即可为"原则。(2)限制非营利性民办教育领域集团化办学并无必要。从最早《送审稿》的起草说明来看，设置此条款的初衷在于隔离单体学校，避免集团下属学校的资产质押等行为，引起连锁反应。然而，集团化办学并不意味着改变学校的公益属性，集团化办学可以通过规模扩大、优化成本结构、改善教师待遇，更好地举办非营利性学校。集团化办学和学校的非营利性、公益属性并行不悖。(3)限制非营利性办学领域集团化缺乏可操作性，也会引发新的问题。如果硬性禁止非营利性民办学校集团化办学，将面临拆分集团、撕毁合约、撤销学校、处理善后等一系列问题和风险。对于举办者而言，一方面获取合理回报的道路被截断，另一方面不允许集团化办学发展壮大，可谓进退两难，较大可能挫伤社会力量兴办教育的积极性。

值得注意的是，2021年《民办教育促进法实施条例》对此前司法部送审稿内容做出了调整，用"实施义务教育的民办学校、实施学前教育的非营利性民办学校"取代了"非营利性民办学校"。从字面看来，该条款并不对兼并收购、协议控制非营利性民办高校构成限制，大大降低了对民办高等教育市场的影响。

三、母子经营：当前规范集团化办学的特定含义

在我国基础教育语境中，集团化办学往往指的是"公办教育集团"，它是

我国探索义务教育优质均衡化过程中的一种本土制度创新。从形式上看，公办教育集团通常以名校为龙头，依据共同的办学理念和章程组建学校共同体，通过优势互补或以强带弱，整合区域教育资源。实践中也存在以优质民办学校为牵头校建立的公办教育集团，向区域内的公办学校输出先进办学理念和管理制度。这种集团化办学模式是政府主导的结果，教育集团有明确的非营利性和非市场性定位，地方政府政策文本中的"集团化办学"多指这种旨在实现教育均衡发展的公办教育集团。以杭州市为例，市政府探索推进名校集团化，鼓励以区域内名校为牵头学校，建立公办教育集团，通过"核心连锁""教育联盟""名校托管""学校共同体"等模式开展协同运作。[①] 不可否认，集团化运行中有经营行为，但集团本身是公益性的。集团内部治理结构或松散或紧密，即便是内部结构最为紧密的公办教育集团，牵头学校虽然对集团成员校具有一定的领导班子委派权、教师编制和职称统筹安排权、财务管理权，但其仍然是一种以契约关系为纽带构建的多层次协作组织结构，而非基于所有权基础的母子型经营结构。

放眼域外，不难发现还存在其他多种集团化办学形式，典型包括教育管理公司模式和营利性教育集团模式。从形式上看，教育管理公司模式通常是由营利性或非营利性教育管理公司（education management organization）向学校输出课程体系和管理服务，以集团化办学形式降低管理成本、提高管理效率的模式。[②] 这一模式在美国尤为普遍。2016—2017 年，美国基础教育阶段管理公立学校的教育集团共计 234 家，其中非营利性的有 180 家，管理1608 所学校和 73.4 万学生，营利性的有 54 家，管理 869 所学校和 55 万学生。[③] 私立学校同样可以向教育管理公司购买服务。在这一模式中，教育管理公司与学校间不存在所有权关系，而往往是协议关系。尽管有些学校与教育管理公司签署一揽子协议，教育管理公司对学校实施从校长选聘到

① 沈建华.新名校集团化:市域教育供给侧结构性改革的杭州范式[M].北京:现代出版社,2017:1.
② BREWER D J, PICUS L O. Encyclopedia of education economics and finance [M]. Sage publications, 2014: 268-273.
③ REBECCA D. National charter school management overview 2016-17 school year [R/OL]. (2018-08-27) [2023-03-10]. https://www.publiccharters.org/our-work/publications/national-charter-school-management-overview-2016-17.

课程设计的全面管理，但通常以"管理费"为支付名目。此外，这种协议行为不仅是双向选择的市场行为，政府也是协议的重要参与方。教育管理公司往往要向政府作出提升学校管理效益的承诺。

如果说在教育管理公司模式中，联结集团内部组织主要依靠购买管理服务的协议，那么在营利性教育集团模式中，集团内部组织则是主要依靠所有权联结起来，从而形成了与其他公司企业一样的母子公司关系。集团通过投资举办、兼并购买形式控制多所营利性学校的所有权和运营管理，实现基于市场主导行为的集团化运营和人财物贯通，此为营利性教育领域资源整合和品牌管理的重要模式。仍以美国为例，美洲银行证券的研究报告将美国最大的 7 个营利性高等教育公司统称为 G-7 集团，包括阿波罗集团、职业教育、考林西恩、戴维瑞、教育管理、ITT 教育服务和斯觉瑞厄。[①] 其中，阿波罗集团曾是全球市值最大的教育上市公司，旗下凤凰城大学为全美规模最大的私立大学，作为"全资子公司"对母公司业绩影响巨大。[②]

非营利性民办学校的集团化办学，在我国实践中已经形成一种特殊的组织模式。几十年来，我国的非营利性民办学校大多不是捐资成立的，而是投资成立的，学校则与举办者之间存在着某种隶属关系，举办者不能直接言明从学校办学中获得利润，往往诉诸利润转移安排，由此形成了一种特殊的集团化办学模式——举办"非营利性民办学校"的教育集团公司。其主要形式是专注于民办学校投资与管理的教育集团公司，创办、投资并管理多所非营利性民办学校。这一模式的特点主要包括：(1)集团公司本身是营利性的，规模较大的教育集团公司已经上市或正寻求上市，即便是没有上市打算的教育集团，也属于经营性企业法人；(2)作为集团成员的民办学校是"非营利性"的，依法享有税收优惠、政府补贴和教育用地优惠；(3)营利性教育集公司团与下属学校间存在某种利润转移安排。一般而言，营利性教育集团公司通过包含咨询服务、市场推广等的协议控制，确保其拥有从下属非营利性民办学校取得大部分收益的权利。以"VIE 结构"为常见途径的利润转

① 李明华.美国营利性高等教育的兴起及对中国的借鉴意义[J].高等教育研究，2004(5)：101-107.

② CARSON J D, MILS B M. Legally speaking：copyright and for-profit educational institutions[J]. Against the Grain，2008，20(1)：57.

移安排绕开了公益法人向其举办者分配利润的限制,学校向集团公司支付服务费不会被视为向举办者间接分派盈利或偷税行为,亦不会影响学校的税收优惠待遇。

结合 2021 年《民办教育促进法实施条例》重点规范的外资变相控制境内义务教育(第五条"在中国境内设立的外商投资企业以及外方为实际控制人的社会组织不得举办、参与举办或者实际控制实施义务教育的民办学校;举办其他类型民办学校的,应当符合国家有关外商投资的规定")、各类关联方交易行为(第四十五条)等条款来看,规范民办学校集团化办学具有特定含义,即规范"营利性教育集团公司以资本扩张为根本目的,兼并收购非营利性民办学校"的集团化办学和"营利性教育集团公司通过协议控制,抽取下属非营利性民办学校办学盈余"的集团化办学。此条款最大的影响是,对于有出售意愿的实施学前教育和义务教育的非营利性民办学校需要先变更为营利性,才能被并购。

四、资本运作:高等教育集团化办学的主要风险

(一)特定组织形式的民办高校集团化办学,不符合民办高校分类管理的改革方向

目前我国非营利性民办教育集团化办学,既不同于以优质教育资源均衡共享为目的的公办教育集团模式,也不同于学校通过平等协议向教育管理公司购买管理咨询服务的教育管理公司模式,它的组织形式是营利性教育集团举办若干登记为非营利性质的民办学校,营利性公司与所属学校之间存在利润转移安排。因此,非营利性民办学校,仅仅是在组织登记的法律程序上被注册为非营利组织,究其本质它乃是"准营利性民办学校"。而我国民办教育领域普遍存在的以非营利之名行营利之实的境况,恰恰是分类管理制度设计的出发点,即通过赋予营利性民办学校的合法地位,实现了营利诉求与"以志愿求公益"诉求的分离、营利性民办学校与非营利性民办学校的分离。营利性民办学校以营利本身为目的,按照公司企业模式运作;非营利性民办学校则以公益本身为追求,营利行为只是一种手段,所得利润不得用于分配。从这个意义上讲,非营利性民办学校能否真正"非营利"、其利

润能否真正不用于分配，是衡量民办学校分类管理改革成败的根本标尺。如果新的制度安排仍为非营利性民办学校获取利润留有空间，无异于宣告改革失败。积极推进分类管理改革，对特定组织形式的非营利性民办学校集团化办学行为加以规范确有必要。

（二）规模效应并不必然带来协同效应和良性竞争

无论是公办学校集团化办学还是民办学校集团化办学，都有其合理性。理论上讲，集团化办学是实现资源整合的一种形式，在加强标准化建设、提升学校管理效益、提高政府监管效率等方面具有优势。但是，"营利性教育集团公司通过协议控制下属非营利性民办学校"的集团化办学形式存在潜在问题。就实践情况看，营利性教育集团公司有较大可能利用支配地位，将下属非营利性民办学校纳入合并财务报表范围，通过增大分母显著提高集团公司营收水平和业绩成色。一方面，就现已公布的上市公司财报，民办学校高利润率主要依赖政府补贴，而我们对将政府补贴确认为收益的做法持保留意见。另一方面，集团公司的经营范围往往不限于教育领域，以学校教育事业资金反补关联方的不当情况也有存在，对民办学校依法独立开展办学活动造成不利影响。

（三）市场集中度超常规提升或可能引发连锁反应

过去十余年，一些地方一方面鼓励公办学校建立联盟，形成名校带动弱校、新校、农校的组团发展模式，另一方面积极引进优质民办教育资源，扩大优质教育资源供给总量和辐射范围。在此过程中，一些民办学校逐渐滚动发展成为规模较大的教育集团，有举办者指出，"上至北上广深，下至小县城，遍布同一举办者同时举办多所学校的集团化办学现象"。即便如此，在原《民办教育促进法》"教育不得以营利为目的"框架下，民办教育资本运作受法律限制，民办学校集团化办学较为分散。新政实施后，社会资本加速涌入，具有先发优势的教育集团公司或由资本加码，或受资本驱动，正在加速整合市场资源。在民办教育领域供给端加速扩张时期，创办新校成本高、周期长，而兼并收购现有学校是短平快策略。具有异地扩张和模式复制能力的教育集团公司已经开始布局外延并购，为数不少的单体学校正欲寻求"出售"机会。对于资本市场而言,较高的行业集中度有利于提高利润率;而对于民办教育事业而言,行业集中度过高或将造成垄断办学、学费激增等恶性连锁反应,也不利于地方政府统筹学校布局规划。

(四)兼并收购的资本运作模式潜藏着巨大风险

我国人口基数大,社会的教育需求旺盛,教育市场空间极为广阔。由于学历教育资产的稀缺性和高门槛特征,已上市或拟上市的教育集团都寻求增加学历教育学校作为集团成员学校。以营利目的进行的民办学校兼并收购和资本运作,如不加以约束,则可能演变为无序收购兼并和资本肆意扩张,影响民办教育系统稳定。由于非营利性民办学校不能直接出售基础资产获得现金收益,通常利用 VIE 结构从资产市场募集资金,VIE 结构新变局或将大面积波及集团化办学学校。2015 年公布的《外国投资法(草案征求意见稿)》引入"实际控制"的概念,一是明确"通过合法、信托等方式控制境外企业或者持有境内企业权益"列为"外国投资",也就是将处于灰色地带的 VIE 结构纳入外资监管范围;二是规定"外国投资者受中国投资者控制的,其在中国境内的投资可视作中国投资者的投资",采用 VIE 结构的教育集团公司可将其视为"内资"。然而,2019 年《中华人民共和国外商投资法(草案)》删除了关于 VIE 结构的相关规定,暂时搁置了 VIE 结构的合法性和监管问题。在此背景下,2021 年《民办教育促进法实施条例》明确将"协议控制"纳入监管范围,或将使民办教育具有了更重要的试点意义。虽然从目前的法律法规条款看,境外上市实体协议控制境内民办高校的"VIE 结构"未被明确禁止,但是,民办教育行业作为 VIE 结构纳入外商监管体系的探索,可能也会对全行业带来不确定性,尤其是兼并收购的资本运作模式面临新的风险预期。

第三节　制度保障：分类管理后学校章程的修改

学校章程是民办高校成为独立法人主体的必备条件,是学校运营管理的"基本法"。关于分类管理后民办高校章程的改进及完善问题,2021 年

《民办教育促进法实施条例》确定了民办高校章程的基本框架，明确章程应当规定的九个主要事项，分别是学校的名称、住所、办学地址、法人属性；举办者的权利义务，举办者变更、权益转让的办法；办学宗旨、发展定位、层次、类型、规模、形式等；学校开办资金、注册资本，资产的来源、性质等；理事会、董事会或者其他形式决策机构和监督机构的产生方法、人员构成、任期、议事规则等；学校党组织负责人或者代表进入学校决策机构和监督机构的程序；学校的法定代表人；学校自行终止的事由，剩余资产处置的办法与程序；章程修改程序。有些地方教育主管部门对此非常重视，出台了相应的具体规定，比如2020年广东省教育厅《关于推进高等学校章程修改、核准与实施工作的通知》提出高校应当根据现有法律法规的规定，对学校章程进一步修改、核准与实施。

学校章程修改的内容主要有三点。一是要坚持党的领导和依法治校有机统一，把党的建设有关内容写入学校章程。对于民办高校而言，这一点修改要求其实早已是2016年《民办教育促进法》的重点内容之一，其中第九条已规定："民办学校中的中国共产党基层组织，按照中国共产党章程的规定开展党的活动，加强党的建设"。教育部印发《关于启动新一轮高等学校章程修订工作的通知》《关于深入贯彻落实党的教育方针进一步做好党的建设有关内容写入民办学校章程工作的通知》，将加强党的领导作为直属高校、地方高校章程修订审核的重要内容，作为高等学校法治工作测评的重要评价指标，明确要求将加强党的建设有关内容写入民办学校章程。[①] 有地方就此出台规范性文件，例如《山西省教育厅关于深入贯彻党的教育方针进一步做好党的建设有关内容写入民办学校章程工作的通知》（晋教发〔2021〕39号）。

二是章程修改要体现建设中国特色现代大学制度的要求，凸显高等教育新形势新变化，补充完善最新法律法规和政策等相关规定要求，进一步完善高校内部管理制度。实践中，非营利性民办高校章程修订都不同程度地存在一些难题。有研究对105所民办本科高校的章程进行分析，发现普遍存在文本内容要素不齐全、个性特色不突出、内部权力结构不均衡、运行不

---

① 中共教育部党组关于十九届中央第七轮巡视整改进展情况的通报[N].中国教育报，2022-04-06.

规范、民主监督机制不健全等问题。①

　　业界赞誉的《西湖大学章程》可以提供一个"理想型"。西湖大学属新设非营利性民办大学，也就是 2016 年《民办教育促进法》施行后设立的新型民办大学。从章程制定和批获时间看，2018 年 2 月，《教育部关于同意设立西湖大学的函》同意设立西湖大学，明确学校为非营利法人，并将《西湖大学办学许可证信息》《西湖大学章程》作为附件同步发布。根据公开信息，西湖教育基金会是西湖大学的举办者和捐赠资金的筹资主体，成立于 2015 年，是联结西湖大学和社会各界的中枢纽带，在国内开创了非公募基金会办学的先河。西湖大学的前身浙江西湖高等研究院早在 2016 年就成立，2017 年开始博士生培养。② 从章程结构和内容上，主要涉及学校简介、总则、举办者权利与义务、学校治理体系、学校教学科研单位、科学研究与人才培养、教职工、学生权利与义务、经费来源、资产和财务管理、学校的变更与终止、章程的修改与解释等内容。一般而言，学校章程可以在法律框架下结合学校实际做出特色化规定。例如，在内部治理架构上，西湖大学实行董事会领导下的校长负责制，同时设有监事会、顾问委员会、校务委员会、学术委员会等。依规设立中共西湖大学委员会，发挥政治核心作用，参与学校重大事项决策和管理。在举办者权利方面，杭州市西湖教育基金会通过董事会参与学校办学和管理，可以决定董事会人数及成员构成，推举董事会成员，监督举办者投入财产的使用，以及对学校管理运行和财务状况有知情权。在校长任职方面，学校校长不得同时担任董事会主席，但并未明确校长是否可以同时担任学术委员会主席。根据学校公布的学术委员会信息，首任校长施一公并未担任第一届学术委员会主任，这也符合国际上的一般惯例。在教师遴选聘用方面，章程明确提出向全球选聘教师，实行以竞争性、流动性、国际化为标志的教职人员聘任体系。总体而言，西湖大学章程体现出高点定位、机制创新、学术自由、公益办学的特点，符合学校设立的目标定位，仅从

---

① 王维坤，张德祥.我国民办高校章程文本表达现状研究：基于 105 所民办本科高校章程的文本分析[J].中国高教研究，2017(7)：43-48.

② 磨砺以须，倍道而进：施一公在西湖大学成立大会上的致辞[EB/OL].(2018-10-21)[2022-06-06].https://www.westlake.edu.cn/news_events/westlakenews/UniversityNews/202006/t20200615_5080.shtml.

章程文本中就可以窥见学校治理和发展的基本思路。

三是要充分发挥党组织的政治引领作用，在学校章程中明确党组织的设置形式、地位作用、职责权限、参与决策机制和党务工作机构、人员配备、经费保障等内容要求。这一修改要求在 2016 年《国务院关于鼓励社会力量兴办教育促进民办教育健康发展的若干意见》中已有体现，该意见明确规定学校党组织领导班子成员通过法定程序进入学校决策机构和行政管理机构，党员校长、副校长等行政机构成员可按照党的有关规定进入党组织领导班子。学校党组织要支持学校决策机构和校长依法行使职权，督促其依法治教、规范管理。完善校长选聘机制，依法保障校长行使管理权。2021 年《民办教育促进法实施条例》第十一条更明确提出，"举办者依法制定学校章程，负责推选民办学校首届理事会、董事会或者其他形式决策机构的组成人员。举办者可以依据法律、法规和学校章程规定的程序和要求参加或者委派代表参加理事会、董事会或者其他形式决策机构，并依据学校章程规定的权限行使相应的决策权、管理权"。此条修改要求包括两个重点。其一，非营利性民办高校需要更加注重学校顶层制度设计，完善董事会（理事会）、校务会、党委会、学术委员会、工会、教代会等组织节点的制度规范和组织架构优化，这也是民办高校逐步实现学校治理体系和治理能力现代化的重要途径。① 其二，管理权是非营利性民办高校举办者的重要权益。一直以来，大家的关注点在举办者的财产性权利，举办者变更、权益转让等内容系非营利性民办高校章程的必备条款。司法实践中常出现举办者资产转让的相关纠纷。实际上，举办者对学校的资产份额相对应的权利，往往包括对学校的经营管理权。"举办者变更、权益转让的办法"系民办学校章程的必备条款，目的是约束出资人，保障学校的稳定和有规则地运行。同时，举办者管理权是结构化的权利，应涉及制度建设、财务、人事、教学科研等多项权力内容。学校章程修订中要用好管理权概念，打破民办高校既有的控制权分配格局，将之作为调和"取消合理回报"与"保障举办者合法权益"的现实途径，形成举办

---

① 阚明坤.新发展格局下民办高校高质量发展的目标定位与实现路径[J].教育与职业,2021(19):83-88.

者依据法律法规与学校章程赋予的权限有序参与学校管理的新局面。[①]

第四节　经费管理：资金往来与学校法人财产权

一、实际到位：学校开办资金及出资手续完善

民办高校常见的开办资金有以下形式：以现金出资、以土地房屋不动产出资、以教学设备出资、以知识产权等无形资产出资。实践中常见的问题有：(1)以现金出资的，没有办理验资手续，尤其是在办学过程中举办者的持续投入哪些属于增加出资，哪些属于借款不加区分；(2)以不动产出资的，一直未完成将不动产过户至学校名下的手续；(3)以教学设备出资的，没有相关的资产评估报告，无法判定用于出资的教学设备究竟如何判定价值；(4)还有一种特殊情况，有些民办高校的前身是专修学院，设立民办高校时注明是将专修学院清算后的资产整体作为民办高校的开办资金，但实际并未对专修学院进行正式的财务清算，也没有相应的清算报告或审计报告能体现清算结果，导致无法判定该民办高校的具体出资数额以及究竟是否到位。

开办资金是否实际到位问题不仅会影响学校举办权变更前后各出资人的合法权益，还会对民办高校在分类管理选择时产生影响。现有民办高校选择营利性办学的，则开办资金的数额和到位情况会影响民办高校重新登记时的财务清算及税收缴纳等。现有民办高校继续选择非营利性办学的，则开办资金的数额和到位情况会影响民办高校终止时举办者取得补偿或奖励的数额。例如，江苏省人民政府《省政府关于鼓励社会力量兴办教育促进民办教育健康发展的实施意见》（苏政发〔2018〕31号）明确提出，"2016年11月7日《全国人民代表大会常务委员会关于修改〈中华人民共和国民办教育促进法〉的决定》公布前经批准设立的民办学校，选择登记为非营利性民办学校的，终止时依法依规进行财务清算清偿后有剩余的（出资额计算时

---

① 史少杰.民办高校举办者管理权：理论基础与政策探索[J].浙江树人大学学报（人文社会科学），2020,20(5):9-13,33.

间为 2017 年 9 月 1 日前），根据出资者的申请，从学校剩余净资产中给予出资者相应补偿，补偿数额为出资额（即学校在登记管理机关登记的开办资金数额）及其增值，增值按照清算当年中国人民银行 5 年期存款基准利率计算"。在实践中，不少举办者除了已经按照在登记管理机关登记的开办资金数额足额投入以外，实际还对学校陆续有其他投入，但未显示在登记管理机关登记的开办资金数额中，那么该部分投入如要获得补偿及取得相应增值补偿的，则应事先完成增资手续，按实际投入登记为学校的开办资金后方能享受该政策。

二、账目定性：学校与举办者间往来款的处理

民办高校普遍来讲，建设期比民办幼儿园和中小学校更长，投资规模更大，至少都要在几亿元甚至十几亿元，那就意味着举办者在开办资金出资到位以外，实际还需要或多或少地向学校继续投入资金。那么，该部分继续投入的资金应该是举办者对民办高校的增加投入，还是应视为举办者对学校的借款？学校常见做法是该部分款项在民办高校的财务账目上未做定性，只是长期挂账为学校与举办者之间的往来款。

从举办者合法利益最大化的角度来看，如果民办高校继续选择成为非营利性学校的，那么上述往来款作为举办者对学校的借款更为合适；如果民办高校选择成为营利性学校的，那么上述往来款作为举办者对学校的增加投入或者对学校的借款皆为可行。

民办学校与举办者间往来款处理不当，会产生学校法人财产与举办者资产混同的问题。在求生存求发展的阶段，很多民办学校都依赖于制度缝隙下的模糊空间。新的法律框架下，以往的资金往来做法可能涉嫌违法。这里借用"张公利案"作分析。江苏宿迁宿豫中学自上世纪末建校以来，经历"公转民""股份制""民转公"等改革，是中部地区民办教育的典型。宿豫中学举办者的两个案件，即"宿迁市宿豫区检察院公诉张元柱、张公利挪用、占有学校资金"（以下称"挪用资金案"）和"张公利与宿迁市宿豫区豫润发展管理有限公司股权转让纠纷"（以下称"股权转让纠纷案"），因案情复杂引发业界讨论和舆论争议，折射出民办学校迫切需要解决的合规问题，对非营利性民办高校也同样适用。

根据案件公开资料及网络资料,梳理案件由来即时间线如下。[①]

——1998—2002 年:"公转民改革"。1998 年,宿迁市宿豫区的前身宿豫县政府出资建立一所公办中学,此为宿豫中学(集团)的前身。2001 年,经宿迁市教育局批复同意,转制为民办学校。

——2003—2012 年:"股份制改革"。2003 年,原宿豫县改革工作指挥部印发的《关于同意宿豫中学深化产权制度改革实施方案的批复》(下称《批复》),明确同意县教育局采取股份制改革形式。改革后学校成立股东会为最高权力机构,原宿豫县教育局参与制定《宿豫中学学校章程》,设立董事会、监事会。改革后学校教职工身份性质不变,且与公办学校教职工在职称评定等有关政策上享受同等待遇。2004—2012 年,学校不断引资扩股,经历多次股权交易、股权变更、举办者变更,学校由原来的一所学校发展为集团校(多所学校)。其间,2005—2010 年,国有股份及小股东悉数退出,宿迁商人张元柱和原宿豫县老干部局局长张公利成为宿豫中学仅有的两名股东;2012 年,张元柱与张公利签订股权转让协议与补充协议,张元柱所持学校股权和债务全部转让给张公利,后者成为学校唯一股东,担任学校举办者及董事长、校长等职。

——2018—2021 年:案发与"民转公改革"。2018 年,学校教师因无法拿与公办教师相同待遇的职业年金等问题,发生教师规模性罢课及举报(2010 年、2015 年已有 2 次教师规模性上访,要求恢复公办身份和公办待遇)。江苏省宿迁市宿豫区检察院于 2020 年 4 月 30 日对张元柱、张公利提起公诉。2021 年 1 月 20 日,宿豫区法院一审认定张元柱犯挪用资金罪,判处有期徒刑二年,缓刑五年;张公利犯挪用资金罪、职务侵占罪,决定执行有期徒刑七年六个月。同时追缴张元柱、张公利违法所得金额及孳息。张公利不服一审判决,提出上诉。9 月 23 日至 10 月 11 日,此案分四次开庭审理,未当庭宣判。10 月 27 日,宿迁中院决定对此案延期审理。张公利目前处于取保候审。此为刑事案件"挪用资金案"的最新进展。

---

① 关于"张公利案"的信息来源有三。一是张公利之女的微博账号"蒙冤民营教育家张公利"。二是浙江大学教育学院吴华教授《用历史的眼光看待民办教育发展中存在的问题:旁听张公利案家庭审有感》一文。三是《财新周刊》2021 年第 46 期刊登的《宿迁民校出资人罪与非罪》一文,报道了截至 2021 年 11 月底的案件进展。

　　这其中还有一起民事诉讼。在监视居住期间,张公利与宿豫区豫润发展管理有限公司(宿豫区政府国有资产监督管理办公室100％控股)签订四份《举办者变更协议》,将其在宿豫中学等4所学校的举办者身份及享有的权益无偿转让给豫润公司。"挪用资金案"一审宣判后,张公利对豫润公司提起民事诉讼,主张其在2019年7月26日签署并公证的举办者变更协议系监视居住期间受胁迫所签,非本人真实意愿,请求判决撤销协议及公证书。2021年10月20日,此案在宿豫区法院开庭审理,未当庭宣判。

　　截至2022年8月,"张公利案"还没有盖棺论定,有两个主要的争议点。

　　第一,地方政策与上位法内含冲突,是否可以降低行为人的主观恶意?根据财新记者的报道,庭审上,公诉方的指控逻辑以2016年《民办教育促进法》为基准,辩护方的辩护逻辑则以《公司法》和地方政策为基准。当年原宿豫县政府及参与各方是按公司化模式而非"民办非营利"的性质来看待宿豫中学的改制,在非营利性民办学校引入"股东"的概念,实际上与当时的《教育法》《民办教育促进法》的内涵冲突,与修订后的《教育法》《民办教育促进法》明显相悖。辩护方利用《学校章程》"股东会是宿豫中学的最高权力机构"之条款,认为"一人股东即代表股东会,所做出的决定是最高权力决定,代表单位意志"。但是,该章程并不规范,且所代表的地方改革精神与上位法抵触,这条改革路可能需要回到原点纠偏。

　　第二,学校法人财产与举办者资产混同,是否可以按照使用或占有的是个人资金而非单位资金认定?张元柱及其关联公司、张公利、宿豫中学(集团)三方资产纠葛颇深。检方主张,"举办者对学校进行了工程建设,形成的资产是学校的法人财产,不能抵消";而辩护人根据股权转让协议中"张元柱的关联公司和有关个人与宿豫中学(集团)的所有债务,以及张公利经手的所有借款均由张公利承担"之条款,提出"张公利与学校之间仍然存在互负债务关系,有权抵消"。理论上,张公利在对学校享有债权的情况下,有权从学校取回相应款项;但是,张公利与张元柱及其关联公司的财务往来混乱,且借据凭证不规范。检方认为,张元柱、张公利之间的资金与归还个人债务无关,目前按照使用或占用的是单位资金认定;而辩护人则提出,如果无法区分使用或占有的是单位资金还是个人资金,就难以认定主观上是否具有非法占有目的。

"张公利案"向广大的举办者释放了一个复杂的信号。举办者的做法是民办教育以往制度设计中的内在矛盾、政府与举办者的法治理念不清晰等历史原因所导致。但其实,法律的原则性规定从未缺失,举办者漠视了法律法规的学习。类似情况需要补齐借款合同、担保合同及相关手续,规范举办者与学校之间的钱款往来。对于无法补齐证明材料,无法区分是学校资金还是个人资金的,举办者应当在一定期限内将钱款退还学校,完成合规工作。

三、账面计提:合理回报的追溯提取及其程序

在 2016 年《民办教育促进法》完成修订之前,民办高校的举办者可以从办学结余中取得合理回报。新法取消了"合理回报"制度,即从新法正式施行之日起,新设非营利性民办学校和存续办学的非营利性民办学校,对新法生效之后形成的办学结余均不应再计取合理回报。但是,很多学校实际并未每年在当年提取合理回报,目前没有明确的法律规定是否可以追溯计提合理回报。

有的教育主管部门认为,如果民办学校不在当年计取合理回报,那么视为放弃。因为提取回报是"可以"而不是"应当"或"必须",而且提取合理回报要经过内部层层审核,不会发生遗忘的问题。法律实务界则认为,民办学校如果未在当年计取办学奖励并不应视为当然放弃,因为任何民事主体处分自己的权利应有时效规定。一是 2004 年《民办教育促进法实施条例》第四十四条规定:"出资人根据民办学校章程的规定要求取得合理回报的,可以在每个会计年度结束时,从民办学校的办学结余中按一定比例取得回报。民办教育促进法和本条例所称办学结余,是指民办学校扣除办学成本等形成的年度净收益,扣除社会捐助、国家资助的资产,并依照本条例的规定预留发展基金以及按照国家有关规定提取其他必需的费用后的余额。"这里使用"可以"理解为没有硬性要求出资人提取行为必须发生在当年会计年度结束之前。二是根据《民法典》《民法总则》关于"向人民法院请求保护民事权利的诉讼时效期间为三年"的规定,法律实务界有提出"至少应该允许出资人取得在 2016 年 12 月 31 日之前两个年度即 2015 年度、2016 年度,以及 2017 年 8 月 31 日之前的合理回报",也就是如果民办高校未能在 2020 年 8

月 31 日之前提取此前未及时提取的合理回报的，才能视为放弃提取。①

　　经咨询地方教育行政部门，目前有的地方完成了合理回报的追溯提取，但需要关注的是"计提"和"提取"是两个概念。新法修改完成之前，在相关会计年度账上计提的合理回报，如果未在当年提取的，可以追溯提取。很多民办高校出于节税考虑，当年的财务报表并未反映出有办学结余。由于办学结余是提取合理回报的计算基数，②因此这些民办高校当年的会计账目上没有计提合理回报，上述追溯提取并不适用。此外，法律实务界提出以三年作为法律规定的权利保护时效，只是"理论上的实际"。只有在学校账面计提了合理回报，又不向举办者兑现的情况下，才涉及举办者与学校之间的民事诉讼。我们认为应该这样理解，意即当年会计年度账面计提的回报，实际提取时间并不受限制；而当年会计年度账面未计提的，新法以后不能追溯计提和提取。

　　目前法律法规并未明确从学校办学结余中提取合理回报的比例，但天津等地有对"出资人从办学结余中取得回报的比例过高"予以行政处罚的先例。根据 2004 年《民办教育促进法实施条例》，从办学结余中取得合理回报的比例应当综合考虑收取费用的项目和标准，用于教育教学活动和改善办学条件的支出占收取费用的比例，办学水平和教育质量三个因素。此外，在确定出资人取得回报比例前，应向社会公布与其办学水平和教育质量有关的材料和财务状况。有理由认为，合理回报的追溯提取应当具有如下流程：(1)确定办学结余，向社会公布与其办学水平和教育质量有关的材料和财务状况，如有可能，由专业机构或独立第三方对学校的账目、管理制度、办学质量等进行审计和评估；(2)学校的决策机构讨论决定出资人取得合理回报的具体比例；(3)依法向审批机关备案。

---

① 余苏律师团队.新《民促法》实施了，之前没提的合理回报还能提吗？[EB/OL].(2017-09-06)[2023-02-02]. http://www.junzejun.com/Publications/1359126957395c-3.html.

② 2004 年《民办教育促进法实施条例》出台之前，民办高校合理回报的计算基数有三种数据可供选择，一是按投资人的投资额计算；二是按学校收入计算；三是按办学节余计算(参见：姜彦君.对民办学校合理回报政策的探讨[N].光明日报，2003-11-13)。2004 年《民办教育促进法实施条例》对合理回报的提取标准和程序做出规定，2004 年以来，实践界一般建议民办高校根据法律规定核定办学结余。

四、合理界定：学校法人财产权的表现及保障

教育行政管理部门一直非常重视并一再强调要保障民办高校的法人财产权。一些舆论面较大的案件也都与学校法人财产权有关。在法律实践过程中，民办高校法人财产权的主要表现形式有办学用地、校舍、对外重大融资（包括金融机构借款、融资租赁及 ABS 产品等）等，不同形式的法人财产权存在不同的规范问题。合理界定学校法人财产权，才能够很好地规范和调整学校相关行为主体的权利义务。

（一）办学用地是否必须为学校的自有产权

购地建房和租赁办学是民办高校常见的办学方式。近年来，民办高校升本、评级将不动产规模作为一项重要指标，很多人对民办高校租赁办学存在误解，认为民办高校的土地、房屋等权属必须过户到学校名下。主要依据是《民办高等学校办学管理若干规定》第七条规定："民办高校的资产必须于批准设立之日起 1 年内过户到学校名下。本规定下发前资产未过户到学校名下的，自本规定下发之日起 1 年内完成过户工作。"

针对以上所引条款，我们认为应该这样理解，意即如果举办者是以自有的不动产投资办学，并以其评估价值作为开办资金数额进行登记的，那么毫无疑问举办者必须根据法律规定于批准设立之日起 1 年内将举办人名下的不动产过户至学校名下，成为学校的自有资产，这样才是履行完毕出资义务。但是，如果举办人是以现金或者其他形式投资办学的，并没有承诺将不动产作为办学投入，那么该不动产是可以不过户至学校名下的。[①] 第一，无论是对普通高校还是民办高校的法律规定，无论是已经失效的还是现行有效的法律规定，从未明确规定必须由学校自身拥有符合办学条件的土地的权

---

① 此处仅做一般意义上的讨论，暂不涉及一些不利于学校法人财产保护的财务处理。例如，有一些出资人将登记在自己或关联企业名下的房屋土地，以租赁的形式提供给学校使用，而不是将不动产过户至学校名下。这一问题的表象是出资人出资不到位，实质是通过关联交易转移学校学费收入、获取回报，对学校法人财产权构成了损害。

属。根据《民办高等学校办学管理若干规定》[①]《普通高等学校设置暂行条例》[②]《普通高等学校基本办学条件指标(试行)》[③]《独立学院设置与管理办法》[④]的相关条款,无论是基本办学条件指标(衡量普通高等学校基本办学条件和核定年度招生规模的重要依据)中的生均教学行政用房指标,还是监

---

① 《民办高等学校办学管理若干规定》(2007年2月3日,教育部令第25号,2015年11月10日修正)第五条规定:"民办高校的办学条件必须符合国家规定的设置标准和普通高等学校基本办学条件指标的要求。"

② 《普通高等学校设置暂行条例》(1986年12月15日,国发〔1986〕108号)第八条规定:"设置普通高等学校,须有与学校的学科门类和规模相适应的土地和校舍,保证教学、生活、体育锻炼及学校长远发展的需要。普通高等学校的占地面积及校舍建筑面积,参照国家规定的一般高等学校校舍规划面积的定额核算。"第九条规定:"设置民办高等学校,应具备下述基本条件:……有固定、独立、相对集中的土地和校舍。校舍一般应包括教室、图书馆、实验室(含实习场所及附属用房)、校系行政用房及其他用房五项,合计建筑面积参考指标为:文法财经类学校每生10平方米,理工农医类学校每生16平方米。占地面积应满足校舍建设用地和供学生体育活动的场地。"

③ 《普通高等学校基本办学条件指标(试行)》(2004年2月6日,教发〔2004〕2号)规定:"三、根据指标的用途及其重要性,新修订的《基本办学条件指标》由以下两部分组成:1.基本办学条件指标:包括生师比、具有研究生学位教师占专任教师的比例、生均教学行政用房、生均教学科研仪器设备值、生均图书。这些指标是衡量普通高等学校基本办学条件和核定年度招生规模的重要依据。2.监测办学条件指标:包括具有高级职务教师占专任教师的比例、生均占地面积、生均宿舍面积、百名学生配教学用计算机台数、百名学生配多媒体教室和语音实验室座位数、新增教学科研仪器设备所占比例、生均年进书量。这些指标是基本办学条件指标的补充,为全面分析普通高等学校办学条件和引进社会监督机制提供依据。同时这些指标还可反映普通高等学校基本办学条件的改善、更新情况,对提高教学质量和高等学校信息化程度等具有积极的指导作用。"

④ 《独立学院设置与管理办法》(2008年2月22日,教育部令第26号,2015年11月10日修正)第八条规定:"参与举办独立学院的社会组织,应当具有法人资格。注册资金不低于5000万元,总资产不少于3亿元,净资产不少于1.2亿元,资产负债率低于60%。参与举办独立学院的个人,应当具有政治权利和完全民事行为能力。个人总资产不低于3亿元,其中货币资金不少于1.2亿元。"以及第十八条规定:"申请筹设独立学院,须提交下列材料:……(五)资产来源、资金数额及有效证明文件,并载明产权。其中包括不少于500亩的国有土地使用证或国有土地建设用地规划许可证。……"

测办学条件指标(为全面分析普通高等学校办学条件和引进社会监督机制提供依据)中的生均占地面积、生均宿舍面积,都只是对面积数量本身作出了相应规定,并未对土地的权属作出任何限制。第二,民办高校的办学条件必须符合国家规定的设置标准和普通高等学校基本办学条件指标的要求,同时,还要看到当时《民办高等学校办学设置暂行规定》第十条规定"自行筹资建校舍尚有困难的民办高等学校,允许租借现有合适的校园或其他单位的适用土地、用房从事教学活动,但须具有法律效力的契约。长期租借外单位适用土地、房屋等设施满足办学需要的学校,其筹办启动资金的要求可以适当放宽"。正是因为民办高校实际办学过程中确实存在取得土地权属非常困难的问题,尤其是北上广深等一线城市更是如此,所以包括《独立学院设置与管理办法》在内的所有法律法规都没有将举办者必须提供"自有"房地产作为开办条件之一。从经济发展未来的趋势看,越是经济发达的地区将来土地供应越是紧张,如果民办高校的升本或扩大招生规模必须与学校自有土地规模捆绑要求,这一定是制约民办高校发展的重要因素,这也是与《高等教育法》对民办高校的发展期许不匹配的。

(二)建筑物

民办高校后续如何继续完善相关用地及建筑物规划报建取得手续,我们理解这是一个攸关学校继续发展的重要问题。实践中民办高校的校舍存在诸多问题,比如没有合法规划报建手续、报建用途与实际用途不符、报建面积与实建面积不符、擅自改建加建、因消防或安全原因未能取得竣工验收、为节税不办理房屋产权登记等。这些问题的存在,一方面违反了法律法规的规定,可能会被要求推倒房屋恢复原状甚至罚款;另一方面也可能因此存在安全隐患,加大学校的管理风险。

(三)融资合同

学校的融资合同一般均要求民办高校在发生合并、分立、减资、股权转让、对外投资、实质性增加债务融资、重大资产和债权转让以及其他可能对民办高校的偿债能力产生不利影响的事项时,需取得有关银行的书面同意,否则承担相应的违约责任。鉴于民办高校的举办者、举办资金、取得合理回报、考虑登记为营利性学校等均对民办高校的偿债能力产生一定影响，建议民办高校在做相关调整时应及时与有关银行进行沟通并取得其书面同意。

第五节　教师权益：学校劳动人事及薪酬管理

一、公民分割：我国高校教师劳动力市场的特征

当讨论民办高校劳动人事问题，有必要对我国高校教师劳动力市场的制度特征做一个简单梳理。首先，公办和民办高校的竞争是当前的客观现实。从大的背景看，当今高等教育的竞争不再是仅仅发生在个别单位或国家之间，而是更具有制度性的特征，其实质是制度之间的竞争。[①] 高等教育的竞争主要是地位竞争和质量竞争，部分民办高校还参与到价格竞争中。在我国，学费不是高等教育的价格，而是高等教育服务的成本分担，[②]高等教育学费采取政府定价而非市场定价，学费定价从来不是高等教育的质量信号。加上质量难以定义和评估，一所高校的地位标签往往被认为可以代表其质量。

高等教育的地位竞争发生在大学组织、国家和超国家等多个层面。2015 年 10 月 24 日，国务院印发《统筹推进世界一流大学和一流学科建设总体方案》，提出到 21 世纪中叶"一流大学和一流学科的数量和实力进入世界前列，基本建成高等教育强国"的战略目标。在 2017 年公布的世界一流大学和一流学科建设高校及建设学科名单中，民办高校遗憾缺席。这并非出于刻意忽略或排除，客观原因是迄今还没有一所民办高校具备冲刺世界一流大学的综合实力。从历史上看，民国时期曾出现一批现代意义上的高水平私立大学，证明我国具有这样的文化土壤。国民政府教育部编撰《第一次中华民国教育年鉴》，其中所载民国二十年（1931 年）全国高等教育统计

---

① MUSSELIN C. New forms of competition in higher education[J]. Socio-Economic review，2018，16(3)：657-683.

② 王善迈.论高等教育的学费[J].北京师范大学学报(人文社会科学版)，2000(6)：24-29.

数据显示,全国高等院校 103 所,其中私立大学 47 所,几乎占据高等教育半壁江山。其中包括"教会主办者"如东吴大学、震旦大学等 10 余所,"国人自办者"如武昌中华大学、中国公学、私立南开大学、厦门大学等 20 所。这些私立大学,尤其是国人自办者,是当时高等教育发展的主流,声誉颇佳,起到引领潮流、促进提升教育现代化水平的积极作用。[①] 理论上,民办高等教育在改革开放后新生,不存在路径依赖问题。民营机制的大学既不受历史上形成的陈旧的管理模式束缚,也没有单位体制的拖累,更适应社会主义市场经济体制和现代社会变革。但是,受制于内外部因素,民办高校长期处于拾遗补阙的配角地位,即便是民办高校也对进军世界一流行列缺乏基本信心。民办高等教育从"作为国家办学补充的社会力量办学"(1982—1998 年)到"与公办高等教育共同发展"(1999 年至今),虽然已经成长壮大为我国高等教育的重要组成部分,但是相对于公办高等教育长期处于劣势。由于民间资本进入民办高等教育领域带有明确的投资性质和营利要求,我国民办高校与欧美国家主要依靠社会捐赠举办的私立大学有显著区别。一方面,出资或投资举办的民办高校无法很快理顺校内产权关系,建立起现代治理结构;另一方面,间接导致国家政策长期向公办高校倾斜,民办高校获得政府支持不足。随着竞争因素渗入到高校资源分配、教师劳动力市场等方面,大多数民办高校长期陷入"被动锁定",难以形成强大的后发优势。

　　教师劳动力市场的性质与特征对教师供需、教师流动率、教师发展空间等都有很大影响。我国高校教师劳动力流动的制度壁垒一直都存在。学术劳动力市场受政府、院校的影响较大,市场自主调节力度不足,属于不完全学术劳动力市场。[②] 近年来,我国高校人事制度改革、教师激励、学术评价"非升即走"等举措,很多要素是借鉴学习了西方经验。这些教师激励制度的建立,是以学术劳动力可以自由流动、高校教师流动的壁垒障碍较小为前提条件的。我国高校教师流动的地域障碍、制度障碍仍然较大,学术劳动力资源供给并非完全由市场调节,并不具备欧美国家尤其是美国学术劳动力

---

① 虞和平.辛亥革命对教育变革的影响:以民国前中期商人捐办大学为中心[J].史学月刊,2015(6):66-76.

② 廖志琼,李志峰,孙小元.不完全学术劳动力市场与高校教师流动[J].江汉论坛,2016(8):110-113.

市场的自由性特征。在这种不完全学术劳动力市场环境下,公办和民办高校的教师、长聘和临时合同的教师之间还存在着巨大的薪酬和地位差距。劳动力市场分割,即因社会和制度性因素而形成的劳动力市场的部门差异,是各个社会都普遍存在的问题。近年来,相关研究发现,劳动力市场除了按照职业、地理、行业等原则划分,还可能按所有制类型划分。在发展中国家和中东欧其他经济转型国家,在公立部门就业意味着更加稳定、专业和相对安全,而在非公部门就业意味着不稳定,这些国家存在公私部门之间的劳动力市场分割,这也是中国特殊的劳动力市场结构。① 就学术劳动力市场而言,这种公私部门之间的分割也非常明显。普遍意义上,公办高校仍然是主要劳动力市场,代表着体制内的稳定福利;民办高校则是体制外的劳动力市场,虽然个别民办高校的薪酬水平较高,但民办高校内部竞争激烈,工作相对不稳定。受制度性因素的影响,跨两个劳动力市场的教师流动较难成为主流。

二、编制情结:同等法律地位上的劳动人事管理

民办高校与公办高校具有同等法律地位、民办高校教师与公办高校教师具有同等法律地位,是新法新政确立的重要原则,并为历次修法所坚持。我们对教育行政部门和民办高校相关负责人的调研发现,关于非营利性和营利性民办高校教师享有与公办高校教师同等待遇的政策方案,被认为最为合理,同时落地可能性大。但是,关于教师同等待遇的合理性和可及性差值较大,也就是说,实践界一致认同教师同等待遇原则,同时也认为实质性举措恐难在短期内落地。由于公办高校与非营利性民办高校法人制度的"双轨制"及由此形成的待遇落差,非营利性民办高校在吸引人才和稳定师资队伍方面与公办高校存在明显差距。

一般而言,公办学校教师编制是核定给学校的,具有典型的事业单位机构属性和终身性特点。② 虽然教育部等五部门发布的《民办学校分类登记

---

① MA X. Ownership sector segmentation and gender wage gaps in urban China during the 2000s[J]. Post-Communist economies,2018,30(6):1-30.

② 邬志辉,陈昌盛.我国义务教育阶段教师编制供求矛盾及改革思路[J].教育研究,2018(8):88-100.

实施细则》规定非营利性民办学校可登记为民办非企业单位或事业单位,但实践中绝大多数民办学校按民办非企业单位登记,教师一般不享有国家事业单位编制。在我国从计划经济向市场经济转型过程中,一方面借鉴西方国家经验引入养老保险制度,另一方面机关和事业单位仍然沿袭计划经济体制下养老退休金制度,客观形成了城镇养老金双轨制格局,①这对民办学校教师福利待遇有较大影响。在过去的改革进程中,针对传统公有体制的存量改革与发展公有体制外力量的增量改革并不同步,很多从计划经济时代沿袭下来的教龄和工龄计算、职称评审、职务晋升、业务培训、评优评先、待遇保障等教师人事管理制度,迄今仍然主要在公有体制下的事业单位制度内部运行,与事业编制紧密挂钩在一起,它们很难超越所有制的限制同等适用于非营利性民办高校。基于此外部环境,非营利性民办高校教师有"编制情结",行业协会、地方政府和专家学者也普遍以"体制吸纳"增强非营利性民办高校教师职业吸引力,意即"将非营利性民办高校纳入到事业单位的体系之内,同公办高校一样,作为事业单位法人,如此一来,教师政策待遇不同等的问题似乎能够迎刃而解"。② 全国人大教育科学文化卫生委员会通过审议的代表议案中,就曾建议国务院及有关部门起草《民办事业单位登记管理条例》。③ 当然,已有研究也提出体制吸纳的思路不符合事业单位社会化改革方向,不符合高校人事制度的改革方向,不符合我国民法的最新精神,也不符合民办高等教育的发展逻辑,应当加快清理劳动和人事管理"双轨制"的残余,真正发挥民办机制的优势条件。④

　　编制情节背后反映出的是民办学校教师与公办学校教师退休待遇的区大差异问题。在人社部门的相关系统中,民办高校老师被登记为"社会从业

① 童素娟,郭林.养老金双轨制的历史渊源与改革取向:浙江证据[J].改革,2015(1):90-98.
② 卢威,李廷洲.走出体制吸纳的误区:增强非营利性民办高校教师职业吸引力的路径转换[J].中国高教研究,2020(10):62-68.
③ 全国人大教育科学文化卫生委员会.全国人民代表大会教育科学文化卫生委员会关于第十一届全国人民代表大会第二次会议主席团交付审议的代表提出的议案审议结果的报告[R].2019.
④ 卢威,李廷洲.走出体制吸纳的误区:增强非营利性民办高校教师职业吸引力的路径转换[J].中国高教研究,2020(10):62-68.

人员"，俗称"外来务工人员"，民办学校可以按企业标准往往为最低标准，为教师缴纳社会保险，满足合规要求，从经济逻辑来说，学校往往也倾向于用较低的缴纳基数和缴纳比例满足监管要求。因而造成民办学校老师收入在职与退休的巨大落差，民办学校教师与公办学校教师在退休待遇上的巨大落差，这是民办高校中高级教师稳定性差的最大原因。虽然非营利性民办高校教师都提出要打造事业留人、感情留人、待遇留人、制度留人的人才环境。但从现实情况看，很多非营利性民办高校在工资发放、社保缴纳等方面还有不合规问题。

（一）未全员、足额缴存社保费的法律责任

根据课题组成员的法律实务经验，大多数民办高校未能为全体员工按其上一年度申报个人所得税的工资、薪金的月平均数缴纳社会保险费，基本上均低于其上一年度申报个人所得税的工资、薪金的月平均数。根据《社会保险费征缴暂行条例》，如果用人单位未按规定险种、基数、比例为全体员工按时足额申报、缴纳社保费的，须承担以下法律责任：

一是缴费申报违规的行政法律责任。缴费单位不按规定申报应缴纳的社会保险费数额的，由社保主管部门暂按该单位上月缴费数额的110%或该单位的经营状况、职工人数等情况确定应缴数额。缴费单位未按照规定申报应缴社会保险费数额的，由社保主管部门责令限期改正；情节严重的，可对单位直接责任人员处以不超过人民币10000元的罚款。

二是缴费拖欠的法律责任。由社保主管部门责令限期改正；情节严重的，对直接负责的主管人员和其他直接责任人员可以处1000元以上5000元以下的罚款；情节特别严重的，对直接负责的主管人员和其他直接责任人员可以处5000元以上10000元以下的罚款。如经社保主管部门责令限期缴纳仍不缴纳的，除补缴欠缴数额外，从欠缴之日起，按日加收千分之二的滞纳金；自2011年7月1日起，前述滞纳金征收比例调整为每日万分之五，用人单位未在补缴限期内足额缴纳社会保险费的，由有关行政部门处欠缴数额一倍以上三倍以下的罚款。在必要的情况下，由社保主管部门或者受托征收的税务机关申请人民法院依法强制征缴。

三是在劳动仲裁或诉讼中不利的风险。在劳动仲裁或诉讼中，如果用

人单位未缴纳或未足额缴纳工伤及生育保险费,职工生育或发生工伤事故、职业病时,用人单位应承担实际发生的生育医疗费用或工伤、职业病医疗费用及损害赔偿金。对于养老、医疗和失业三个险种,如果员工向社保主管部门投诉(包括在劳动仲裁过程中提出),社保主管部门通常会要求用人单位补缴保险费,并加收滞纳金。

(二)未全员、足额缴存住房公积金的法律责任

根据《住房公积金管理条例》[①]第三十八条"违反本条例的规定,单位逾期不缴或者少缴住房公积金的,由住房公积金管理中心责令限期缴存;逾期仍不缴存的,可以申请人民法院强制执行"的规定,如用人单位未按规定基数(或最低缴存额)、比例为员工缴存住房公积金,住房公积金管理中心有权责令用人单位在限期内补缴住房公积金及其利息;用人单位在限期内未补缴的,住房公积金管理中心可向法院申请强制征缴。

(三)劳动管理之规章制度事宜

大多数的民办高校都有自己的《教职工手册》(或《员工手册》等人事管理制度),对于劳动管理都有较为完善的制度框架,但很多制度年久失修,未能根据最新法律规定及学校实际需要及时更新,仍然存有需完善之处,比如很多制度为试用办法,从何时开始试用并未明确规定,试用期限也没有明确规定;比如有些制度已经是正式颁布实施,但缺少该制度正式实施日期的说明,以及所有人事制度是否向全体教职员工公布的说明等。

三、自主事项:学校董事会成员及高管人员薪酬

(一)董事会成员及高级管理人员年薪

民办高校关注董事会成员及高级管理人员的年薪是否存在法律的限制

---

① 《住房公积金管理条例》(1999 年 4 月 3 日中华人民共和国国务院令第 262 号发布,根据 2002 年 3 月 24 日《国务院关于修改〈住房公积金管理条例〉的决定》第一次修订,根据 2019 年 3 月 24 日《国务院关于修改部分行政法规的决定》第二次修订)

问题。此前，民办高校的"薪酬优势"在业内并非秘密，一些学校甚至通过为家族成员虚设高管职位的方式取薪。港股上市公司年报披露旗下民办高校高管薪酬，使民办高校高层超高薪酬问题从"业内传闻"变为"客观事实"，引发舆论争议和官方重视。根据蓝鲸教育的统计，2020 财年港股 13 家民办高校中，有 8 家机构创始人的 10 位后代（包括儿女、女婿、侄子等）在企业担任高管，平均年薪为 176.6 万元，相较于 2019 财年的 129.7 万元，同比增长 36%。其中，民生教育、中国春来和辰林教育 3 家民办高校的实控人酬金总额超过 300 万元。① 对此，目前并未有法律明确规定民办学校董事会成员及高级管理人员的薪酬如何确定及薪酬标准。

《财政部、税务总局关于非营利组织免税资格认定管理有关问题的通知》（财税〔2018〕13 号）规定，符合条件的非营利组织必须同时满足以下条件："（一）依照国家有关法律法规设立或登记的事业单位、社会团体、基金会、社会服务机构、宗教活动场所、宗教院校以及财政部、税务总局认定的其他非营利组织；……（七）工作人员工资福利开支控制在规定的比例内，不变相分配该组织的财产，其中：工作人员平均工资薪金水平不得超过税务登记所在地的地市级（含地市级）以上地区的同行业同类组织平均工资水平的两倍，工作人员福利按照国家有关规定执行……"。有些民办高校认为免税资格条件过于苛刻，现已不申请享有免税资格。

《民政部关于加强和改进社会组织薪酬管理的指导意见》（民法〔2016〕101 号）第二条规定："社会组织对内部薪酬分配享有自主权，其从业人员主要实行岗位绩效工资制，薪酬一般由基础工资、绩效工资、津贴和补贴等部分构成。基础工资是从业人员年度或月度的基本收入，主要根据社会组织自身发展情况、所从事的业务领域和所在地区经济发展水平等因素综合确定。绩效工资应与个人业绩紧密挂钩，科学评价不同岗位从业人员的贡献，合理拉开收入分配差距，切实做到收入能增能减和奖惩分明。工资分配要

---

① 蓝鲸观察.民办高校盘点："富二代们"平均酬金超 170 万［EB/OL］.（2021-05-24）［2022-01-03］.https://mp.weixin.qq.com/s? __biz＝MzIzNTI5MzcwMA＝＝&mid ＝2247500310&idx＝1&sn＝f23f8b863e9df7b8a76ad8b32a91690e&chksm＝e8ebd f7ddf9c566bf65455f9fa35b310762c149e80e0583a48d2d1fffe144bba220b72d4f369&sc ene＝0&xtrack＝1.

向关键岗位和核心人才倾斜,对社会组织发展有突出贡献的从业人员,要加大激励力度。津贴和补贴是社会组织为了补偿从业人员额外的劳动消耗和因其他特殊原因而支付的辅助工资,以及为了保证从业人员工资水平不受物价影响支付的生活补助费用。对市场化选聘和管理的社会组织负责人、引进的急需紧缺人才,结合社会组织发展实际,其薪酬水平可由双方协商确定。"如果民办高校未申请免税资格,那么其从业人员工资不受财税〔2018〕13 号文的限制。当然,不申请免税资格认证,学校仍需要缴纳企业所得税。根据民发〔2016〕101 号文的规定,民办学校董事会成员及高级管理人员薪酬属于民办学校自主决定的事项,民办学校可依据办学实际,依法合理确定董事会成员及高级管理人员的薪酬。

(二)确定董事会成员及高级管理人员薪酬需要履行的程序

根据民办高校《董事会章程》,董事会是民办高校的最高决策机构,全权领导民办高校依法办学。一般民办高校在其《章程》中会规定,董事会的权利包括"聘任和解聘院长……;筹集办学经费,审核预算、决算;决定教职工编制定额和工资标准;……",制定董事会及高级管理人员的薪酬制度尽管没有明确地规定在董事会权利范围内,但董事会成员及高级管理人员薪酬属于民办高校重大事项,应由董事会 2/3 以上董事达成一致意见作出决议。

薪酬标准目前没有硬性要求向社会公开,但分类管理制度实行后,政府鼓励学校将薪酬标准向社会公开。

(三)外教聘用事宜

外籍教师聘任和管理工作涉及学校多个部门,但从工作便利和语言能力考虑,一般由学校外事处负责,很少有学校将之上升到综合治理的层面。目前关于聘请外教的最新规定可参照《国家外国专家局关于印发外国人来华工作许可服务指南(暂行)的通知》(外专发〔2017〕36 号)。学校聘用合同中已经约定外教应当取得工作许可证、居留许可以及禁止外教未经学校许可与第三方签订雇佣合同,故而建议民办高校根据上述规定执行以合乎法律规定。2020 年 7 月 21 日教育部会同科技部、公安部、外交部制定了《外籍教师聘任和管理办法(征求意见稿)》,面向社会公开征求意见。根据此次征求意见稿，外教聘任和管理要求较以前更为严格，对外教来华工作的特定义务、基本要求、资质条件、信用记录、身心健康、从业许可、备案管理等都有具体规定，这将有利于建立外教聘任和管理的制度规划。未来，非营利性民办高校需要承担更严格的管理责任，违规聘用外教将面临罚款、学校主要责任人被给予警告或处分、责令停止招生、吊销许可证等不同程度的处罚。

第六节　风险防范：学校运营问题的监管思路

一、分类规制：规范构成实际控制的集团化办学

我们认为，新法新政旨在对特定组织形式的集团化办学加以规范，不意味着国家对集团化办学的立场有变，也与此前国家一贯鼓励集团化办学的政策精神不存在冲突，问题的实质在于"集团化办学"本身的含义存在一定的模糊性，此"集团化办学"并非彼"集团化办学"。集团化办学本身是中性的，2021年《民办教育促进法实施条例》并不是对这种办学形式的彻底否定，而是精确到对"同时举办或者实际控制多所民办学校"的规范。它意在否定的只是以资本扩张为根本目的，兼并收购非营利性民办高校的集团化办学行为，以及以"VIE结构"和关联交易形式肆意抽取下属非营利性民办高校办学盈余的集团化办学行为。对于非营利性民办高校而言，何种集团化办学可取、何种不可取，关键在于集团内部关系是否存在"实际控制"，其核心要素在于实施集团化办学的社会组织拥有对下属学校的权力，并有能力运用这种权力影响其可变回报。对于不涉及上述"控制"的品牌协同、管理服务、资源共享等集团化办学特征，应不列为规范要件。事实上，其他具有合规性的"集而成团"的办学模式，相比单一高校体系更加符合现代高等教育的多层次和开放性要求，正是我国教育事业发展壮大所需要的，因而也恰恰是未来民办高校集团化办学规范发展的新生长点。

有效规范特定组织形式的民办高校集团化办学，有必要明确区分不同类型的民办高校集团化办学。一是对营利性民办高校集团化和非营利性民办高校集团化分类规制。二是对实施集团化办学的社会组织举办现存非营

利性民办高校、已完成补偿和奖励的非营利性民办高校、新设立的非营利性民办高校分类规制。现存非营利性民办高校,应规范其与举办集团公司之间的潜在的利益输送,上市教育集团下属非营利性高校,应允许其按分类管理规定转为营利性高校。后两种非营利性民办高校理论上不得被作为资产并购和控制。

二、对照新规:督促非营利性民办高校章程修订

章程是学校的根据制度,完善民办高校的章程,不仅是法律法规的要求,而且也是促进民办高校健康稳定发展、保障民办高校和举办者权益的重要途径,因此督促和指导民办高校重视学校章程的修订工作,是健全完善非营利性民办高校监管机制的重要环节。学校自身的实际情况可能还存在若干章程内容需要完善和修订,需根据具体情况具体分析,但重点关注的内容应包括但不限于以下方面。

一是决策机构的人数、组成方式和职权。2016 年《民办教育促进法》第二十一条规定:"学校理事会或者董事会由举办者或者其代表、校长、教职工代表等人员组成。其中三分之一以上的理事或者董事应当具有五年以上教育教学经验。学校理事会或者董事会由五人以上组成。"2016 年《国务院关于鼓励社会力量兴办教育 促进民办教育健康发展的若干意见》规定:"董事会(理事会)应当优化人员构成,由举办者或者其代表、校长、党组织负责人、教职工代表等共同组成。"新法新政对民办高校决策机构的人数和组成方式的规定做出了调整,民办高校应当根据最新的法律规定并结合学校的实际情况及时调整决策机构的人数和组成成员,核实学校章程的规定。此外,2016 年《民办教育促进法》也明确规定了决策机构的法定职权,民办高校在起草或者修订章程时,也可结合学校发展的需求,在决策机构法定职权的基础上,补充约定其他职权。

二是监事会的组成方式、职权。根据《国务院关于鼓励社会力量兴办教育 促进民办教育健康发展的若干意见》中有关"监事会中应当有党组织领导班子成员"的规定,已设立监事会的民办高校应当审查监事会成员是否符合上述要求。同时,民办高校也应结合现行的法律规定和学校的实际情况,合理设置监事会的职权。

三是举办者的权利义务。2016年《民办教育促进法》实施之后,对民办高校举办者的权利义务产生了重大影响,例如举办者已经不能取得合理回报,非营利性民办高校的举办者无法取得学校终止清算后的资产等。但是举办者还是对学校的运营管理发挥着至关重要的作用,因此在学校章程中合理、合法地设置举办者的权利义务,不仅有利于保障举办者自身的权益,而且也有利于促进民办高校健康稳定地发展。

四是学校的财务管理制度。民办高校章程中不仅应规定学校基本的财务管理制度和原则,而且对于营利性高校而言,还应当合法合理地约定举办者提取办学收益的具体程序、时间和方式。此外,目前法律法规对民办高校的关联交易审查要求越来越严格,民办高校也应当在章程中对日常关联交易的审批和管理进行明确的约定,以指导学校的实践操作符合法律法规和监管机关的要求。

五是学校终止后剩余资产的分配。2016年《民办教育促进法》规定了非营利性民办高校和营利性高校终止后剩余资产的分配原则。对于营利性民办高校,学校章程中应细化和明确剩余资产分配的程序和细则,以免在具体操作时产生不必要的争议。而对于非营利性民办高校,则应思考如何在符合法律法规的情况下,在学校章程中最大限度地保障学校和举办者的利益。

三、工作联合:进一步监督保障学校法人财产权

根据《民办高等学校办学管理若干规定》第六条"民办高校的举办者应当按照民办教育促进法及其实施条例的规定,按时、足额履行出资义务。民办高校的借款、向学生收取的学费、接受的捐赠财产和国家的资助,不属于举办者的出资。民办高校对举办者投入学校的资产、国有资产、受赠的财产、办学积累依法享有法人财产权,并分别登记建账。任何组织和个人不得截留、挪用或侵占民办高校的资产"的规定,以及2021年《民办教育促进法实施条例》对民办高校设立时应当缴足开办资金、注册资金的规定,我们认为应在实际审批过程中对民办高校开办资金实缴到位情况进行重点审核,对申请设立时承诺以不动产作为出资形式又不能同时过户至民办高校名下的,在一年期届满时应严格监督其不动产过户情况,否则应与该年度年检及

新年度招生计划审批工作相结合方能有效督促。

在监督保障学校法人财产权前提下，允许民办高校多种形式取得办学用地的使用权。只要是具有法律效力的长期契约，即使是租赁土地也可以计入基本办学条件，这是与现阶段我国民办高校发展实际相符合的。如果出资人明确以不动产用于办学，那么该不动产必须过户到学校名下。

四、关键群体：保障举办者法定权利和教师劳动权益

自实施新法新政以来，事关非营利性民办高校运营管理的若干问题与其举办者信心不足、试图提前获取办学收益与回报有关。2016年《民办教育促进法》第二十条规定："民办学校的举办者根据学校章程规定的权限和程序参与学校的办学和管理。"第二十一条规定："学校理事会或者董事会由举办者或者其代表、校长、教职工代表等人员组成。"同时，《全国人民代表大会常务委员会关于修改〈中华人民共和国民办教育促进法〉的决定》则规定"本决定公布前设立的民办学校，……终止时，民办学校的财产依照本法规定进行清偿后有剩余的，根据出资者的申请，综合考虑在本决定施行前的出资、取得合理回报的情况以及办学效益等因素，给予出资者相应的补偿或者奖励"。由此可见，非营利性民办高校举办者虽不拥有学校所有权、不能分得利润，但其仍然享有参与治理和获得补偿或奖励的法定权利。目前，有必要在新法新政配套政策中，对举办者权益进行详尽的规定，最大限度地保护举办者的治理权利，尽可能减轻和缓解民办学校分类管理转型期带来的改革阵痛。

民办高校教师还享有2016年《民办教育促进法》、2021年《民办教育促进法实施条例》、《中华人民共和国劳动法》及《劳动合同法》规定的相应权利。下一步改革中，还应督促非营利性民办高校遵守法律法规的规定，合法合理设定管理人员及教学人员的薪酬制度，合法聘用外籍教师及引进外籍人才，足员、足额为教师购买社保及五险一金，在制定规章制度时需依法通过民主程序制定并向劳动者公示，一般建议通过劳动者签收确认阅读相关规章制度并由用人单位留存该等签收凭证的方式进行公示，以便于未来举证证明已经公示。

第七章 非营利性民办高校 监管的总体构想

第一节 理念世界：政府与市场关系 视野中的非营利监管

一、协调三角：高等教育组织的生态关系

(一)"协调三角"作为一个基础框架

对于高等教育组织而言,国家、市场和学术权力本身构成了一种生态关系。1983 年,美国著名学者伯顿·克拉克(Burton Clark)在其著作《高等教育系统：学术组织的跨国研究》中提出了经典的"协调三角理论"(the triangle of coordination),即国家、市场和学术权威呈三角形的协调模式,政府、市场和学术三者之间存在互动消长的关系。① (如图 7-1)这一模型是在其系统研究美国、英国、法国、联邦德国、意大利、瑞典、日本、墨西哥等十多个国家高等教育系统后提出的,不同国家不同时期在此模型中的位置不同。

近年来,各国学者在这一经典模型的基础上做出诸多衍生探讨,但"协调三角"一直是一个基础性的经典框架。在这个模型中,国家、市场和学术

---

① CLARK BURTON R.The higher education system：Academic organization in cross-national perspective [M].Berkeley/Los Angeles/London：University of California Press,1983：137-181.

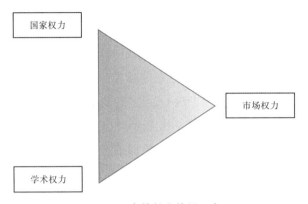

图 7-1　高等教育协调三角

三个体系的协调互动构成了一个时期高等教育的发展。模型中所界定的三股力量，可以用来描述高等教育中不同的价值体系和观点。虽然模型的名字中含有"协调"二字，但实际上，三角体现了国家、市场和学术三股力量互斥后的相对稳定。正如伯顿·克拉克本人所言，"每个角代表一种模式的极端和另两种模式的最低限度，三角形内部的各个位置代表三种不同成分不同程度的结合"①。近年来的高等教育实践显示，国家、市场和学术越来越成为相互依存的高等教育治理主体。国家可以选择加入市场，也可以与学术力量相结合，国家、市场和学术权力正在建构一种新的生态关系。

（二）"协调三角"的新发展

"协调三角"的构建是一种理想的解释模式，但在涉及国家、市场和学术力量三方具体的运作机制上，三角似乎又是难以协调的。主要体现在大学既无法完全按照政府的逻辑运作，又不同于市场总是需要博弈并进行理性的交易。② 几十年来，各国高等教育发展基本处于不断调试和动态平衡中：一些具有市场化传统的国家，加强了高等教育中的国家力量和政府监管；而一些由政府包揽的高等教育系统，又逐步吸纳市场力量，增加多样性和灵活

---

① 伯顿·克拉克.高等教育新论：多学科的研究[M].2 版.王承绪，徐辉，郑继伟，等译.杭州：浙江教育出版社，2001.
② 钱民辉.政府·市场·大学：谁决定大学教育的主流话语[J].北京大学学报（哲学社会科学版），2015，52（5）：128-135.

性。在这种此消彼长中，全球范围内的一个共性趋势是，国家或政府力量的重要性被广泛强调。

第一，国家在提供高等教育方面的作用被重新定义，政府被认为更有能力扮演"守门员"角色。在市场力量逐渐强大的情况下，一些高等教育组织变得依赖于资本，甚至"受控"于资本，很多高等教育系统开始强调国家力量和政府监管。例如，弗朗西斯·福山（Francis Fukuyama）提出，强大的国家力量可能是平衡和确保高等教育基本价值的关键。① 由于高等教育联系着不同的利益相关者，高等教育系统的权力分配更加分散和多元化。在日益多元化的高等教育系统中，政府需要扮演"守门人"的角色来仲裁市场力量和学术利益。而且，政府作为一个强有力的监管者，也更有能力消除市场对学术实体的不良影响，推进高等教育的健康发展。

第二，国家在高等教育治理中的角色被着重强调，政府被认为更需要扮演"指导者"角色。近年来，高等教育经历了从"管理"到"治理"的理念革新。政府作为高等教育治理的主体之一，一方面寻求发挥更加具有宏观性、指导性的作用，塑造更有战略性的政策支撑体系；另一方面越来越倾向于促进更高水平的法治和组织自律，并辅之以质量保障措施和责任追究措施。近年来，世界范围内旨在影响高等教育提供者行为的监管制度激增，而政府监管的结构和强度，包括质量保证制度，又取决于一个国家公立和私立高等教育的结构。②

第三，在国家和市场力量的此消彼长下，大学组织的"合规"成为基本必需。20世纪，大学组织普遍被作为一个类政府部门。此后，市场力量被广泛激发，主要体现在更加强调学生（及其家长）作为高等教育服务的消费者，并在大学与市场之外，催生一个巨大的教育外部市场；同时，不同程度地鼓励社会资金进入高等教育领域，鼓励私营部门提供者进入高等教育领域，也

---

① YOUNGS R. Political order and political decay：from the industrial revolution to the globalisation of democracy[J]. Global Affairs，2015，(3)：354-355.

② XIAOYING M，Abbott M. The issue of contractible quality，quality assurance，and information asymmetries in higher education[M]//Shah M，Nair C S. A global perspective on private higher education. Cambridge，MA：Chandos publishing of Elsevier，2016：1-11.

接受和允许部分高等教育提供者退出办学。在这一过程中,各类法律法规构成了高等教育组织的"合规矩阵",内容可能涉及资质认证、财务管理、入学公平、学术活动、教育安全等诸多方面。总而言之,国家、市场和学术本身仍然是一个三角框架,但国家角色的强化是原来三角框架的新补充和新趋势。

二、第三部门:非营利组织的生态关系

(一)第三部门理论工具

1970—1980 年代,西方社会科学界提出要更加重视政府机构和市场公司之间的领域,在西方制度背景下创造了"第三部门"的概念(或称"志愿部门"),[①]用以描述不是政府公共部门,也不是营利性私营部门的组织范围。几十年来,"第三部门"一直是一个笼统且有争议的术语,涵盖了第一部门(政府组织)和第二部门(商业组织)以外的第三类机构和组织。其中,非营利组织是第三部门组织的核心。

第三部门具有社会学和经济学的双重意义。在社会学意义上,第三部门是现代社会组织的一种分类理论,其意义在于打破了原有的"政府—市场"二分法的局限,以"政府—市场—社会"三分法,实现了公共治理的空间拓展和创新。在经济学意义上,第三部门将信任、互惠、利他主义等道德主题纳入经济分析,意在打破原有的"公—私"二分法的局限,通过赋予非公非私组织以身份,在公共服务提供范围内,发挥其回应市场失灵和政府失灵的经济作用。[②] 在不同的国家,第三部门起源、职能和运作方式都反映了其独特的社会、经济和政治历史,但一般都具有组织性、民营性、非营利性、自治

---

① 西方学者认为,"第三部门"一词最早由美国学者埃琴奥尼(Etzioni)在 1973 年提出。参见:CORRY O. Defining and theorizing the third sector[J]. Third sector research, 2010.我国学术界一般认为,第三部门的概念最早由美国学者列维特(Levitt)在 1980 年代提出。参见:王绍光.多元系统:第三部门比较研究[M].杭州:浙江人民出版社,1999:10-11.

② WESTALL A. Economic analysis and the third sector: overview of economic analysis in relation to the third sector[Z].Working paper 14,Third Sector Research Centre,Birmingham,2009.

性和自愿性的基本特征。①

我国社会科学界在上世纪末开始第三部门研究。著名学者秦晖提出，第三部门的基本特征是"志愿"与"公益"。有"志愿"而非"公益"，它将混同于私营企业；非"志愿"而求"公益"，它将混同于政府部门。②基于此，我国高等教育学界开始从第三部门的视角审视高等教育。邬大光和王建华提出，"当代高等教育改革受到了第三部门理论的影响，在实践取向上已越来越具有第三部门的特性。当代高等教育具有越来越多的第三部门的特征，比如非营利性、专业性、组织性、非政府性、中立性等"③。魏玉和王名提出，"从其宗旨、目标、组织、产品等多方面的属性来看，大学属于一种特殊的非营利组织。第三部门视野中的高等教育的关键词应是非营利组织或社团法人"④。王建华提出，"高等教育作为一种类组织，既不是政府，也不是企业，应当将高等学校定位于社会领域的第三部门或非营利组织"⑤。罗爽从我国高等学校法人制度的困境出发，认为有必要突破传统"公域—私域"的社会结构两分法，将高等学校定位为第三部门组织，对其第三部门领域法律主体的资格和行为进行确认和规范。⑥

但是，我国高校与政府关系与西方国家相异。"就组织定位而言，我国公立大学属于事业单位，与西方国家大学的组织形式有一些明显的差别。"⑦并且，即便是第三部门较为发达的西方国家，也没有把整个高等教育都整合到第三部门门下，较为适宜的是将民办高等教育而不是整个高等教

① SALAMON L M，ANHEIER H K. The third world's third sector in comparative perspective[Z]. Working paper 24，The Johns Hopkins Comparative Nonprofit Sector Project，Baltimore，Maryland，1997.
② 秦晖.政府与企业以外的现代化：中西公益事业史比较研究[M].杭州：浙江大学出版社，1999.
③ 邬大光，王建华.第三部门视野中的高等教育[J].高等教育研究，2002(2)：6-12.
④ 魏玉，王名.大学：一种特殊的非营利组织[J].高教探索，2001(3)：74-77.
⑤ 王建华.高等学校属于第三部门[J].教育研究，2003(10)：36-39.
⑥ 罗爽.论建立第三部门视野下的高等学校法人制度[J].教育学报，2014,10(6)：40-50.
⑦ 王建华.第三部门视野中的现代大学制度[M].广州：广东高等教育出版社，2008：156-157.

育都归入第三部门。^① 在民办高校实行非营利性和营利性分类管理后,非营利性民办高校的第三部门特性更加清晰和显著。新法框架下的非营利性民办高校具有"以志愿求公益"的特征,与作为事业单位的公办高校和类公司化的营利性民办高校有着本质区别。中国非营利性民办高校的现实情况较为复杂,但是,第三部门至少是一种可供选择的理论工具,能够为之提供一个相对准确的理论层面的坐标。

(二)非营利组织的两种监管策略

借用第三部门的理论划分,第一部门(政府组织)、第二部门(商业组织)和第三部门(非营利组织)构成了现代社会组织的全部。三个部门之间有明确的界限和分别,但实践中三个部门之间仍有一些交集(见图 7-2)。例如,第一部门正通过部分政府组织民营化、"官办非政府组织"(government-organized non-governmental organization)等,与第二和第三部门产生交集;第二部门正通过部分企业国有化、社会企业等,与第一和第三部门产生交集;第三部门也正通过非政府组织收编化、非营利组织营利化等,与第一和第三部门产生交集。

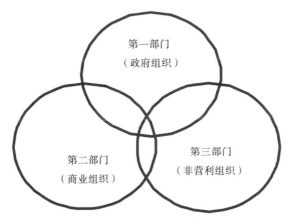

图 7-2 社会组织部门关系

---

① 张铁牛,徐来群.对我国高等教育第三部门理论的理性分析[J].高等理科教育,2007(5):4-6.

用第三部门的视角看非营利组织监管，其重点应在于使非营利组织始终符合第三部门的组织定位。在这一问题上，不同国家的监管重点相异。需要说明的是，第三部门的概念在国际比较的框架下并不那么精准，因为各国对第三部门的界定和理解不同，很多国家也并不真正存在第三部门。例如，德国社会更倾向于将非营利组织视作中间领域而非第三部门，非营利组织不是独立于市场和政府的组织，而是一种具有混合性质的组织。在世界上大多数国家，无论是第三部门还是非营利组织，在社会服务领域的作用都没有理论设想的那么强。

为方便比较，这里仍然使用第三部门的表述。有研究考察了美国、欧洲主要国家、亚洲主要国家的非营利组织法律，发现存在两种监管思路。一种是美国的监管思路。美国法律法规的监管重点是防范非营利组织捐赠者、管理者可能存在权力滥用，也可以认为，美国的非营利监管重在划清第三部门与第二部门的界限，而且是主要依赖税收工具对遵守这一界限要求的组织予以激励，对不遵守这一界限要求的组织予以惩罚。美国税法几乎可以肯定是西方世界中最复杂的。另一种是常见于欧洲和亚洲国家的监管思路。这些国家非营利法律法规的重点是调节政府与非营利组织之间的关系，平衡第一部门和第三部门之间的关系。更准确地说，是调节政府与政府以外组织之间的权力关系，核心是政府在关键领域可以让渡多少权力。各国对非营利部门和非营利组织的界定和理解不同，但是，美国以外的大多数国家并非将分配约束机制作为非营利监管的主要方案。在这些国家的监管框架中，税收也只是作为一种补充监管力量，而不是核心监管力量。①

我们也有理由认为，这两种监管重点的选择构不成平行选项，美国这样市场力量相对成熟的国家，"小政府大社会"的形态体现为政府将非营利公共服务部门职能推向社会，监管重点自然不在政府一方。但是，上述的理论分类不失为跨国比较的有用角度。形形色色的非营利组织集合成了第三部门，而在第三部门（非营利组织）监管方面，任何国家都必须在一定程度上回应这个问题：是以调节第一部门和第三部门的关系为重点，还是以调节第二

---

① DIRUSSO A A. American nonprofit law in comparative perspective[J]. Washington University global studies law review，2011(10)：39-86.

部门和第三部门的关系为重点？如果是定位于第一种监管方向,则政府扮演"守门员"角色,主要在第三部门(非营利组织)准入方面设置较高要求。如果是定位于第二种监管方向,则政府需要避免直接干预第三部门(非营利组织)的活动,而重在规范第三部门(非营利组织)的商业或准商业性行为。两种监管方向的选择并无优劣,主要与各国的治理传统、现状,以及对第三部门的界定和期许有关。近年来,也出现了两种监管方向相互借鉴和融合的趋势,尤其是很多以政府与非营利组织关系为调节重点的国家,开始越来越重视监管非营利组织的营利化行为。

三、二重特性：政府、市场与非营利性民办高校

非营利性民办高校兼具高等教育组织和非营利组织的双重特性。无论是作为高等教育组织,还是作为非营利组织,其生态环境都涉及与政府和市场的关系。非营利性民办高校既要面对市场,也要面对政府,既要界分与市场的关系,也要界分与政府的关系。由于"所有的高等学校也只是从营利到非营利,从自治到控制两个光谱上的一个交点",[①]非营利性民办高校需要寻找一个适当的定位。

从高等教育组织属性看,非营利性民办高校监管要强化政府指导和监督。这既与全球范围内高等教育治理的共性趋势一致,也是高等教育作为高利害准公共产品的必然要求。我国对非营利性民办高校的政府指导和监管一直都是较为严格的。与其他教育板块的野蛮生长不同,非营利性民办高校一开始就是较为规范地成长起来。非营利性民办高校的生均标准、质量要求等与公办高校并无区别,国家发展非营利性民办高校的起点设置相对较高。从高等教育组织发展规律看,政府对非营利性民办高校的质量要求和监管具有合理性和必要性,且这一趋势在分类管理改革框架应继续强化。

从非营利组织属性看,非营利性民办高校监管重在厘清与营利性高校等市场主体的区别。尤其是在分类管理改革以后,如果不能确保非营利的真实性,则分类流于形式,无异于宣告改革在实践层面的失败。非营利性民

---

① 王建华.高等学校属于第三部门[J].教育研究,2003(10):36-39.

办高校监管需要按照第三部门制度架构的规范性要求，从根本上规范和限制非营利组织的行为，对不符合非营利定位的行为形成威慑和惩罚。与此同时，非营利性民办高校依据教育法行使的教育权也具有公权力的属性，同样应当受到公法的规制。① 在与第一部门的关系上，非营利性民办高校应当积极配合有效政府的努力；而在与第二部门的关系上，非营利性民办高校应当努力克服市场机制的缺陷，处理好民营化机制中的经济规律与教育规律的矛盾性问题。

第二节　跨域互通：非营利性民营
医院监管作为一个比较

一、分类管理：医疗与教育的可比基础

高等教育服务和医疗服务的有效供给在全球范围都是一个富有挑战性的命题。我国于 2000 年首次提出将医疗机构分为非营利性和营利性两类，比民办高校分类管理改革先行十余年。

简要对比非营利性民营医院和非营利性民办高校的改革背景，发现具有较高的可比性。一是现实基础相似。在分类管理改革之前，教育和医疗领域都已存在大量以营利为目的的机构。当时的中外合资医院、股份制医院等，在提供服务的同时追求利润回报。二是制度构成相似。两个领域的分类管理都经历了政策法律化的过程。在教育领域，《国家中长期教育改革和发展规划纲要（2010—2020 年）》提出"探索营利性与非营利性民办学校分类管理"之后，国家启动《教育法》《高等教育法》《民办教育促进法》等教育法律一揽子修订工作，推动了政策向法律转化，实现了民办教育领域的政策立法。在医疗领域，《卫生部、国家中医药管理局、财政部、国家计委关于印发〈关于城镇医疗机构分类管理的实施意见〉的通知》（卫医发〔2000〕233号）提出实施分类管理；2019 年颁布并于 2020 年 6 月 1 日起施行的《中华

---

① 卢威.论建立公私统一的高等学校法人制度[J].复旦教育论坛,2017(3):25-31.

人民共和国基本医疗卫生与健康促进法》从法律层面明确"国家对医疗卫生机构实行分类管理.非营利性医疗卫生机构不得向出资人、举办者分配或者变相分配收益"。三是非营利的界定相似。《卫生部、国家中医药管理局、财政部、国家计委关于印发〈关于城镇医疗机构分类管理的实施意见〉的通知》从经营目的和禁止结余分配两个角度界定非营利性医疗机构:"非营利性医疗机构是指为社会公众利益服务而设立和运营的医疗机构,不以营利为目的,其收入用于弥补医疗服务成本,实际运营中的收支结余只能用于自身的发展,如改善医疗条件、引进技术、开展新的医疗服务项目等。"这与 2016 年《民办教育促进法》的界定标准一致。

二、互动调节:政府、市场与非营利性民营医院

与教育领域不同的是,医疗领域分类管理实施进展较快。[①] 从 2000 年相关制度陆续出台,2002 年底基本完成了全国医疗机构的分类核定,至今,非营利性民营医疗机构落地已 20 年。这些年持续深化医疗改革、重视社会办医,核心问题始终离不开调节政府与市场的关系,以提供高质量、有效率、能负担的医疗服务。

(一)以政府部门为主导的行政监管模式及利弊

医疗卫生与高等教育一样,属于强监管领域。从制度框架看,非营利性民营医院的监管体系主要分为内部监管体系和外部监管体系两部分。内部

[①] 教育领域分类管理推进速度整体进度缓慢,截至 2019 年 10 月,全国所有省(区、市)才都完成本省(区、市)的配套文件印发。其中,安徽、天津、云南、湖北、浙江、上海、河北、内蒙古、陕西、海南、江苏、河南、宁夏、重庆、山东、四川、江西、广西、山西、西藏、吉林、北京、黑龙江、湖南、福建等 25 个省(区、市)在关于促进民办教育健康发展的实施意见中明确过渡期限,最晚完成分类登记的时间在 2020—2022 年间,即过渡期为 3~5 年不等。从过渡期限看,分类管理政策实施进度较为缓慢,基本处于政策实行的准备阶段,只有个别省(区、市)进入了政策的实施阶段(如西藏要求在 2020 年 9 月 1 日前全部实现分类登记)。此外,大多数省(区、市)提出的过渡期限为原则性表述,现存民办学校[即在 2016 年《民办教育促进法》通过(2016 年 11 月 7 日)或正式实施(2017 年 9 月 1 日)前成立的民办学校]在进行"营利性"和"非营利性"选择时,受到政策衔接、手续办理等因素影响,亦可能延期。

监管体系主要是指医院内部治理系统，涉及内部治理结构和治理机制；外部监管体系主要分为政府监管、行业协会监管、医保机构监管、社会监管（主要是新闻媒体和大众）四部分。

第一，外部监管采取的是以政府部门为主导方的行政监管模式。政府作为社会公共利益的代表者，需要在不同程度上对市场运作进行干预，但是，"传统行政监管过于强调通过政府的管制形成有序的市场秩序和社会秩序，容易出现'令行禁止'的治理理想与'禁而不止'的监管现实的矛盾"①。近年来，我国医疗法律法规的逐渐完善，相关政府部门加强了对医疗机构的监管，非营利性民营医院处于政府部门和相关法律法规的强监管之下。由于涉及部门复杂，实践中存在监管主体职责不明确、监管交叉重叠或监管真空等问题。

从监管职能横向分工看，对非营利性民营医院的监管职能分散到民政、卫生、财政、税务、审计等多个部门。如图 7-3 所示，卫生部门负责办理审批、医院日常运行和医疗质量监管；民政部门负责准入监管、年度审查（主要是财务状况、资金来源和使用情况）；税务部门审核其是否符合免税要求。此外，物价部门负责价格监管（审核非营利性民营医院是否执行国家指导价格），审计部门负责核查评估医院财务报表和年度财务状况。也就是说，非营利属性的审批权在卫生部门，而对非营利的监管却在民政、税务等部门。从纵向延伸看，民办非营利性医疗机构的业务主管部门是当地医疗卫生部门，同时受财政、医保、药品监管等相关部门的多重监督考核。② 中央的相关监管部门垂直向地方政府相关部门延伸。多部门监管可能出现协调不力而监管效率不高、监管质量受损的情况，也可能存在管得少、知得少、管不

---

① 杨伟东.行政监管模式变革[J].广东社会科学,2015(1):223-231.
② 李璃媛.民办非营利性医疗机构发展的制度条件与治理规范探究[D].上海:华东政法大学,2020:37.

住、管不了的监管真空地带,造成监管的断裂(见图 7-3)。① 对照来看,民办高等教育也面临着多部门共同管辖、行政协调成本较高的问题。

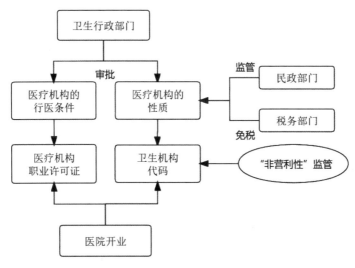

图 7-3　非营利性民营医院监管断裂链

第二,政府机构以外的监管主体发挥作用尚且有限。在行业监管方面,虽然目前我国有中国医师协会等组织,但这些组织基本附属于政府部门,受到相关政府部门的监管和监督,协会里的领导也有相当一部分属于之前在相关政府部门工作的人员,从某种意义上来说,行业协会的监管没有办法做到真正意义上的行业监管。在大众监督方面,虽然非营利性民营医院每年都会接受审计部门的监督考察,但是相关财务状况都只在卫生系统内部流

① 以准入监管为例。非营利性民营医院的准入制度的流程步骤似有明确制度安排,但在实际操作中,存在一些非营利性民营医院不去民政部门登记的情况,即在以上步骤中,做到第二步就终止了,这样就会出现实际的非营利性民营医院的数量多于登记在册的数量,而这种行为在法律层面上也说得通,因为虽然《关于城镇医疗机构分类管理的实施意见》中明确指出:"取得《医疗机构执业许可证》的营利性医疗机构,需要按有关法律法规到工商行政管理、税务等有关部门办理相关登记手续",但是并没有对非营利性民营医疗机构作出此类明确规定,而民政部和税务部主要监管的是利润是否分红。换句话说,非营利性民营医院只要去卫生部进行相关登记就可以开始行医,而规避掉民政部和税务部的监督,这就可能出现医院"虚假非营利性"的现象,对医疗市场的秩序造成破坏。

通，并不在网上公开，这就使得公众监督无门。

（二）市场的持续影响及资本化倾向

分类管理近二十年，非营利性民营医院的性质界定仍较为模糊，关于营利性与非营利性的分类标准执行不严格。[①] 一是"合理回报"制度的社会心理认知还未真正扭转。在《民法典》之前，我国法律对非营利性机构未形成清晰界定，教育领域将"合理回报"制度作为折中办法，医疗领域也由地方提出过类似办法。例如，2015 年 6 月 11 日，国务院办公厅发布《关于促进社会办医加快发展若干政策措施》，鼓励地方探索建立对民办非营利性医疗机构的举办者的激励机制。部分省份提出，允许非营利性民营医院举办者从办医结余中取得合理回报或从结余中提取一定比例用于奖励举办者。但是，2020 年 6 月 1 日起正式施行的《中华人民共和国基本医疗卫生与健康促进法》又重申了非营利性医疗机构不得向出资人、举办者分配或变相分配收益。关于非营利性民营医疗机构的盈余分配问题，这些年的改革处于摇摆和进退两难之中。二是"虚假非营利"现象仍然存在。很多举办者举办医院的初衷就在于投资获取收益，即使取消合理回报制度，实践中也存在多种非法分配利润的情况。例如，举办者采用药品采购、资产租赁、管理及服务收费等各种方式将医院的利润套出用于分配，从而既享受了税收等优惠，又实际获取了投资的收益；将非营利性医院的举办权以高价卖出，以获得财产性收益。[②] 也有很多非营利性民营医院采用"托管＋供应链业务"模式，主要通过掌握采购权扩大收益。三是民营医院资本化运作及上市热潮引发新的问题。近年来，收购医院管理公司的股份，实现非营利性医院与收购主体合并财务报表的做法亦为常见。也有的医疗集团通过医院托管模式，通过医院管理公司从医院实体提取管理费，打通上市主体对非营利性民营医院获取利润回报的通道。还有的医疗集团通过协议模式突破《中外合资、合作

---

① 涂开均,杨继瑞.非营利性民办医疗机构的公益产权管理分析[J].山东行政学院学报,2018(1):82-87.

② 胡曾铮.试论民法典关于非营利性法人的规定与社会现状冲突的原因及解决建议：以非营利性医院的设立及经营现状为例的分析[J].财经法学,2017(2):40-43,105,31.

医疗机构管理暂行办法》中对外资直接投资医疗机构的股权比例的限制，进而实现外资间接持股。

以上三类问题与民办高等教育的问题在细节上有差别，在变相逐利和资本化的思路上却较为相似。虽然两个领域都在立法层面上表达了从严监管非营利性机构结余分配的态度，但这些问题仍然构成非营利监管的现实难题，且随着时间的推进，呈现出旧问题难以杜绝、新问题层出不穷的情况。两个领域的相似性似乎说明，解锁民间资本逐利性和教育、医疗机构公益性之间的桎梏，或需要跨领域的、更大层面的制度创新。

（三）非营利性民营医院的竞争格局及困境

医疗机构分类管理旨在促进公平、有序的竞争，满足人民群众多样化、多层次的医疗消费需求。[①] 但是，改革落地 20 年来，非营利性民营医院仍然无法与公立医院之间形成公平有序的竞争。第一，医院所有权和经营权不分的现象仍较为普遍。医院内部的管理人员和决策者往往都是医院的股东或者投资者，与医院有直接利益关系，由医院的出资人来决定医院的财务管理、设备购置等关系到医院未来发展的重大决策，相当于既当裁判员又当运动员，容易使医院出现"虚假非营利"现象。但是，如果一味地强调所有权与经营权的分离而忽略了法人在医院经营中的作用，就会导致医院经营者有动机侵蚀医院所有者的权益，而且经营者通常缺乏有效的制约，造成管理层混乱、内部私分利润等情况。第二，常面临医疗资源不足和服务质量不高的恶性循环。虽然国家出台了一些政策去支持民营医院的发展环境，但是政策之间有时候难免会出现漏洞，比如民营医院是无法独立申请国家科研基金的，必须与公立医院一同合作申请，科研成果也是要共享的，这样的话难免会让人感觉民营医院好像比公立医院"低一等"，也不利于民营医院积

---

① 据访谈，医疗机构分类管理改革的实际动机还在于税收。90 年代末，税务部门希望对民营医院征税，而卫生部门实施民营医院分类管理改革后，只有营利性民营医院需要依法纳税。但根据政策文本资料，2000 年将医疗机构分为非营利性和营利性两类进行管理，也是为了达到深化医疗机构改革、促进公平有序竞争、宏观调控医疗机构的发展方向、提高卫生事业的管理与服务水平、最终实现以比较低廉的费用提供比较优质的服务总目标。

极参与科研,一定程度上制约了民营医院的发展,加上很多民营医院大多为"大专科、小综合"的发展模式,没有形成优质资源共享,由于资金不足的问题也无法将相关科室设立齐全,这样不仅会影响到诊疗效果,影响医院的经营效益,也会影响医院对于人才的吸引力。第三,人才招募难问题始终构成发展制约。民营医院无法解决应届毕业生的户口问题,这个原因在大城市可能会影响更大;民营医院的晋升机制比公立医院要难,民营医院的工作也没有公立医院的"铁饭碗"稳定,因此很难吸引到有能力的骨干人才,只能聘用到退休人员或者找不到工作的新毕业生,技术人才的质量会直接影响到医院总体的服务质量和患者的就医体验,难以吸引人才就难以提升医院的服务质量,加上医疗设备等硬件设施也比不上公立医院,以及个别民营医院的虚假广告行为,让民营医院在社会上的声誉受损,人们总会有民营医院水平差的印象,直接影响到患者的就医选择,民营医院吸引不到患者就会影响经营收益,面临生存压力,反过来就更吸引不到人才和资金,容易形成恶性循环。第四,不合理的机构变更频发。民营医院虽然在数量上比公立医院多,但是大多规模较小,在门诊量、医疗设备和人才质量等医疗服务资源上还是公立医院占主导地位,民营医院大多面临经营问题。分类管理实施以来,营利性医院与非营利性医院有相互转化的趋势。有的营利性医院在三年免税期满后,在经营比较艰难的时候有申请转化为非营利性医院的倾向,非营利标签变成了避税的挡箭牌。[①]

三、赋予例外:医疗与教育的共同破解

政府不可能包揽医疗服务、高等教育服务的供应,应当已经是一个共识。如何既发挥好市场机制,也扮演好政府角色,是当前我国民办高等教育和民营医疗的共同问题。第一,两个领域都存在主管部门许可和民政登记部门批准的双重监管机制。针对可能存在的审批权与监管权不匹配、外部监管主体不协同、多部门监管制度不衔接等问题,或有必要根据非营利法人

---

① 例如,河北的一家民营医院——以岭医院,在2017年的时候进行了反向改制,情愿从营利性医院转变为非营利性医院,可以说这算是对现行医疗机构分类政策只是分类登记注册,缺乏相应有效管理的一种市场回应。

最新立法精神,重构政府监管分类标准。第二,两个领域都需要解决非营利机构规范性与社会投入积极性的矛盾问题。在这一问题上,"禁止利润分配"是一条基本原则。法律一经制定和公布实施,就必须保证其严肃性和权威性。如果为了鼓励社会投入而再次打破这一原则,则必然造成虚假非营利性乃至分类管理改革进程后退。在此前提下,两个领域或可共同研讨给予举办者合法的经济性激励。目前看来,这种经济性激励也许能以捐赠政策为突破口,或者是由政府部门给予举办方另外的协议激励。第三,两个领域都需要强化非营利机构可持续发展的政策供给,在机构制度建设、质量保障、人才政策方面需要有所注重。

此外,进入民法典时代以后,两个领域都需要与民法典非营利法人制度相衔接。结合两个领域来看,此前法律法规未体现"非营利性"的内涵,主要从民办非企业单位的角度对非营利性民营医院、非营利性民办高校进行监管。而《民法典》明确构建了非营利法人和营利法人的法人分类框架,为非营利性民营医院、非营利性民办高校的法人定位提供了基础。根据《民法典》和《民法总则》,非营利法人包括事业单位、社会团体、基金会、社会服务机构等四种类型,其中,"社会服务机构"是《慈善法》第八条首次使用的用来取代"民办非企业单位"的法律术语,用于指基金会以外的捐助法人,包括各种非营利的民办学校、民办医院、养老院等。[①] 据此,民政部门一般认为,非营利性民营医院和非营利性民办高校属于以捐助为基础的财团法人,在各自领域内承载一定的公共利益和社会责任。

但是,教育实践界及教育行政部门的主流观点是"非营利性学校是社会服务机构的,并不一定就是捐助法人"。主要依据是《民法典》第九十二条第一款的规定"具备法人条件,为公益目的以捐助财产设立的基金会、社会服务机构等,经依法登记成立,取得捐助法人资格"。也就是说,只有"为公益目的以捐助财产设立的"社会服务机构才是捐助法人,只有"为公益目的以捐助财产设立的"非营利性民办学校才是捐助法人。[②] 医疗领域亦有此类声音。从理论上讲,民办高校作出非营利或营利的选择,实际上已经构成了

---

① 谢鸿飞.非营利法人的类型定位与盈余分配[J].人民司法(案例),2017(20):13-20.
② 余苏.改制:民办学校运营25问及政策导读[M].北京:中国经济出版社,2012:151-152.

自愿选择。如果把存量民办高校理解为以往所谓的非营利的延续，实际上还是等于在走"第三条道路"。从整个一部民法典来看，并不存在有关"不以捐助财产设立的社会服务机构"的表述。非营利性民办高校是社会服务机构，但在民法典的法人分类框架下，如果非营利性民办高校延续旧有的"非营利模式"，那么它在新的法人分类框架里找不到具体归属。换言之，虽然目前大多数的非营利性民办高校并没有捐助财产，但"不以捐助财产设立的社会服务机构"在民法典中找不到依据。[①]

针对这一现象，可考虑综合民营医疗、民办教育的共性问题，寻求在民法层面的进一步明确。根据《国务院办公厅关于印发国务院 2020 年立法工作计划的通知》（国办发〔2020〕18 号），制定《社会组织登记管理条例》再次被列入工作计划（2008 年即被列入力争当年完成的重点立法项目）。教育行政部门可积极沟通，在修订《社会组织登记管理条例》时，考虑将民办非企业类型的民办学校、民营医院等赋予例外情形。

第三节　真实世界：搭建我国非营利性民办高校监管框架

一、监管体制：法治监管、政府监管与多元化监督

（一）构建非营利性民办高校法治化监管体系

法治监管建设是法治国家、法治政府、法治社会建设的重要组成部分，是实现民办高等教育监管体系和监管能力现代化的重要支撑。非营利性民办高校监管框架的构建，首要的是明确法治化监管的总体思路，将依法监管

---

① 现有法律对于"不是捐助法人的社会服务机构"并没有做出规定。所谓社会服务机构也好、捐助法人也好，只是在《民法典》第八十七条以后才出现，而且，法律中，捐助法人和社会服务机构是一并出现的，换言之，对社会服务机构的规定都是在捐助法人的语境中展开的，法律并没有在脱离捐助法人的语境下去单独界定社会服务机构。

作为非营利性民办高校监管改革的基本目标。非营利性民办高校概念的提出和落地,体现了公共政策法律化的过程。在 2016 年《民办教育促进法》与《民法典》衔接过程中,关于非营利性民办高校属于何种非营利法人,仍然需要进一步讨论和界定。随着《民法典》的正式实施,非营利性民办高校监管亟须在法律法规层面作出统筹。目前对非营利性民办高校的监管,主要依赖着双重逻辑和双重监管,即民政部门按照 1998 年《民办非企业单位登记管理暂行条例》对非营利组织进行监管,而教育部门按照 2016 年《民办教育促进法》及配套政策文件对民办高校进行监管。其他一些部门按照对《民法典》的理解,实施相关举措。我们在山西省调研时,有银行表示,在集中学习民法典精神并与民政部门沟通后,银行相应调整了关于民办高校的借贷政策。主要考虑是"非营利性民办高校按照非营利性法人的规定,无法取得办学收益,办学结余全部用于办学。作为捐助法人,学校申请信用额度的还款来源不正规,需要重新评估学校借贷还款能力",这造成非营利性民办高校信用额度续议、外部融资难度加大。无论是从法治建设还是实践问题层面,目前都亟须上位法对非营利法人逻辑和民办高等教育现实逻辑进行统一协调。最为理想的情况是,建立系统的非营利组织法律制度体系,并对非营利性民办高校的特殊性问题予以明确。

依法监管既需要有统一协调的法律规范体系,也需要健全完善法治实施、监管和保障体系。监管本身需要规则,而规则本身需具备良法属性。不同的法律法规规章交叉重叠,或有关政策与法律的冲突会给基层执法和行业从业者带来困扰。与社会变革的发展性相比,成文法固然具有时间滞后、不够灵活等局限性,但是,法律确定的基本原则和规范应保持相对稳定。在这一层面,一些地方政策依然存在突破法律底线,产生行政性纠纷或民事纠纷,甚至国家法律法规被架空的情况。一方面,国家法律法规体系还需要动态适应非营利性民办高校的发展实际,尽可能全面反映民办教育改革发展的要求;另一方面,对非营利性民办高校的监管应坚持权责法定、依法行政。尤其是加强重点领域监管执法,以行政审批为主的事前监管需要依法界定权力清单,事中事后监管则需要建立在法治基础上。此外,非营利性民办高校法治化监管需要强化法律责任追究。法律法规的实施是法律监管的底线。严格的法律实施也是监管机制的重要部分,有利于在法治层面规范办学行为。新法新政对民办高校法律责任、学校举办者或实际控制人法律责任已经有了明确的规定。基于 2016 年《民办教育促进法》的举办者信用制度、行业准入禁止制度、民办学校违法行为处罚等，突破了传统单一的行政处罚方式，更强调对违法违规行为的遏制效果。例如，非营利性民办高校办学过程中，多少存在学校财产混同的问题。2016 年《民办教育促进法》颁布之前，此类属不规范办学行为，处罚性质多为行政手段；2016 年《民办教育促进法》实施以后，举办者（尤其是自然人举办者）与学校财产混同的问题，可能需要追究相关人士职务侵占、挪用资金等法律责任。

这里需要特别关注的是，在涉及举办者挪用学校财产的案件审理中，地方检方已经建议对举办者量刑时酌情从重处罚。[①] 明确对举办者或办学者重罚、重判，是否符合民办教育法治化监管的方向和趋势？我们认为很多民办学校财产混同问题具有历史性原因，在定罪量刑上采取过于严厉的措施，可能致使举办者或办学者受到不当处罚，严重影响社会办教育的积极性。

（二）充分发挥政府宏观调控、指导与规范的监管职能

政府监管是同市场化相伴随的，而不是对立关系。美国著名经济学家斯蒂格利茨对实行市场化改革的国家提出的一条忠告就是，"不要把市场与政府对峙起来，而应该使二者之间保持恰到好处的平衡"[②]。从概念源头上，监管的本意就是指政府监管，即对产业的结构及其经济绩效主要方面的直接的政府规定，由此对政府规制和监管活动进行的系统研究则构成专门的规制经济学。[③] 公共部门经济学认为，政府监管的必要性和重要性在于

---

① 可参考宿迁民办学校举办者张公利的相关案件。检方认为，"张公利挪用和侵占的是学校学生的学费、住宿费、餐费，这些行为严重损害学生成长、受教育的合法权益。学校不同于企业，建议二审对张公利量刑时酌情从重处罚"。办学者则认为自己在一穷二白的基础上辛苦把学校办起来，如今实属重判重罚。

② 刘建华.中国市场新秩序[M].北京：清华大学出版社，2006：122.

③ KAHN A E. The economics of regulation：principles and institutions[M]. Cambridge，MA：MIT Press，1988.

通过外部性内部化来促进公共利益,[①]主要内容无外乎避免垄断、保护市场投资者、减少信息不对称、监测产品和服务质量,以及通过监管保护其他的一些重要权益,如环境保护、具体的行业标准保障等。基于此,监管已经是现代经济的主要决定因素之一,包括教育在内的各行业各部门都在一般法律法规以及特定规则和标准的约束下。在此意义上,政府造福公众、促进公共利益可以通过有效监管而不是所有权控制实现。至少,欧美社会对高等教育公立和私立的划分并不敏感,这也许与淡化所有权概念有关。我国学者的比较研究指出,所有权在法国、德国高等教育体系中的实践意义正在淡化,只要大学是非营利性独立法人,无论最初是私人成立还是政府建立,都是公共所有的大学。[②]尽管"公共大学"概念是否适用于中国还有待进一步研究,但是政府监管作为修正市场机制缺陷、避免公共利益损失之必要手段已经十分明确。

在社会主义市场经济条件下,非营利性民办高等教育的改革发展离不开政府的宏观调控、有效的政府治理和监管。除了此前所述的协调政府相关部门形成统一的指挥调度系统之外,还需要教育系统主动做出相关监管举措。一是要按照建设教育强国的战略目标,在高等教育系统或整个社会大系统中,宏观调控非营利性民办高校生存与发展的空间。高等教育既要满足内生发展逻辑,又要满足外部需要,非营利性民办高校的整体发展应当是面向高等教育结构性矛盾的。新世纪以来的二十余年里,学生人数的扩大是引发高等教育结构变化的最有利因素,与之相关的高等教育需求多元化导致高等教育供给多元化。下一阶段影响高等教育的关键词可能是学生人数的锐减。低生育率和人口老龄化首先出现于发达国家,从近年来我国各省(区、市)出生人口孩次结构看,生育政策调整后的生育水平趋于稳定,在生育配套支持政策体系尚不完备的情况下,我国未来生育率水平也不容

---

① BUTTER F. The perspective of public sector economics on regulation: transaction costs and the agency model[M]/ALEMANNO A, BUTTERF, NIJSEN A, et al. Better business regulation in a risk society. New York, NY : Springer, 2013: 119-134.

② 陈涛,邬大光.高等教育公私并举与分类管理走势分析:基于中法德三国经验的视角[J].教育研究,2017,38(7):79-91.

乐观。随着低于更替水平的生育率在全球蔓延，高等教育系统将更多受到"增加灵活性""回应学习者群体异质性""平衡学术漂移和职业漂移"等挑战。高等教育组织自身对社会变革有一定的敏锐性，"学术漂移"指高等职业教育更加学术化的趋势，"职业漂移"则是普通高等教育偏向职业技能导向的趋势。在更大的层面，国民经济产业结构、行业结构和职业结构的变化，需要与之相匹配的普通教育和职业教育结构，这超越了高等教育组织自身可以预测和调节的范畴。根据《中华人民共和国国民经济和社会发展第十四个五年规划和 2035 年远景目标纲要》，2035 年我国将基本实现社会主义现代化，其基本战略包括坚持创新驱动发展，全面塑造发展新优势；加快发展现代产业体系，巩固壮大实体经济根基；形成强大国内市场，构建新发展格局；加快数字化发展，建设数字中国。这需要通过政府监管，引导社会资金举办符合未来需要的高等职业教育或普通高等教育，围绕国家重大发展需求和高新技术产业发展需求，培养"高精尖缺"人才，促进产业工人技能累积，在服务全局中彰显民办高等教育的重要价值。

二是研究制定非营利性民办高校监管办法，加强对非营利性民办高校的指导和扶持。政府监管是政府直接干预的一种行为方式，是政府职能的核心内容之一。政府部门间的专业化分工有利于提升行政效率，也容易产生多头分段式的政府监管。中国式政府监管的主要手段是审批和执法，总是徘徊在发证控制、运动式监管与选择性执法之间，也存在着监管过度与监管漏洞并存的问题，学者呼吁要从运动式监管走向风险监管。[①] 在迈向现代化的政府治理中，应摒弃以往命令与控制的行政化管理模式，实现建立在规则基础上的管理和指导。目前，已经为营利性民办高校出台了专门的监管办法，有必要研究制定非营利性民办高校监管办法或细则，就已经明确的规则和标准予以整体化呈现。存续办学的非营利性民办高校和新设立的非营利性民办高校，都需要按照新法的"非营利性"加以统一规范。在此基础上，明确政府监管的目的在于促进事业发展，也就是政府是非营利性民办高等教育的支持者，落实相关扶持政策。在政府间沟通协调方面，目前从国家

---

① 徐国冲，张晨舟，郭轩宇，等.中国式政府监管：特征、困局与走向[J].行政管理改革，2019(1):73-79.

到地方都构建了民办教育工作联席会议制度,但在共同落实民办教育发展的政策措施、协调解决重点难点问题时,还缺乏强制力,未来有必要推动建立全国民办教育指导委员会(例如,参考"国家教育考试指导委员会"),加快研究与推动民办教育改革,并建立民办教育联控工作机制,强化办学风险综合研判和处置。

三是通过规范非营利性民办高校的市场行为,调和部分群体利益与公共利益之间的矛盾。政府作为公共利益的代表者,对非营利性民办高校及其利益主体进行规范与制约,在必要情况下通过强制力进行利益配置和重构,确保非营利性民办高校始终以教育逻辑为主线。政府监管的核心是保证高质量的高等教育,但仅对终端供给进行监管是不充分的。政府监管既需要结果导向型监管,也需要原则导向的监管,即以非营利原则为导向的办学规范和程序性要求。政府对非营利性民办高校运营过程的监督指导,尤其需要"抓大放小",聚焦民办高等教育改革发展中的实质性重大风险因素,确保民办高等教育系统性风险总体可控。对于一些细微的运营管理问题,应当主要采取"以督促改""以督促责",这也有利于降低学校的合规成本,提高政府监管的针对性和有效性。

(三)完善多元主体共同监督制度

在政府监管与市场力量中间,还存在一些中间力量。要建立非营利性民办高校健康发展的格局,不仅要依靠法治体系、政府监管和市场条件,还需要依靠行业协会、中介组织、社会媒体以及非营利性民办高校自身的相互监督。一是政府向行业协会下放一部分行业管理职能,依法赋予行业协会等社会组织在行业监管、行业自律中的法律地位,充分发挥行业协会的协调和规范职能。2013 年,吉林外国语大学等 26 所民办高校发起成立了"非营利性民办高校联盟"。联盟成员制定联盟章程、签署联盟公约,共同向全社会郑重承诺坚持公益性和非营利性办学,不谋求任何经济回报,办学经费全部用于所在高校建设与发展,为探索适应我国国情的非营利性民办高校办学模式搭建了新的平台。未来可鼓励类似的行业自治组织,制定非营利性民办高校的行为准则、资格标准等,协调和规范成员组织的活动。二是发挥中介组织的评估作用。鼓励中介组织开展公益性第三方评估调查,发布评估信息,供学生、家长及有意向的捐赠人、出资人参考。地方可委托信誉良好的第三方机构参与政府部门组织的相关督导和评估工作,在第三方机构的遴选上,主要以公益性的第三方组织为优先。三是充分利用政府门户网站、新闻媒体及新媒体等载体,鼓励公众参与讨论相关议题,加强公众和媒体对非营利性民办高校的监督。四是重视非正式规则的力量。虽然不能高估非营利性民办高校自我约束的道德力量,但也要重视逐步建立非营利性民办高校的自律机制。

二、监管内容:质量评估、法人治理与非营利监管

(一)质量监测与评估

在我国高等教育从规模发展到内涵发展的阶段,质量保障和质量提升是高等教育发展工作的重点。非营利性民办高等教育作为我国高等教育事业的重要组成部分,同样承担着为国家现代化建设提供人才支撑和智力保障的重要任务。2021年政府工作报告提出,要发展更加公平更高质量的教育。质量是社会科学最难定义的概念之一,质量监测与评估也是高等教育面临的最具挑战性的问题之一。

《国家中长期教育改革和发展规划纲要(2010—2020年)》提出"加强对民办教育的评估"。2016年《民办教育促进法》第四十一条明确提出"组织或者委托社会中介组织评估办学水平和教育质量,并将评估结果向社会公布"。我国从上世纪末就开始探索建立全国高等教育质量监测评价体系,至今已形成较为规范和专业的评估制度。1990年,我国出台了第一部关于高等教育评估的法规——《普通高等学校教育评估暂行规定》;1994年,国家教委开始有计划、有组织地对普通高等学校的本科教学工作水平进行评估,最初是由国家教委指定一批基础较薄弱、本科教育历史较短的院校参与"合格评估";1996年,面向基础较好、办学水平较高的本科院校,在学校申请、国家教委确认的基础上开展"优秀评估";1999年,教育部抽取上述两次评估未覆盖的普通本科院校开展"随机性水平评估";2002年,教育部将上述三种方案合并为《普通高等学校本科教学工作水平评估方案》;2003年起实行"五年一轮"的普通高等学校本科教学工作水平评估;2004年起实施高职

高专院校人才培养工作水平评估(各地教育行政部门组织评估与教育部组织开展示范性高职院校评估工作相结合)。

就本科层次而言,"五年一轮"的普通高等学校本科教学工作水平评估,可理解为国家级的质量认证。首轮评估(2003—2007 年)的 592 所本科高校中,仅 2 所为民办本科高校,[①]评估方案以《普通高等学校本科教学水平评估方案(试行)》(教高厅〔2004〕21 号,已废止)为蓝本。首轮评估结束后,争议最集中的是"用一个标志去评价所有高校"的问题。[②] 2007 年,教育部与财政部联合启动"高等学校本科教学工作分类评估方案项目",提出总结首轮评估经验,"通过研究我国普通高等学校的分类及其分类标准问题,提出分类评估的实施方案"。[③] 2011 年,《教育部关于普通高等学校本科教学评估工作的意见》(教高〔2011〕9 号)明确要"实施分类的院校评估",面向2000 年以来未参加过院校评估的新建本科学校开展"合格评估"(民办本科高校主要在此序列),面向参加过院校评估并获得通过的普通本科学校开展"审核评估"。浙江树人大学、吉林外国语大学、黄河科技学院等民办本科高校都在合格评估后,顺利通过了审核评估。2021 年,《普通高等学校本科教育教学审核评估实施方案(2021—2025 年)》(教督〔2021〕1 号)明确了新一轮审核评估的分类办法,大多数民办高校适用于"第二类审核",重点考察的是学校本科人才培养目标定位、资源条件、培养过程、学生发展、教学成效等。

基于已有的评估体系,一是要在建设高质量本科教育和高水平职业教育中,将非营利性民办高校纳入统筹安排,主要体现在课堂教学、人才培养、

---

① 徐绪卿,冯淑娟,王一涛,等.分类指导 分类评估 分类管理:全国民办本科高校教学评估研讨会综述[J].教育发展研究,2008(12):67-70.

② 陆根书,贾小娟,李珍艳,等.改革开放 40 年来中国本科教学评估的发展历程与基本特征[J].西安交通大学学报(社会科学版),2018,38(6):19-29.

③ 当时,北京师范大学课题组和复旦大学(与武汉大学合作)课题组承担了该项目的研究任务。有学者根据两个课题组公开发表的研究成果,分析发现两个课题组在第二轮评估的制度设计上不谋而合,大体是以"是否设有研究生院"和"取得本科学历授权的时间"两个维度将我国高校分为三大类,其中,取得本科学历授权但未经过首轮评估的高校为一类,包括还未培养出两届以上的本科毕业生的公立高校、民办高校和独立学院。考虑到第二轮评估不是择优,分类评估的科学性和必要性也受到质疑。参见:杨晓江,汪雅霜.对《高等学校本科教学工作分类评估方案》的四点质疑[J].高教发展与评估,2010,26(4):26-29,53,121.

专业动态调整和特色发展等方面,建立内部保障和外部评估机制,尤其是要通过质量保障体系,支持非营利性民办高校人才培养模式改革和特色发展。民办高校和相关研究者一直呼吁在本科教学评估中将民办高校单独分类,在具体的考核指标上适当放宽,主要考虑是民办高校起步晚、底子薄,在专兼职教师结构、经费收支结构、纸质图书积累等方面都与公办高校不同。无论是合格评估还是审核评估,民办高校都是举全校之力迎评,但确实也实现了以评促建、以评促改的不断提升的效果。从便于现阶段开展工作的考虑,政策制定者和研究者都有建议按照部属高校、省属高校、地方院校、新建院校、高职院校、民办院校、合作办学院校的分类。但是,这种分类相互有交叉,且按照所有制分类并不十分合理。高等教育分类的一般规律,是基于大学组织的核心功能,大体按照研究型大学、教学型大学、教学研究型大学进行划分。现阶段,根据实际需要单独对民办高校进行评估是有必要的,但应当避免把一般性的对高等学校的评价和对某一类院校的特殊性的专项评价混为一谈。

为促进非营利性民办高校高质量发展,有必要实施专门的质量工程计划,建立民办高校专业动态调整评估,鼓励各省(区、市)具体组织开展以党建、教学、就业力、国际化等专题化的质量监测评估。在现有全国高等教育质量定期监测数据平台的基础上,加强非营利性民办高校教学基本状态数据常态监测;建立健全民办学校第三方质量认证和评估制度。此前,教育部高等教育教学评估中心(2022 年经中央编委批准更名为"教育部教育质量评估中心"[1])发布的中国高等教育系列质量报告,就将民办本科作为与本科教育、工程教育、新建本科并列的四个专题之一。[2] 未来还需要培育真正独立的第三方评价机构,以专业化、特色化的评估促进民办高校培育优质学科、专业、课程、师资、管理。《民办教育工作部际联席会议 2019 年工作要

---

[1] 教育部高等教育教学评估中心于 2004 年设立,2022 年更名为"教育部教育质量评估中心",新增学前教育、普通中小学教育、特殊教育、职业教育等各级各类教育质量评估监测业务职能,正式转变为全口径、全学段、全类型的教育质量评估监测专业机构。

[2] 教育部高等教育教学评估中心.中国民办本科教育质量报告[M].北京:教育科学出版社,2016.

点》已提出此条,但目标的实现还有很长的探索之路要走。对下一阶段尤其重要的是,非营利性民办高校要以政府评价为指导,以第三方评价为参考,提高各项评估结果的应用水平,自主建立内部质量保障体系。由于民办高校主要定位于地方应用型或职教类,内部质量保障体系除了要继续重视教育教学和管理外,还有必要增加对毕业生就业能力、学校对社会需求回应度的关注。

质量监测与评估的核心是问责和促进,它既是非营利性民办高校监管的重要内容,更是促进其高质量发展的重要抓手。非营利性民办高校的高质量发展,既不能不看量化指标,也不能只看量化指标。包括非营利性民办高校在内的高等教育评估,都需要从以测量为基础的量化评估向高质量评估转变,既强调以绩效为杠杆进行问责,也强调以评估促进发展,更加关注非量化的部分,强化综合评价、过程评价和增值评价。[①]

(二)法人治理监管

治理监管是非营利性民办高校监管的重要内容。内部治理的合规性与有效性是非营利性民办高校健康可持续发展的制度保障,主要包括学校章程制定执行、决策机构、监督机构、校长履职、民主管理等。完善法人治理监督,主管部门要结合各地非营利性民办高校章程建设实际,进一步推动章程修改、核准与实施工作。前述章节已经对分类管理后的学校章程修订做了讨论。一是非营利性民办高校需要按照新《民办教育促进法实施条例》关于"民办学校章程应规定的必要事项"进行完善和规范,明确学校的非营利宗旨、组织结构和组织行为规范,坚持党的领导和依法治校有机统一,将党的建设有关内容写入民办学校章程。章程内容还应体现学校自身特色,以及非营利性民办高校探索中国特色现代大学制度的经验成果。

二是确保章程修订程序合规。非营利性民办高校章程修改程序应参照《高等学校章程制定暂行办法》第三章"章程制定程序"有关规定,以及2021年《民办教育促进法实施条例》关于"举办者依法制定学校章程"的规定,成立章程工作小组开展调研、征求意见和起草工作,提交董事会或理事会审

---

① 王建华.论高等教育的高质量评估[J].教育研究,2021(7):127-139.

议;其中,应充分发挥学校党委的政治引领作用,落实学校党委会审议、学校理(董)事会审定学校章程的程序。

三是开展章程实施督导。章程修订完善后,要监督学校以章程为基础完善各项学校管理制度,理顺法人治理结构和治理机制,以法治思维进一步强化学校的公益属性,全面提升办学水平。首先,督促学校进一步健全党组织参与决策和监督机制,明确党组织在学校法人治理结构中的地位,保证党组织在重大事项决策、监督、执行各环节中有效发挥作用。2021 年,教育部思想政治工作司将"在高职高专、民办高校设立若干个高校党建和思想政治工作创新发展中心,加强对相关领域基层党建工作的理论研究和实践探索。加强高校党建联络员队伍建设,细化职责任务清单,完善日常指导机制"列入 2021 年工作要点,对民办高校在办学治学全过程中贯彻全面从严治党要求作出了部署安排。其次,监督学校健全董(理)事会领导下的校长负责制,并实行监事(会)制度和教职工代表大会制度,加强现代大学制度建设。加强对学校权力分配、举办者及学校高层管理者行为的监管,杜绝董(理)事会形同虚设、职业校长不职业的问题。下一阶段需要关注非营利性民办高校"隐形举办者",即一些出资人实际"控制"学校,但不在举办者信息中的情况。第三,监督学校落实关键管理岗位亲属回避制度,完善科学规范的干部聘任制度。重视民办高校普遍面临的"交接班"问题,对于非营利性民办高校普遍存在的家族式治理,在充分肯定其历史贡献、现实合理性的前提下,也要推进这种治理模式的进化和更新。

(三)非营利监管

对非营利真实性的监管,是分类管理改革后的新任务,是需要教育部门与其他部门联动方能完成的监管内容。前述章节已经对举办者变更、直接融资、关联交易、内部财务、运营管理等风险问题及监管思路作出分别阐述,此次不再赘述。实践证明,改革中的问题是此起彼伏的,新的实践形式是层出不穷的。但是,无论实践形式如何变化,非营利性监管的核心主要是严格执行非营利性和营利性分类标准,切断举办者所应获得的学校治理参与权、决策权与出资回报之间的联系,避免多种非法分配利润的可能,使之真正符合非营利宗旨。可借鉴国外非营利组织监管较为流行的 DADS 方法为基本框架,即通过披露(disclosure)—分析(analysis)—发布(dissemination)—惩罚(sanction),增强业绩信息透明度,并通过评价指标体系进行合规性分析,对违反规定的组织进行惩罚。① 这一框架的提出者里贾纳·赫茨林格认为,在非营利组织中几乎不存在财务比率和其他广泛用于评估业务绩效的技术,非营利组织大量存在低效率和信任危机。让非营利组织公布可信、系统的信息,虽然需要大量的时间投入和前期成本投入,但是确实是防范风险的有效方法之一。② 在不断增强的监管要求下,"监管科技"(RegTech,即Regulatory 和 Technology 的合成词)正在崛起,主要是利用最新的科技手段服务于监管和合规。虽然非营利性民办高校不是经济部门,但是账户监管、关联交易信息披露、集团化业务往来审查等都是未来一段时期的要点。未来,监管科技的应用领域将不断扩大,或有可能应用到学校的合规管理和风险管理中。根据目前医疗等相关领域的经验,受监管实体可以自己创建监管科技应用程序,也可以将其外包给另一个实体。高度的数据驱动使监管科技应用程序可能存在各种风险,必须在个别情况下进行分析和评估,监管者必须持续关注监管科技的发展。

除信息披露和公示外,"惩罚"的环节也较为重要。就非营利性民办高校而言,这里所说的惩罚,主要意指问责机制的建立。非营利组织缺乏商业组织基于所有权和成本效益的强问责机制,一是要加强对学校坚持非营利的问责,在教育系统内配备罚则规定。教育系统可参考医疗卫生系统的做法,如《卫健法》第一百条规定,非营利性医疗卫生机构向出资人、举办者分配或者变相分配收益,"则由县级以上人民政府卫生健康主管部门责令改正,没收违法所得,并处违法所得二倍以上十倍以下的罚款,违法所得不足一万元的,按一万元计算;对直接负责的主管人员和其他直接责任人员依法给予处分"。二是用好税收工具,重视发挥与之相关的准入、价格、质量等监管工具的作用。既要发挥税收对慈善捐赠的激励,更要发挥其规范非营利行为的威慑和惩戒作用。非营利性民办高校也可以开展一定形式的经营性活动并产生利润,下一步应通过细化的税收政策,规范此类商业收入的使

① HERZLINGER R E.非营利组织管理[M].北京:中国人民大学出版社,2000.
② HERZLINGER R E. Can public trust in nonprofits and governments be restored? [J]. Harvard business review, 1996, 74(2): 97-107.

用。应当认识到，"非营利组织"与"免税组织"不是直接等同关系，而是先后顺序关系，即先有非营利的内在属性，后有免税的政策结果。免税是一种政策措施，不是判断组织是否为非营利的标准。当然，要使免税资格赋予或撤销真正成为有力的监管举措，或需要一个较长的改革历程。

三、监管方案：标准制定、反馈改进与防范性预警

从实际可行性出发，以下提出近期教育系统可实施的监管方案。以下方案均以防范型监管为主，重在规则制定和评估反馈。

（一）实施非营利性民办高校办学情况评价

评估是一种软性监管。根据 2016 年《民办教育促进法》及相关配套文件要求，研究制定非营利性民办高校办学情况评价指标体系。通过自评与他评相结合的形式，规范学校办学行为，引导非营利性民办高校高质量发展。评价指标体系的建设应覆盖党的领导、办学条件、办学行为、办学质量等方面内容。以学费定价为例，高校学费被视为民生问题。美国学者约翰斯通（D. Bruce Johnstone）曾言："私立大学学费的主要问题也不是学费的绝对水平，而是其增长率是否合理。"[①]近几年民办高校学费涨幅明显，也引发了不少舆情关注。如 2019 年 6 月山东一所民办高校因当年学费比上年一次性上涨了 62％，遭遇公众不满，人们质疑学费上涨的合理性，相关教育部门人士表示要对非营利性民办高校学费实行动态监测，并开展成本调查。[②] 从结果运用上看，一是要通过指标体系建设，建立明确的监管规则，形成原则性监管与规则性监管相结合的格局。但是，规则的设置也可能使目标高校重形式合规，而轻实质合规。可根据实际情况，动态调整年度评估重点，避免合规评价标准的机械化。二是评价结果应以等级制呈现，作为地方教育行政部门开展年度检查、招生计划调整、拨付奖补资金和实施行政处罚的参

---

① D. B. 约翰斯通.高等教育财政：问题与出路[M].沈红，李红桃.译.北京：人民教育出版社，2003：63.

② 张洪波，高亚南.民办高校"高额学费"引网友热议：山东省教育厅：加强对民办高校学费的动态监测等[N/OL].（2019-06-06）[2020-10-02].https：//baijiahao.baidu.com/s? id＝1635581107822259589&wfr＝spider&for＝pc.

考因素。同时,最终评价结果应及时反馈学校,方便学校自发做出改进。

外部做出的办学情况评价是"果",学校内部的持续改进才是"因"。从学校自身改进的需要看,我国非营利性民办高校还需要建立内部的办学绩效评价。平衡计分卡(balanced scorecard)与传统管理相结合的方法,在过去十余年欧美国家的院校治理改革中积累了经验,有关做法可以为我国民办高校提供参考。"大学计分卡"(university scorecard)、"教育计分卡"(education scorecard)、"学术计分卡"(academic scorecard)、"运营计分卡"(operational scorecard)等概念,也大多是平衡计分法在大学应用的变体。学校将其战略目标转化为一系列绩效指标和积分卡,从组织发展、财务健康、利益相关者、内部运营、创新等方面,全面衡量、跟踪和评估办学治校绩效,实际上是用关键绩效指标(含财务指标和非财务指标)为学校构建战略地图和内部质量保障体系。从计分卡流程中收集的数据,能够为学校决策提供信息。从内外部评价相结合的角度,非营利性民办高校办学情况评价也可以采取计分卡的形式,并将学费标准、教学质量、毕业生就业率、毕业生平均收入等相关指标数据向社会公开。

(二)出台非营利性民办高校内部治理实施细则

针对非营利性民办高校改革发展需要,研究制定《非营利性民办高校内部治理实施细则》,指导非营利性民办高校构建自我监督的法人治理结构,也为相关审批机关、主管机关的监督、指导提供参考。此实施细则应明确非营利性民办高校党组织设置、决策机构设置、执行机制与内部监督机制,并明确学校章程、督导专员、学术组织等内容。在构建制度体系的基础上,可参考公司治理实践,探索实施非营利性民办高校治理监管评估,对党的领导、董(理)事会、监事会、风险内控、核心利益相关者治理等内容,开展合规性评价、有效性评价和重大事项调降评级。此评估关注内部治理存在的突出问题和风险,主要目标是防范内部治理重大缺陷或失灵情况。

(三)研制财务监督、管理与预警办法

为规范非营利性民办高校财务行为,应研究制定《非营利性民办高校财务监管办法》。结合落实非营利性民办高校法人财产权的需要,在该办法中

明确学校财务监管体制,对举办者出资、学校资产与负债、收入与收费、支出与关联方交易、结余管理等事项予以明确规定。为增强办学经费使用效益,应明确要求学校建立严格的预算管理制度和财务监管制度。在制度建设基础上,重点关注非营利性民办高校学校法人财产权落实、办学经费来源及使用、债权债务管理、资产使用管理、大额资金往来等情况。其中,有财政资金支持的非营利性民办高校,还需要对财政资金使用、资助政策落实等问题予以特别督查。

为避免财务风险引发的办学稳定性问题,可借鉴美国联邦教育部实施的大学财务责任评分工作和日本文部科学省实施的私立大学经营分级工作,建立适合我国国情的非营利性民办高校财务预警机制。美国国会要求联邦教育部计算私立高校的财务责任分数。联邦教育部要求获得联邦资助[1](主要的非营利性和营利性私立高校,须每年提交经审计的财务报表,按主要"准备金率"(primary reserve ratio,衡量高校资产的流动性,也就是学校的基本生存能力)[2]、"权益比率"(equity ratio,衡量高校的资金渠道和借贷能力,也就是必要时学校借入额外资金的能力)和"净收入比率"(net income ratio,衡量营收能力)三个指标计算出"财务责任综合分数"(fiscal responsibility composite scores),并对综合分数过低的学校实施更严格的财务监控。公立大学因为有政府托底,一般认为不太可能出现倒闭风险,因此不需要接受此项监管。财务责任得分低的私立高校将受到制裁或额外经费监管,例如暂停联邦资助资格、要求学校提交一定比例的担保金、要求学

---

[1] 联邦资助指美国高等教育法第Ⅳ条款所规定的联邦教育部提供的奖助学金和学生贷款。提供财务信息、参与财务责任分数监管,是私立高校获得此项联邦资助的条件之一。

[2] 准备金是一种不受限制的资金储备。当意外事件、收入损失和大量未预算支出发生时,准备金能够为非营利组织提供缓冲。在美国语境下,专家建议一般的非营利实体以3~6个月的运营费用为现金储备。与准备金相关的是"流动性"(liquidity)这一会计概念。对高校而言,流动性要素的范围更广,包括现金、应收账款、应收质押、信用额度等,国际专家认为应不低于学校6个月的支出。详见：The century foundation. To monitor for colleges that may soon fold, look to liquidity[EB/OL].(2020-04-29)[2022-08-10].https://tcf.org/content/commentary/monitor-colleges-may-soon-fold-look-liquidity/? session=1.

校必须提交财务明细,等等。日本文部科学省委托私立学校振兴共济事业团研制的"私立大学经营判断指标"(主要涉及现金流量、负债比率、外部债务偿还年限、资金短缺年数、预收款持有率、业务收支余额、净营业收益率、准备金比率等八项财务指标),将私立大学财务情况分级为"绿色—财务正常""白色—财务即将困难""黄色—财务困难""红色—财务极度困难"等四种类型,并根据各校财务状况提供相应的指导或支持措施。有财务风险的私立大学,如果不配合改进工作,日本政府会酌情采取解散法人、令其停止招生等强制措施。

一些非官方渠道的私立大学财务风险分析也有一定参考性。例如,欧洲的经济咨询公司"Frontier Economics"公布了他们认为可能面临破产风险的十三所英国大学,主要基于流动性(liquidity)、储备金(reserves)、资产情况(assets)、借贷情况(borrowing)、盈余(surplus)等 5 个指标。福布斯(Forbes)根据美国国家教育统计中心的公开数据,计算公布"年度大学财务等级"(college financial grades)衡量非营利性私立高校的资产健康状况和运营能力。他们的计算主要基于生均捐赠资产(endowment assets per FTE)、准备金率(primary reserve ratio)、生存力比率(viability ratio)、核心利润率(core operating margin)、学费占核心收入的百分比(tuition as a percentage of core revenues)、资产收益率(return on assets)、录取率(admissions yield)、新生获得奖助学金的百分比(percent of freshmen getting grant aid、instruction expenses per FTE)以及生均教学费用(instruction expenses per FTE)。财务监管的目的并不在财务本身,而是要督促大学"用更具战略性的眼光来管理好其财务和资产",以健康的财务为学校长期可持续发展服务。[1]后疫情时代国内外高校都面临财务绩效压力,未来以财务理由让高等教育机构退场的案例可能增加。我国可以根据实际市场环境和会计原则的变化,实施财务风险防范型监管和动态的财务稳定性监管。设置"民办高校财务健康标准",综合诊断识别高风险学校。风险预警学校或发生重大财务变化的学校需及时报告财务情况,接受特别监管要求。

---

① 经济合作与发展组织高等教育管理项目办公室—英格兰高等教育拨款委员会.刻不容缓:确保高等教育可持续发展的未来(上):"高等学校财务管理与治理"项目成果报告(2004)[J].辽宁教育研究,2005(9):1-8.

结　语

　　2016 年《民办教育促进法》和 2021 年《民办教育促进法实施条例》的落地实施将民办教育发展带入了政策强供给期。从"不得以营利为目的"到"非营利性与营利性民办学校分类管理"，这场制度再造赋予了非营利性民办高校新的内涵和要求，也使完善配套制度建设成为当务之急。分类管理新政前，我国民办高校均为非营利性民办高校，其监管办法散落在有关民间组织和教育机构管理的文件中，民间组织法律法规和教育法律法规中的相关内容至今仍有重要价值。分类管理新政以来，由于营利性民办高校是新生事物，国家层面出台《营利性民办学校监督管理实施细则》，针对转制或增量营利性民办高校的监管制度已基本确立，而针对新型非营利性民办高校的监管制度尚且空缺，各地基本依托原有的民办高校监管框架规范存续办学和新设立的非营利性民办高校。当下，要形成与营利性监管相呼应的非营利性监管机制，构建"共同但有区别"的总体监管框架，更需要回应实践领域新情况新进展新问题。

　　随着民办高等教育综合改革在国家和地方两个层面同时展开，举办者变更、直接融资、关联交易、集团化办学等原本中性的概念，在实践发展中演进出有利也有弊的两面。从有利的一面看，举办者依法变更能够建立健全举办者退出机制，实现民办高校产权流转和存量学校重组优化，从弊端的一面看，举办者变更往往伴有资产置换行为和短期商业运作。同样地，民办高校通过资本市场直接融资，可以认为是非营利组织的附属的非根本性行为，有利于拓展办学筹资渠道，但控股高校公司上市办学、将民办高校全部学费住宿费收入证券化的具体做法也可能导致扩张战略、运营成本、治理模式等多方面的风险。民办高校的关联交易可以是节约交易成本、更有效率和更有稳定性的，也可能构成利益输送、间接分红、利润转移，继而侵害学校的法人财产权。集团化办学等运营模式有利于增加单体学校的抗风险能力，降低管理成本和提高管理效率，但也可能带来市场集中度超常规提升、资本运作兼并收购以及新型"以非营利之名行营利之实"。

这些现象还有一些隐形化处理。民办高校举办者变更既有传统意义上的变更，也有实际控制人变更与举办者权益转让，前者可以通过变更申请和公示予以透明化，后者则难以有效识别和追踪。民办高校关联交易既有学校与关联方之间的购买与出售行为、服务协议、贷款协议，也有关系链条化、层级复杂化的非关联化交易，前者可以从交易的商业实质来识别关联方关系，后者则很难凭交易合同甄别出实际关联方。民办高校集团化办学既有品牌协同、管理服务、资源共享等"集而成团"的办学模式，也有可变利益实体（即 VIE 结构）、兼并收购、资本扩张等"实际控制"的权力模式，前者可以通过明确的集团章程或结构化合约为共同行为规范，后者多以资本为主要联结纽带，较难评估是否涉及利润转移安排。

对于非营利性民办高校而言，这些实践操作是否合规需要通过其办学行为及背后的治理结构予以具体分析。同时，仅以学校为单位作微观考察，仍然无法准确揭示系统性的风险。对于民办高等教育，乃至整个高等教育系统而言，上述做法究竟是有利还是有弊，更需要制度层面的把握。新法框架下的非营利性民办高校，兼具"非营利性民间组织"和"教育机构"两重特性，其监管政策的设计应围绕上述两重特性展开，政策目标是增进非营利性民办高校的教育性、提升非营利性民办高校的公共性、保障非营利性民办高校的自主性。无论是举办者变更、直接融资、关联交易，还是集团化办学、学校章程修订、学校资金往来、合理回报计提、法人财产权保护、教师权益保障、董事会及高管薪酬，只有其中的非正当因子积累到较为严重的程度，致使学校办学风险渗透到要动摇非营利属性，并对高等教育的整体声誉产生负面影响，监管政策的产生才有其价值。

政府失灵论、市场失灵论、公共利益论等经典理论，早就从理想化角度论证了政府监管的出发点，但是，好的出发点未必能达到好的效果。信息不对称论、监管俘获论等监管有效性理论，从相反的现实性角度，将政府监管什么、如何监管视为公共部门改革的挑战性课题。在监管有效性理论看来，监管部门和被监管对象之间的博弈，很可能形成前者被后者支配的被动局面，即所谓的"监管俘获"。很值得关注的是，新政以来非营利性民办高校的若干监管政策不仅没有被监管俘获，反而以强有力的态势，扭转了业内关于"要不要监管"的预期。而关于"如何有效监管"，根本上仍要从政府与市场关系中找答案。借用第三部门的理论划分，第一部门（政府组织）、第二部门（商业组织）和第三部门（非营利组织）涵盖了现代社会组织的全部。任何国家都必须在一定程度上面对以下问题，即对形形色色的非营利组织的监管，是以调节第二部门和第三部门的关系为重点，还是以调节第一部门和第三部门的关系为重点。两种理论倾向都有实际应用，或者也可以反过来说，不同国家的实践选择可以做理论化的二元区分。不同国家对非营利组织及第三部门的界定和理解不同。美国的非营利监管重在划清第三部门与第二部门的界限，并高度依赖税收工具对遵守这一界限要求的非营利组织予以激励，对不遵守的非营利组织予以惩罚。欧洲和亚洲国家的非营利监管重在平衡第一部门和第三部门的权力关系，核心是政府在关键领域可以让渡多少权力，因而准入门槛、质量标准往往是监管的核心工具，税收只作为一种补充力量。

我国非营利性民办高校的整体性特征，即发展历史、治理模式、政校关系、系统分层等，都与世界主要国家的非营利性私立高校存在差异。尽管美国私立高等教育的成功经验一直是世界各国争相学习的主要窗口，但是我们往往发现，美国经验很难复制，其中一个主要原因在于美国法律的"非营利和营利性组织划分"优先于高等教育的"非营利性和营利性高校划分"。世界上甚至找不到第二个国家，像美国一样高度依赖税收工具，通过差异化税种和税率政策，实现了非营利性高校和营利性高校的定分止争。在我国深入推进政府管理体制改革，逐步完善市场监管体系的历史进程中，民办高等教育领域需要建立相应的现代化治理体系，我们或许应当融合上述两种监管方向，既要协调好政府部门和非政府部门的关系，明确政府指导和支持非营利性民办高校的边界，以及学校的办学自主权；同时，也要清晰划分非营利部门与商业部门的关系，明确非营利性民办高校与营利性民办高校等市场主体的区别，继而更加明确非营利性办学的基本要求和分配约束机制。

要实现这样融合性的监管需求，需要有统一协调的法律规范体系，充分发挥政府宏观调控、指导与规范的监管职能，并不断完善多元主体共同监督制度。政府监管定位于公共利益的保障机制,它对非营利性民办高校的影响,既是即时性的,更是累积性的。监管的最终目的不在"管"而在"帮",既要做到"监督"和"管理",更要在"监督"和"管理"之间寻找到更好的平衡。哪些是监督举措,哪些又归类于管理举措,是随着改革的动态过程,由监管性质的变化而决定的。可以探索的是,学校层面的办学风险监管,应当以政府监督为主,赋予学校风险管理的自主权。对于可能演变为系统性风险的办学问题,则要以政府管理为主,通过明晰的制度和切实可行的政策工具予以预防、规范和遏制。在研制监管政策时,质量监测与评估、法人治理监管、非营利真实性监管可以是三个有力的抓手,但仍然需要处理好监管方案的理想与实际,有前瞻性又不陷入非专业化、过于细节化、成本代价过高的进退两难之地,控制好处置风险的"节奏"和"力度",尊重中国民办高等教育的发展历史和特点,留有余地又保持政策连续性,避免因施加过度的监管压力而引发新的问题。

参考文献

[1]ALTBACH P G,JAMIL S. The road to academic excellence：The making of world-class research universities[M]. Washington D. C.：World Bank，2011.

[2]ANHEIER H K，BEN-NER A. The study of the nonprofit enterprise[M]. Boston，MA：Springer，2003.

[3]ANHEIER H K. A dictionary of civil society，philanthropy and the third sector[M]. London：Routledge，2005.

[4]ANHEIER H K. Nonprofit organizations：theory，management，policy[M]. London/New York：Routledge，2005.

[5]BENNETT D L，LUCCHESI A R，VEDDER R K. For-profit higher education：growth，innovation and regulation[R]. Washington，D. C.：Center for college affordability and productivity，2010.

[6]BORIS E T，STEUERLE C E. Nonprofits and government：Collaboration and conflict[M]. Washington D. C.：The Urban Institute Press，1999.

[7]BREWER D J，PICUS L. O. Encyclopedia of education economics and finance[M]. Sage publications，2014.

[8]DIRUSSO A A. American nonprofit law in comparative perspective [J]. Washington university global studies law review，2011(10)：39-86.

[9]HANSMANN H B. The role of nonprofit enterprise[J]. The Yale law journal，1980，89(5)：835-901.

[10]KAHN A E. The economics of regulation：principles and institutions[M].Cambridge，MA：MIT Press，1988.

[11]LEVY D C. Global private higher education:an empirical profile of its size and geographical shape[J]. Higher education,2018(4):701-715.

[12]LEVY D C. Public policy for private higher education:a global analysis[J]. Journal of comparative policy analysis:research and practice, 2011(4):383-396.

[13]LEVY D C. The unanticipated explosion: Private higher education's global surge[J]. Comparative education review, 2006,50(2): 217-240.

[14]LYONS M. Non-profit sector and civil society: are they competing paradigms? [Z]. Working paper 35, Centre for Australian Community Organization and Management, Sydney, 1996.

[15]MELTSNER A J. Political feasibility and policy analysis[J]. Public administration review, 1972,32(6): 859-867.

[16]MORRIS S. Defining the nonprofit sector: Some lessons from history[J]. Voluntas:international journal of voluntary and nonprofit organizations, 2000, 11(1): 25-43.

[17] POWELL W. The nonprofit sector: A research handbook [M].New Haven: Yale University Press.1987.

[18] ROSE-ACKERMAN S. Altruism, nonprofits, and economic theory[J]. Journal of economic literature, 1996, 34(2): 701-728.

[19]SALAMOM L M. Of market failure, voluntary failure, and third-party government: toward a theory of government-nonprofit relations in the modern welfare state[J]. Journal of voluntary action research, 1987, 16(1-2): 29-49.

[20]SALAMON L M, ANHEIER H K. The third world's third sector in comparative perspective[Z]. Working paper 24, The Johns Hopkins Comparative Nonprofit Sector Project,Baltimore, Maryland, 1997.

[21]STIGLER G J. The theory of economic regulation[J]. The Bell journal of economics and management science, 1971,2(1): 3-21.

[22]WEISBROD B A. The nonprofit economy[M]. Cambridge, Massachusetts: Harvard University Press,1988.

[23]WESTALL A. Economic analysis and the third sector：Overview of economic analysis in relation to the third sector[Z]. Working paper 14，Third Sector Research Centre，Birmingham，2009.

[24]D. B. 约翰斯通.高等教育财政：问题与出路[M].沈红,李红桃,译.北京:人民教育出版社,2003.

[25]HERZLINGER R E.非营利组织管理[M].北京:中国人民大学出版社,2000.

[26]伯顿·克拉克.高等教育新论:多学科的研究[M]2版.王承绪,徐辉,郑继伟,等译.杭州:浙江教育出版社,2001.

[27]车峰.非营利组织管理[M].北京:中央民族大学出版社,2015.

[28]陈涛,邬大光.高等教育公私并举与分类管理走势分析:基于中法德三国经验的视角[J].教育研究,2017,38(7)：79-91.

[29]陈晓春,肖雪.非营利组织的法治化监管[J].上海师范大学学报(哲学社会科学版),2017(5):53-59.

[30]董圣足,李蔚.民办高校举办者变更问题研究[J].教育发展研究,2008(20):16-21.

[31]董圣足.民办学校"关联交易"的规制与自治[J].复旦教育论坛,2018,16(4):30-36.

[32]方芳,王善迈.我国公共财政支持民办高等教育研究[J].北京师范大学学报(社会科学版),2011(5):23-29.

[33]冯毅.股权结构与董事会效率关系研究:基于公司复杂性的调节效应视角[M].北京:中国金融出版社,2016.

[34]洪艳蓉.资产证券化法律问题研究[M].北京:北京大学出版社,2004.

[35]胡东芳.教育:包袱抑或钱袋:聚焦教育产业[M].福建:福建教育出版社,2000.

[36]黄世忠.财务报表分析 理论·框架·方法与案例[M].北京:中国财政经济出版社,2007.

[37]金锦萍.非营利法人治理结构研究[M].北京:北京大学出版社,2015.

[38]李建伟.规制关联交易的法律规范体系及其展开[J].人民司法,2014(19):31-36.

[39]李适时.中华人民共和国民法总则释义[M].北京:法律出版社,2017.

[40]刘建华.中国市场新秩序[M].北京:清华大学出版社,2006.

[41]刘永佶.经济中国第2辑[M].北京:中央民族大学出版社,2006.

[42]卢威.论建立公私统一的高等学校法人制度[J].复旦教育论坛,2017(3):25-31.

[43]罗昆.我国民法典法人基本类型模式选择[J].法学研究,2016,38(4):119-136.

[44]马立行.中国公司股权集中度趋势研究[M].上海:上海交通大学出版社,2013.

[45]潘懋元,别敦荣,石猛.论民办高校的公益性与营利性[J].教育研究,2013,34(3):25-34.

[46]潘懋元,邬大光,别敦荣.我国民办高等教育发展的第三条道路研究[J].高等教育研究,2012,33(4):1-8.

[47]潘懋元.教育基本规律及其在教育研究中的运用[J].江苏教育研究,2009(4):3-6.

[48]潘奇,董圣足.VIE架构在教育领域的应用、问题及其对策[J].教育发展研究,2018,38(5):17-22,74.

[49]彭宇文.中国高校法人治理结构研究[M].北京:中国社会科学出版社,2006.

[50]钱民辉.政府·市场·大学:谁决定大学教育的主流话语[J].北京大学学报(哲学社会科学版),2015,52(5):128-135.

[51]秦晖.政府与企业以外的现代化:中西公益事业史比较研究[M].杭州:浙江大学出版社,1999.

[52]任建标.战略运营管理[M].北京:清华大学出版社,2004.

[53]税兵.非营利法人解释[J].法学研究,2007(5):66-74.

[54]孙爱林.关联交易的法律规制[M].北京:法律出版社,2006.

[55]王建华.第三部门视野中的现代大学制度[M].广州:广东高等教

育出版社,2008.

[56]王蓉,魏建国.中国教育财政政策咨询报告(2015—2019)[M].北京:社会科学文献出版社,2019.

[57]王善迈.论高等教育的学费[J].北京师范大学学报(人文社会科学版),2000(6):24-29.

[58]王绍光.多元系统:第三部门比较研究[M].杭州:浙江人民出版社,1999.

[59]王文海.论上市公司公平性关联交易的法律规制[J].云南大学学报(法学版),2007(6):82-85.

[60]王一涛.民办高校的内部治理与国家监管:基于举办者的视角[M].北京:中国社会科学出版社,2019.

[61]邬大光,王建华.第三部门视野中的高等教育[J].高等教育研究,2002(2):6-12.

[62]吴开华,安杨.民办学校法律地位[M].南京:江苏教育出版社,2011.

[63]习近平谈治国理政:第一卷[M].北京:外文出版社,2018.

[64]谢鸿飞.非营利法人的类型定位与盈余分配[J].人民司法(案例),2017(20):13-20.

[65]徐国冲,张晨舟,郭轩宇,等.中国式政府监管:特征、困局与走向[J].行政管理改革,2019(1):73-79.

[66]杨棉之.企业集团内部资本市场配置效率研究:基于中国系族企业的经验证据[M].北京:中国经济出版社,2010.

[67]余苏.改制:民办学校运营25问及政策导读[M].北京:中国经济出版社,2012.

[68]约翰·布鲁贝克.高等教育哲学[M].王承旭,译.浙江:浙江教育出版社,2001.

[69]张利国.民办学校产权制度研究:以分类管理为视角[M].北京:中国民主法制出版社,2016.

[70]张文国.中国民办学校法人制度研究[M].北京:教育科学出版社,2012.

［71］赵黎青.非政府组织与可持续发展［M］.北京：经济科学出版社,1998.

［72］钟凯.公司法实施中的关联交易法律问题研究［M］.北京：中国政法大学出版社,2015.

后　记

一

我一直对"教育与市场"的问题感兴趣，兴趣的源头是共情。我在宿迁长大，宿迁因为强力推行卫生、教育等公共服务"市场化改制"而备受争议。这使我很容易在教育与经济、与市场的议题中，有强烈的情境感和代入感。我在硕博士期间开始做一些初步的研究，工作以后一直把这一主题作为核心研究方向。2012年《民办教育促进法》修改工作启动，2015年12月至2016年11月，《民办教育促进法》修改草案经过三次审议后获得人大常委会通过，并于2017年9月1日正式施行，新法启动的非营利性与营利性学校分类管理改革为实践界和学术界提供了一个新鲜且庞大的话题。

在话题热度的加持下，我申请的全国教育科学规划国家青年项目得以立项。在课题研究期间，我借调财政部科教和文化司，配合做好教育财政投入及预算管理工作，还完成了几项财政教育政策研究，这段经历对我而言十分重要。我还参加了一些调研和评估工作，加深了不少认识，2020年完成书稿并提交结项后，又反复修改打磨，但始终觉得有许多未尽处。最初的考虑是按照"研究背景、理论探讨、国际比较、现状调研、对策建议"的常规框架，突出政府及其他监管主体的分工与协同。后来觉得本书的目标是讨论新的法律框架下非营利性民办高校的监管理论与实务，所以两易其稿，最后调整为"从理论到实务再到理论"的展开层次，突出举办者变更、直接融资、关联交易、学校运营等新兴监管问题的讨论。这样调整的结果是，按部就班形成的课题阶段性成果不能直接用于独立成章节,需要按照新的框架梳理材料和补充调研,完成这本书的时间一再延宕。从课题立项到成果提交,再到终稿完成交付,这本书孕育了 6 年的时间。在这几年里,政策、市场、人口的多重叠加效应为民办教育转型进程按下了快进键,行业经历了很大波动和变化。转型意味着风险和挑战,迭代与变革一直是民办教育的底色。写作的过程伴随着行业的历史性转折,写作的过程也变成了一个持续的研究过程。

二

在这个过程中,我获得了很多成长。

第一个成长是关于进入情境的意义。研究过程中有很多次调研,我和课题组成员都觉得研究的内在灵魂是要进入情境。从真实的情境中发现问题的能力非常重要,从司空见惯的现象中提问的能力非常重要,这种能力和个人经历关系很大,也和社会科学的想象力有关。

第二个成长是关于政策研究的定位。这几年里新政策密集出台,行业和市场的即时性反应明显,作为一个研究者,看到了政策情境和政策影响的复杂性,更加认同政策研究不仅要做好诠释、阐释,也要做好理论建构和实践应用。民办教育是典型的政策型行业,分类管理改革以"政策总和"的形式呈现,牵一发而动全身。它不仅对教育领域产生了重大影响,更以难以想象的速度对教育以外领域产生影响,它旨在以二分法平衡公益性与营利性的矛盾,却意外地为打开了社会资本与教育对接的新渠道。如果我们关注资本市场的波动,至少有三次值得记录和研究的连锁反应。

第一次是修法内容引发资本市场对教育行业的疯狂追捧。新法允许民办学校登记为营利性并依法获取利润,消除了学校上市融资的政策障碍,教育类公司的上市队伍不断扩大。2015—2017 年间,资本市场对教育行业异常青睐,二级市场对教育的疯狂程度之高,只要沾上"教育"二字就能获得几十倍的估值。港股上市采用备案(注册)制,A 股上市采用审批制且法规和监管门槛较高,教育类企业争相在港上市,港股市场教育板块在 2017 年一年间，整体市值翻了 3 倍，由 232 亿港元上升至 759 亿港元。改革的初衷是"让上帝的归上帝，让凯撒的归凯撒"，而资本市场理解的核心要义是教育能够产业化。当政策制定者强调民办教育的供给侧改革，资本市场把精力和目光投向了需求侧的考量。当时的二级市场普遍认为，中国教育消费市场总量庞大，在美国、我国香港以及内地 A 股上市的教育行业的上市公司无论从数量和市值上都处于刚刚起步阶段，预计未来快速发展的空间充满想象。

第二次是实施条例致使教育股集体下跌又集体暴涨。2018 年 8 月 10 日，司法部公布《民办教育促进法实施条例（修正案）（送审稿）》，其中规范集团化办学、关联交易等条款引发股票市场教育板块全线暴跌。睿见教育、宇华教育、新高教集团、枫叶教育、民生教育、中教控股等港股市场最耀眼的教育股明星，当日市值蒸发超 280 亿港元。相关研讨会、解读会、咨询会密集召开，当时有香港的投资人说："这是在香港投资 30 年所少见的情况，感觉行业要被灭掉的时候才会有这样的惨状，基层从业人员更是人心惶惶，不知整个行业路在何方。这几天主动找到公司想要出售学校的豁然增加。上市公司日子也不好过，办学校的人更是进退两难，整个民办教育市场风雨飘摇。"2021 年 5 月 14 日，新《民办教育促进法实施条例》正式公布，其中并没有明确限制收购并购、协议控制、关联交易（义务教育段除外），当日教育股集体暴涨。

第三次是教育行业深度分化加速。2018 年以来，民办学前教育、民办义务教育、民办职业教育、校外培训教育等各项监管政策陆续出台，加上新冠疫情影响，民办教育行业整体承压，高教、职教、K-9 民办学校、K-12 教培和信息化领域的上市公司的境遇大不相同。

一是学前教育概念股普遍战略转型。2018 年 11 月 15 日，新华社授权发布《中共中央国务院关于学前教育深化改革规范发展的若干意见》，其中"民办园一律不准单独或作为一部分资产打包上市"的规定引发教育类中概股普遍遭遇重创，红黄蓝教育、21 世纪教育集团等涉及幼教业务的集团公司不得不加速战略转型。"扩增公办园、转设普惠园"的政策要求压缩了民办幼儿园的办学空间，资本市场基本上抛弃了学前教育板块。

二是义务教育资产从上市公司剥离。新法新政凸出义务教育阶段的特殊性,强调义务教育是国家必须予以保障的公益性事业。2021 年《民办教育促进法实施条例》规定"任何社会组织和个人不得通过兼并收购、协议控制等方式控制实施义务教育的民办学校、实施学前教育的非营利性民办学校。实施义务教育的民办学校不得与利益关联方进行",宇华教育、枫叶教育等上市公司纷纷剥离义务教育资产。此外,2021 年 5 月 21 日,中央全面深化改革委员会会议审议通过《关于进一步减轻义务教育阶段学生作业负担和校外培训负担的意见》,"强化线上线下校外培训机构规范管理"等规定引发美股在线教育板块集体下挫,学而思网校、猿辅导、高途课堂等在线教育机构加快业务方向调整。

三是职业教育呈现重大利好。2021 年《关于推动现代职业教育高质量发展的意见》明确"鼓励上市公司、行业龙头企业举办职业教育,鼓励各类企业依法参与举办职业教育。鼓励职业学校与社会资本合作共建职业教育基础设施、实训基地,共建共享公共实训基地"。2022 年新修订的《中华人民共和国职业教育法》将"推进多元办学,支持社会力量广泛、平等参与职业教育"写入法律条文。资本市场爆炒职业教育利好消息,头部民办教育集团布局长学段办学,不少民办专科院校重新回归职业教育宣传话语。

随着学前教育和校外学科培训赛道清零,义务教育回归校内,民办高中和国际中学发展空间受限,市场主体在寻求向素质教育转型、向教育链条其他服务提供方转型、向教育硬件产品市场转型。这些新分化和优化是政策导向而非具体实施环节引发的利益关系的连锁反应,可见分类管理政策带动市场情绪,影响着社会资金的投入意愿和形式。致力于从根源上解决民办教育发展瓶颈的分类管理改革,其本身又何尝不是改革愈发复杂的一个动因!

第三个成长是关于继续研究民办教育的价值。公共服务领域推陈出新,一方面是继续解放和发展生产力,激发各类市场主体活力和创造力,另一方面是充分发挥政府职能,不断完善治理机制。无论具体的政策举措多么密集,还是能抽象出改革向纵深处推进的三条逻辑。

一是始终坚持历史的视角。新的政策安排重塑民办教育发展格局,也延续和强化着已有政策体系对发展民办教育的主旨精神。首先,始终强调民办教育的公益性。新政向非营利性学校倾斜政策待遇,意在激励非营利性办学，保障和增强教育的公益性。其次，始终坚持公、民办学校同等法律地位。新政既强调公办和民办学校享有同等权利，也强调两类学校的同等义务。再次，始终强调维护师生合法权益。新政重申公办和民办师生同等权益，进一步提出公办学校、民办非营利性学校和民办营利性学校的教师在业务培训、职务聘任、教龄和工龄计算、表彰奖励、社会活动等方面具有同等权利，受教育者在升学、就业、社会优待、参加先进评选等方面享有同等权利。

二是以发展的思维纠偏。民办教育的一些特色做法彰显了民办机制的灵活性，一些特色做法正是需要进一步深化改革的内容。首先，预留政策调整的缓冲期。国家层面不设置统一的过渡期，不要求已经举办的民办学校在既定时期内进行营利性或非营利性的选择。这一做法为各地从实际出发制定具体办法留出了时间，为社会各界形成改革共识留出了时间，避免了改革"硬着陆"。其次，坚持支持和规范并重。国家层面细化民办教育的扶持政策，地方因地制宜做出制度创新。对于新旧矛盾问题，新政以配套文件的形式不断完善监管制度。再次，放权地方解决历史遗留问题。为增强地方推进改革的信心，中央层面要求省级人民政府充分发挥省级教育统筹权，启动修改相关的地方性法规，制定出台配套性制度与具体措施。改革难免有利益调整，实质还是促进发展方式转型。

三是超越西方经验。立足全球视野，西方发达国家私立教育发展起步早、经验积累多。我们需要什么样的民办教育？我们应如何发展民办教育？民办教育向内发问的同时，积极向外借鉴，做出了超越性探索。首先，坚持党的全面领导根本要求，坚持科学规划先行，把制度优势更好地转化为治理效能。在上位法律、行政法规、国务院文件、部门配套政策共同构筑起的民办教育制度和实施体系中，坚持和加强党的全面领导是重中之重。民办教育改革呈现出强规划特征，从"教育不得以营利为目的"到"非营利性与营利性民办学校分类管理"的制度再造，也让民办教育在历史与未来之间的转折比其他领域更加明显。其次，对中国民办教育的功能定位做出本土化思考。"为谁什么人、培养什么人"是民办教育改革的根本问题，更是关系到中国教育向何处去的重大政治和现实问题。坚持公有制为主体，合理划分各级各类教育领域相关公共服务的政府责任和市场范围，民办教育改革举措不断升级,公办和民办教育协调发展的中国教育发展格局正在不断形塑。再次,树立符合国情、面向未来的大民办教育观。改革将"依法举办的其他民办教育机构"纳入民办教育范畴,对线下和线上培训机构作出全新规定,对利用互联网技术的在线办学行为作出明确规范。无论是传统教育行业还是新兴教育行业,不论是否冠以"学校"之名,均纳入改革调整范围,民办教育治理大格局时代提前到来。

改革带动全领域的制度反思与重塑。置身这一历史进程中,我们以"向前看"的思考方式讨论民办教育未来样态,同时也不能忽视改革发展的过去时。作为一个观察者、学习者、研究者,以鉴往知来的态度从历史中寻觅规律,在政策指引和经验研究基础上做理论提炼,建立从客观现实到制度理想的桥梁还有很多研究要做。

三

回顾出版历程,致谢每一位帮助者。

书稿内容形成于对新兴问题的调查研究,调研得到了很多举办者、投资者、一线办学者的支持。他们从"内部人士"的角度慷慨讲述,极大地丰富了研究内容,为本书提供了宝贵的信息来源。非常难得的是,我还与几位正在接班的举办者子女成为朋友。他们有的已经是二代"掌门人",有的还在学校基层岗位锻炼,他们让我得以更加深入地了解民办高等教育的真实情况。考虑种种之后,我还是将调研获取的信息转化为一般表述,除了已有公开报道的案例,其他内容并没有体现具体人名和校名。我要向他们致以由衷的谢意,希望他们的学校越办越好。

本书的完成得益于课题组成员的付出,他们贡献了大量真知灼见。书稿内容还得到了专家老师的协助支持:厦门大学教育学院覃红霞老师帮助分析民办高校监管理论的脉络,对本书第一章第四节的形成有帮助;中国教育发展战略学会民办教育专委会黄为秘书长,从行业的角度提供了大量的信息资料,本书第三章和第五章吸收了他的许多观点;闽南师范大学教育科学学院罗先锋老师与我一起研究了直接融资问题,她师承潘懋元先生,曾在民办高校任职,她对本书第四章第二节有直接贡献;君合律师事务所合伙人、广州律师协会副会长余苏提供了法律实务分析和评论,本书第六章择用了她的部分观点;国务院发展研究中心宏观经济研究部江宇老师指导我研读中国发展道路、宏观经济和医疗改革相关著作,相关医改材料对第七章第二节的形成有较大的帮助,在此特为感谢!也要感谢华东师范大学国家教育宏观政策研究院卢威老师对书稿章节和标题提出宝贵意见,他是这本书的第一位读者,是与我经年累月讨论、常常给予有用且见地颇深的批评与建议的学术伙伴。此外,还要感谢广东省教育厅政策法规处刘宏伟老师,他对书稿中的多处表述,尤其是法律法规和政策问题的把握,提出了非常具体的修改意见,我不时地向他咨询和请教,他总能给出令人信服的解答。

在写作过程中,许多专家学者的研究成果给予我很大启发,在此对他们提供的可资借鉴的思路和内容表示致谢。书稿多处引用美国学者丹尼尔·列维(Daniel C. Levy)的研究,他是我在美国访学期间的指导教授,他所创立和主持的"全球私立高等教育研究项目"(PROPHE)收集整理了全球主要国家私立高等教育的法律法规和政策文件、发展数据,是研究全球私立高等教育的重要参考。虽然很多年没有见面,但我一直在从 PROPHE 的工作论文和数据库中获取信息和思路。书稿中一些观点的形成与表达,得益于我的导师周海涛教授的指导。我要感谢的人太多太多,很多领导、同事、朋友的关怀关照给予我莫大的鼓舞,虽然不能在此一一致谢,但他们的深情厚谊会常驻我心间,衷心祝福他们。

特别感谢我的家人,他们给予我支持性的氛围。我的儿子闪闪,他刚刚两岁,在他来到我生命的几年里,我增添了很多的人生的意义感。我欣喜于他的每一点成长,也很清楚当我们成人以为摸到了孩子的规律,孩子他已经进入到下一个成长阶段了。与其说我们在教养孩子,不如说我们一直在从孩子身上学习。学习做父母,学习做朋友,学习如何习得,学习什么是教育。教育学的基本假设"人是可塑造的"曾深深打动我,与闪闪一起的生活日常让我领悟到教育的意义和把教育作为一门学问的意义。

本书能够出版,也要特别感谢国家社科基金项目和国家教育行政学院学术文库出版基金的资助。书中部分内容曾在《高等教育研究》《中国高教研究》《中国高等教育》《外国教育研究》等期刊发表,特别感谢编辑老师们的指导和厚爱。还要特别感谢厦门大学出版社编校人员的大力支持,本书的修改、校对、编辑直至定稿的每一步都凝聚了他们大量的时间和心力,在此致以深深的谢意!

我深知这本书还有很多不足和不妥之处,真诚地欢迎专家、同仁以及读者批评教正。